2024 파이썬으로 준비하는

빅데이터분석  실기 기사

일진사

2016년 알파고에 이어 2022년 11월 출시된 생성형 인공지능인 ChatGPT로 인해 전 세계적으로 인공지능 분야에 대한 관심도가 다시금 높아지고 있습니다. 또한, 인공지능 분야의 기술이 빠르게 발전함에 따라 해당 기술을 사용할 수 있는 인공지능 전문가에 대한 수요 또한 지속적으로 높아지고 있습니다. 하지만 높아지는 인공지능 전문가에 대한 수요 대비 전문 인력 공급이 부족한 상황입니다.

인공지능은 빅데이터를 기반으로 학습되고, 분석되기 때문에 빅데이터에 대한 수집, 분석, 활용 능력을 갖춘 인재의 경우 취업 시장에서 경쟁력을 갖춘 요인이 됩니다. 이러한 상황에서 빅데이터 업무 처리 관련 전문성을 검증할 수 있는 국가기술자격증인 빅데이터 분석기사 취득은 인공지능 산업 분야로 진출함에 있어 긍정적인 자격 요건이 될 수 있습니다.

이 책은 다음과 같은 특징으로 구성하였습니다.

첫째, 최신 기출문제 전체를 복원하였습니다.
수험생들이 시험 문제에 대한 전체적인 흐름을 파악할 수 있도록 2회(2021년 6월 19일) 시험부터 7회(2023년 12월 2일) 시험까지 총 6회에 해당하는 실기 문제 전체를 복원하였습니다.

둘째, 핵심 내용을 이해하기 쉬운 용어로 설명하였습니다.
전공과 무관한 다양한 수험생들이 이해할 수 있도록 쉬운 용어로 설명하였고, 최근 실기 기출문제에 자주 출제되는 핵심 내용을 짜임새 있게 구성하였습니다.

셋째, 신유형 기출 경향을 반영한 모의고사를 수록하였습니다.
6회 실기시험부터 변경된 출제 기준을 반영한 모의고사를 통해 수험생들에게 내용 정리는 물론 합격에 도움이 될 수 있도록 구성하였습니다.

본 책이 많은 수험생들에게 최단기간에 합격할 수 있는 지침서가 되기를 진심으로 기원합니다.

저자 **장은진**

시험 가이드

개요

- 빅데이터분석기사는 국가기술자격 시험으로 국가기술자격법 및 동법 시행령을 관련 근거로 한다.
- 빅데이터분석기사는 빅데이터 이해를 기반으로 빅데이터 분석 기획, 빅데이터 수집 · 저장 · 처리, 빅데이터 분석 및 시각화를 수행하는 실무자를 말한다.

빅데이터분석기사의 직무

- 대용량의 데이터 집합으로부터 유용한 정보를 찾고 결과를 예측하기 위해 목적에 따라 분석기술과 방법론을 기반으로 정형/비정형 대용량 데이터를 구축, 탐색, 분석하고 시각화를 수행하는 업무를 수행한다.

빅데이터분석기사의 필요성

- 전 세계적으로 빅데이터가 미래성장동력으로 인식되어, 각국 정부에서는 관련 기업투자를 끌어내는 등 국가 · 기업의 주요 전략 분야로 부상하고 있다.
- 국가와 기업의 경쟁력 확보를 위해 빅데이터 분석 전문가의 수요는 증가하고 있으나, 수요 대비 공급 부족으로 인력 확보에 어려움이 높은 실정이다.
- 이에 정부 차원에서 빅데이터 분석 전문가 양성과 함께 체계적으로 역량을 검증할 수 있는 국가기술자격 수요가 높은 편이다.

빅데이터분석기사 합격률

구분	2회	3회	4회	5회	6회	7회
필기	41.2%	48.1%	48%	65.2%	56.9%	69.2%
실기	59.9%	60.6%	62.9%	50.7%	53%	47.7%

빅데이터분석기사 합격률 그래프

- 빅데이터분석기사 합격률은 기타 기사 자격증(평균 30~40% 수준) 대비 높은 편이다.

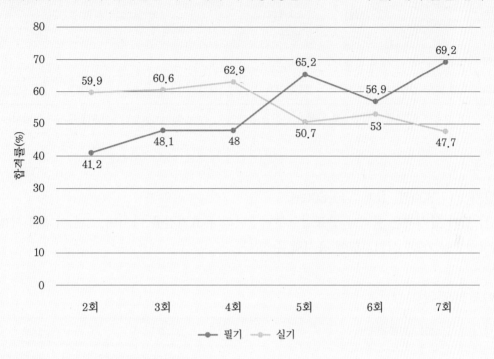

응시 자격

다음 중 하나에 해당하는 사람은 시험에 응시할 수 있다.

1. 대학졸업자 등 또는 졸업예정자(전공 무관)
2. 3년제 전문대학 졸업자 등으로서 졸업 후 1년 이상 직장경력이 있는 사람(전공, 직무 분야 무관)
3. 2년제 전문대학 졸업자 등으로서 졸업 후 2년 이상 직장경력이 있는 사람(전공, 직무 분야 무관)
4. 기사 등급 이상의 자격을 취득한 사람(종목 무관)
5. 기사 수준 기술훈련과정 이수자 또는 그 이수 예정자(종목 무관)
6. 산업기사 등급 이상의 자격을 취득한 후 1년 이상 직장경력이 있는 사람(종목, 직무 분야 무관)
7. 산업기사 수준 기술훈련과정 이수자로서 이수 후 2년 이상 직장경력이 있는 사람(종목, 직무 분야 무관)
8. 기능사 등급 이상의 자격을 취득한 후 3년 이상 직장경력이 있는 사람(종목, 직무 분야 무관)
9. 4년 이상 직장경력이 있는 사람(직무 분야 무관)

※ 졸업증명서 및 경력증명서 제출 필요

시험 일정

회차	필기시험 원서접수	필기시험	필기시험 합격예정자 발표	실기시험 원서접수	실기시험	최종 합격자 발표
8회	24.3.4~8	24.4.6(토)	24.4.26	24.5.20~24	24.6.22(토)	24.7.12
9회	24.8.5~9	24.9.7(토)	24.9.27	24.10.28~11.1	24.11.30(토)	24.12.20

* 상기 시험 일정은 2024년도 일정으로 자세한 일정은 홈페이지(www.dataq.or.kr)에서 확인하시기 바랍니다.

응시료

- 필기 : 17,800원, 실기 : 40,800원
- 단, 필기 합격자는 합격자 발표일로부터 2년의 유효기간을 가지며, 2년 이내에 시행되는(시행일 기준) 실기시험에 응시할 수 있다.

실기시험 과목

실기 과목명	주요 항목
빅데이터 분석 실무	데이터 수집 작업
	데이터 전처리 작업
	데이터 모형 구축 작업
	데이터 모형 평가 작업

실기시험 검정 방법 및 합격 기준

검정 방법	문항 수	시험시간	합격 기준
작업형	10문항 (작업형 1유형 3문항, 작업형 2유형 1문항, 작업형 3유형 6문항)	180분	100점을 만점으로 60점 이상

차례

| 제3편 | 작업형 1유형 |

| 제4편 | 작업형 2유형

| 제5편 | 작업형 3유형

| 부록 |

모의고사

기출 복원문제

## 제 1 편

개발 환경 소개

제 1 장 | 시험 환경 소개

- 빅데이터분석기사 실기시험은 컴퓨터를 활용하여 응시한다.

- 2023년 6회 실기시험을 기점으로 단답형 유형이 사라지고, 전체 작업형 유형으로 변경되었다.

- 빅데이터분석기사 실기시험에서 사용되는 언어는 Python과 R이고, 응시자는 두 언어 중 하나를 선택하여 응시할 수 있다.

- 본 서에서는 Python을 사용하여 실습하도록 한다.

1-1 시험 환경 체험 사이트 소개

- 한국데이터산업진흥원(Kdata)에서는 시험 환경을 체험해 볼 수 있는 사이트에서 예시 문제를 제공한다. 다음은 시험 환경 체험 사이트 주소이다.

> https://dataq.goorm.io/exam/3/%EC%B2%B4%ED%97%98%ED%95%98%EA%B8%B0/quiz/1

〈시험 환경 체험 사이트 주소〉

- 시험 환경 체험 사이트는 위의 주소를 활용하거나 한국데이터산업진흥원 홈페이지의 공지사항의 글을 통해서도 접근할 수도 있다.

- 다음은 한국데이터산업진흥원 홈페이지(https://www.dataq.or.kr/www/main.do)를 통한 시험 환경 체험 사이트 접근 방법을 나타낸 것이다.

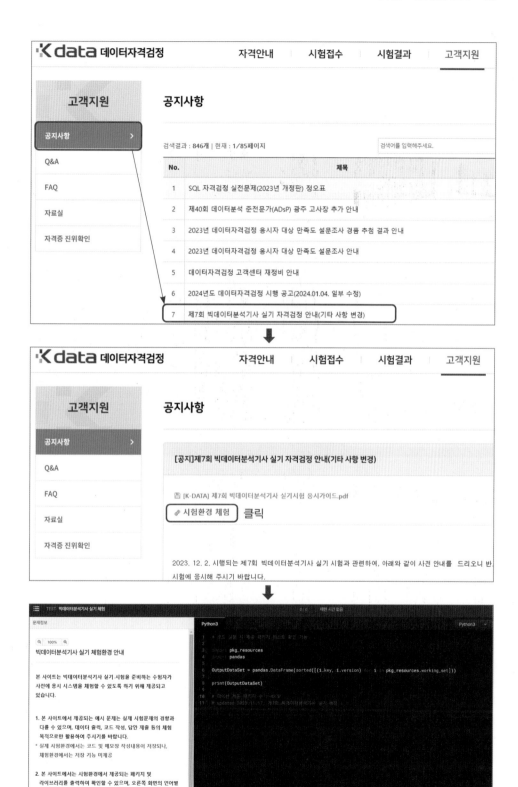

〈한국데이터산업진흥원 홈페이지를 통한 시험 환경 체험 사이트 접근 방법〉

- 시험 환경은 구름(goorm) 환경으로 일반적인 통합 개발 환경(IDE)과 코드 실행방식에 차이가 있다. 예를 들어 자동 완성 기능, 단축키 활용 코드 실행 등의 기능은 지원하지 않는다.

- 다음은 시험 환경 체험 사이트 화면과 주요 기능에 대한 설명을 나타낸 것이다.

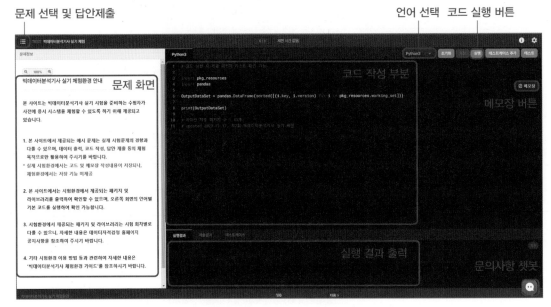

〈시험 환경 체험 사이트 화면 설명〉

〈시험 환경 체험 사이트 주요 기능〉

순서	이름	기능
1	문제 선택 및 답안 제출 버튼	다음 문제로 넘어가기 및 답안 제출 화면 선택
2	문제 화면	문제에 대한 설명 및 주의사항 안내
3	코드 작성	코드 작성 부분
4	실행 결과	코드 실행 결과 확인 부분
5	언어 선택	사용 언어 선택 (Python 또는 R)
6	코드 실행 버튼	코드 작성 후 실행 버튼
7	메모장 버튼	메모장 기능 사용 가능
8	문의 사항 챗봇	감독관에게 시험 중 문의 사항 전달 및 소통 기능

1-2 패키지 소개

- 시험 환경에서 사용할 수 있는 패키지는 한국데이터산업진흥원에서 제공하는 예시 문제 사이트에서 확인할 수 있으며, 시험 시점에 따라 패키지 환경이 달라질 수 있으니 이점 유의할 수 있도록 한다.

- 시험 환경에서 사용할 수 있는 패키지는 아래의 코드를 실행하여 확인할 수 있다.

```
import pkg_resources
import pandas
OutputDataSet = pandas.DataFrame(sorted(
    [(i.key, i.version) for i in pkg_resources.working_set]))
print(OutputDataSet)
```

〈시험 환경(goorm)에서 사용할 수 있는 패키지 확인 코드〉

- 2024년 2월 기준으로 실기시험에서 제공되는 Python 패키지는 총 43개이다.

- 다음은 예시 문제 사이트에서 확인할 수 있는 실기시험에서 제공되는 패키지 확인 코드 및 패키지 내용이다.

- 패키지 확인 코드를 실행하면 시험에서 제공되는 패키지 이름과 버전 내용을 확인할 수 있다.

```
Python3
1   # 코드 실행 시 제공 패키지 리스트 확인 가능
2
3   import pkg_resources
4   import pandas
5
6   OutputDataSet = pandas.DataFrame(sorted([(i.key, i.version) for i in pkg_resources.working_set]))
7
8   print(OutputDataSet)
9
10  # 파이썬 제공 패키지 수 : 43개
11  # updated 2023.11.17, 제7회 빅데이터분석기사 실기 버전
```

〈패키지 확인 코드〉

```
0          asn1crypto            0.24.0
1       beautifulsoup4             4.9.3
2             certifi         2018.1.18
3             chardet             3.0.4
4        cryptography             2.1.4
5              cycler            0.10.0
6              cython            0.29.24
7             distlib             0.3.2
8                idna               2.6
9              joblib             1.0.1
10            keyring            10.6.0
11       keyrings.alt               3.0
12         kiwisolver             1.3.1
13           lightgbm             3.3.2
14         matplotlib             3.4.2
15              numpy            1.21.1
16          packaging              23.0
17             pandas             1.4.2
18              patsy             0.5.3
19             pillow             8.3.1
20                pip            21.1.3
21           pycrypto             2.6.1
22          pygobject            3.26.1
23          pyparsing             2.4.7
24         python-apt  1.6.5+ubuntu0.6
25     python-dateutil             2.8.2
26               pytz            2021.1
27              pyxdg              0.25
28           requests            2.18.4
29       scikit-learn            0.24.2
30              scipy             1.7.0
31      secretstorage             2.3.1
32           selenium           3.141.0
33         setuptools            57.4.0
34                six            1.11.0
35          soupsieve             2.2.1
36       ssh-import-id               5.7
37        statsmodels            0.13.5
38      threadpoolctl             2.2.0
39 unattended-upgrades               0.1
```

〈제공되는 패키지 이름 및 버전〉

제 2 장 | 실습 환경 소개

2-1 구글 코랩(Colab) 소개

- 본 서에서는 실습 환경으로 시험 환경과 유사한 웹 프로그래밍 방식인 구글 코랩(Colab) 환경을 사용한다.
- 코랩은 구글에서 제공하는 파이썬 웹 프로그래밍 서비스로 구글 계정이 있다면 바로 사용 가능하다.
- 코랩은 다음과 같은 특징이 있다.
  ① GPU(Graphic Processing Unit)를 무료로 사용할 수 있다.
  ② 대부분의 패키지를 별도로 설치하지 않고, 선언 후 바로 사용할 수 있다.
  ③ 복잡한 개발 환경 설정 작업 없이 쉽게 프로그래밍이 가능하다.
  ④ 작업된 코드를 쉽고 빠르게 공유할 수 있다.
- 코랩을 사용하기 위해서는 다음과 같은 준비가 필요하다.
  ① 인터넷이 연결되어 있어야 한다.
  ② 크롬 브라우저가 설치되어 있어야 한다.
  ③ 구글 계정이 필요하다.
  ④ 드라이브 내에서 코랩 기능을 추가해야 한다.

2-2 구글 코랩(Colab) 사용법 소개

- 구글 코랩 사용 방법은 다음과 같다.
  ① 크롬 브라우저에서 자신의 구글 계정으로 로그인한다.
  ② 우측 상단의 Google 앱 클릭 후, 드라이브를 클릭한다.
  ③ 구글 드라이브에서 '+ 신규' 버튼을 클릭 후, '연결할 앱 더보기'를 선택한다.

④ Google Workspace Marketplace에서 Colaboratory 검색 후 설치한다.

⑤ 구글 드라이브에서 '+ 신규' 버튼을 클릭 후, '더보기'에서 Google Colaboratory를 선택한다.

⑥ 파일명 변경 후, 코랩을 사용한다.

● 다음은 구글 코랩 사용 방법 화면을 나타낸 것이다.

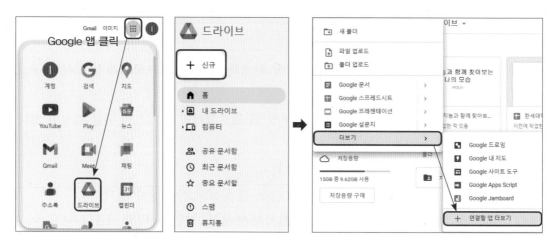

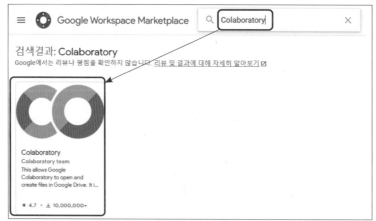

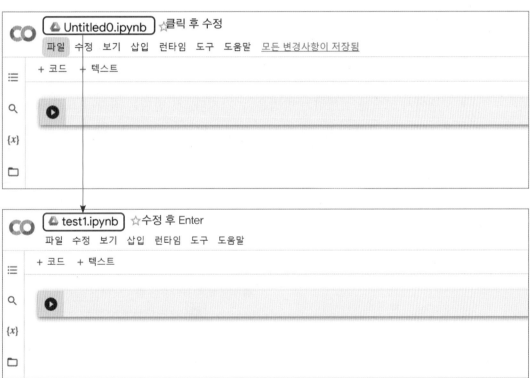

〈구글 코랩 사용 방법 화면〉

- 코랩에서는 GPU를 사용한 연산이 가능하다.
- 머신러닝, 딥러닝, 빅데이터 분석 등 연산해야 하는 데이터가 많은 경우 GPU를 사용하여 연산할 수 있다.

● 코랩의 기본 연산 장치는 CPU로 설정되어 있고, 사용자가 GPU를 사용하여 연산하고자 하는 경우 다음과 같이 설정을 변경하여 사용해야 한다.
● 다음은 GPU 설정 방법 화면을 나타낸 것이다.

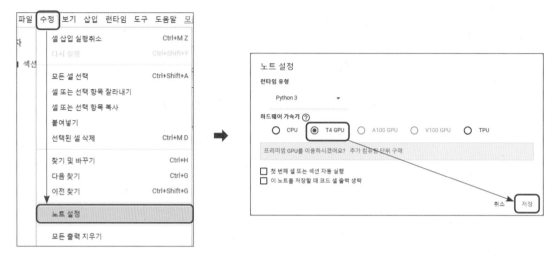

〈GPU 설정 방법 화면〉

● 코랩에서 코드를 실행하는 방법은 두 가지다. 첫 번째는 좌측 코드 실행 버튼을 클릭하는 방법이고, 두 번째는 키보드의 Ctrl + Enter 를 눌러 실행하는 방법이다.

● 다음은 코랩 코드 실행 화면을 나타낸 것이다.

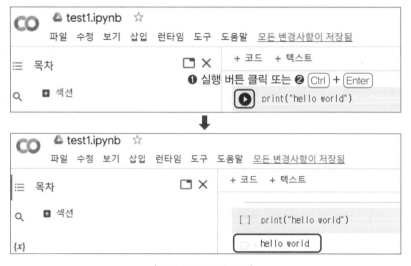

〈코랩 코드 실행 화면〉

## 제 2 편

파이썬 시작하기

제 1 장 | 파이썬이란?

1-1 파이썬 소개

- 파이썬은 1991년 귀도 반 로섬(Guido van Rossum)이 개발한 대화형 프로그래밍 언어이다.

- 파이썬은 생산성이 뛰어나고, 코드 작성이 간결하여 초보자가 접근하기 쉬운 언어이다.

- 파이썬은 인터프리터 언어 중 하나이다.

- 파이썬 명칭은 개발자 귀도 반 로섬이 좋아하는 코미디 프로그램인 "Monty Python's Flying Circus"에서 따온 것이다. 또한, Python 언어 자체가 피톤이라는 뜻으로 그리스 신화에 나오는 구렁이를 뜻하기도 한다.

용어설명

대화형 프로그래밍 언어 : 사용자가 단말 장치를 통해 코드를 입력하면 컴퓨터가 바로 번역 및 처리 작업을 한 뒤, 다시 단말기로 처리 내용을 응답해주는 프로그래밍 방식이다.

인터프리터 언어(Interpreter Language)
- 컴파일(사람이 이해할 수 있는 고급 언어를 기계가 이해할 수 있는 저급 언어로 번역하는 일)을 하지 않고, 소스 코드를 한 줄씩 읽으면서 프로그램을 실행하는 방식의 언어이다.
- 컴파일 과정이 없기 때문에 컴파일 하는 시간은 소요되지 않지만, 실행 파일을 별도로 생성하지 않기 때문에 코드를 실행할 때마다 인터프리터(코드를 한 줄씩 읽으면서 바로 실행하는 작업) 과정이 반복되어 실행 속도가 느린 단점이 있다.
- 인터프리터 언어 종류 : Python, JavaScript, Ruby 등

컴파일러 언어(Compiler Language)
- 고급 언어로 작성된 소스 코드를 저급 언어로 번역해주는 컴파일러를 통해 전체 코드를 한 번에 스캔하듯 변환한 후 실행 파일을 만들어 실행하는 방식의 언어이다.
- 컴파일러 언어는 컴파일 단계와 실행 단계가 분리되어 있으며, 컴파일은 한 번만 수행된다.
- 컴파일과 실행 단계가 분리되어 있기 때문에 실행 시에는 코드 실행 속도가 빠르다.
- 컴파일러 언어 종류 : C, C++, C#, JAVA 등

1-2 파이썬의 필요성

- 파이썬은 프로그래밍 언어 중 하나로, 전 세계 프로그래밍 언어 사용의 인기도를 측정하는 TIOBE Index 자료에 따르면 2024년 2월 기준 파이썬이 1위로 선정되었다.

- TIOBE Index 자료는 전 세계적으로 해당 언어가 얼마나 많이 사용되었고, 해당 언어와 관련된 자료가 각종 커뮤니티에 자주 공유되었는지에 대한 지표이다.

- 다음은 TIOBE Index 자료를 나타낸 것이다.

Feb 2024	Feb 2023	Change	Programming Language	Ratings	Change
1	1		Python	15.16%	-0.32%
2	2		C	10.97%	-4.41%
3	3		C++	10.53%	-3.40%
4	4		Java	8.88%	-4.33%
5	5		C#	7.53%	+1.15%
6	7	∧	JavaScript	3.17%	+0.64%
7	8	∧	SQL	1.82%	-0.30%
8	11	∧	Go	1.73%	+0.61%
9	6	∨	Visual Basic	1.52%	-2.62%
10	10		PHP	1.51%	+0.21%
11	24	⋏	Fortran	1.40%	+0.82%
12	14	∧	Delphi/Object Pascal	1.40%	+0.45%
13	13		MATLAB	1.26%	+0.27%
14	9	⋎	Assembly language	1.19%	-0.19%

〈TIOBE Index 자료 (2024.02)〉

- TIOBE Index는 매월 업데이트되고, 아래의 사이트에서 해당 내용을 확인할 수 있다.

https://www.tiobe.com/tiobe-index/

〈TIOBE Index 확인 사이트〉

- 개발자들의 커뮤니티인 stackoverflow의 설문조사를 보면 2022년 기준 전체 응답자의 약 7만 명이 사용하는 언어 중 가장 많이 사용되는 언어로 파이썬이 4위를 차지하였다.

- 해당 결과의 전체 응답자(All Respondents)에는 전문 개발자, 코드를 학습하는 자, 기타 코드를 사용하는 자가 포함된다.
- 2023년 기준 stackoverflow의 설문조사 결과를 보면 전체 응답자의 약 9만 명이 사용하는 언어 중 가장 많이 사용되는 언어로 파이썬이 3위를 차지하였다.
- 전문 개발자의 3대 언어인 JavaScript, HTML/CSS, SQL 언어를 제외하면 파이썬의 선호도가 점차 높아지고 있는 것을 알 수 있다.
- 다음은 2022년과 2023년에 stackoverflow에서 개발자 및 코드 사용자들을 대상으로 실시한 선호하는 프로그래밍 언어에 대한 설문조사 결과를 나타낸 것이다.

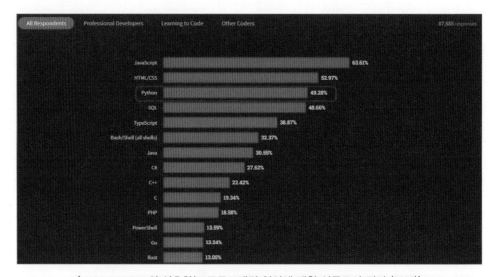

〈stackoverflow의 선호하는 프로그래밍 언어에 대한 설문조사 결과 (2023)〉

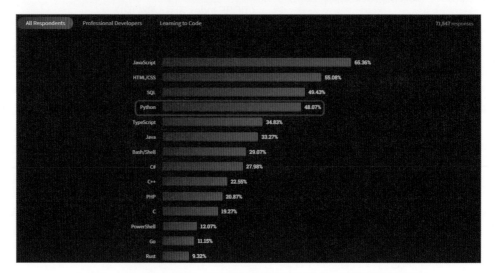

〈stackoverflow의 선호하는 프로그래밍 언어에 대한 설문조사 결과 (2022)〉

● stackoverflow 설문조사는 매년 업데이트되고, 아래의 사이트에서 해당 내용을 확인할 수 있다.

https://insights.stackoverflow.com/survey/

〈stackoverflow 설문조사 확인 사이트〉

● 파이썬은 웹크롤링, 자동화, 딥러닝, 데이터 분석 모델링 등 다양한 분야에서 사용 가능하다.

● 다음은 파이썬 활용 분야 및 관련 패키지를 나타낸 것이다.

〈파이썬 활용 분야 및 관련 패키지〉

순서	구분	패키지 이름
1	웹 크롤링	urllib, beautifulsoup, html_table_parser 등
2	자동화	pyautogui, selenium, smtplib, MIMEMultipart, OpenPyXL 등
3	딥러닝	tensorflow, keras, theano 등
4	웹페이지 제작	django, flask 등
5	데이터분석, 모델링	numpy, pandas, sklearn, matplotlib 등
6	GUI 프로그램	pyqt, tkinter, pysimplegui 등
7	게임	pygame, Mincecraft 등
8	이미지 처리	opencv, tesseract 등

● 최근 데이터 분석, 인공지능 관련 업무에 대한 필요성이 증가되었고, 이에 대한 업무를 처리할 수 있는 패키지를 파이썬에서 다양하게 지원하고 있기 때문에 파이썬에 대한 필요성은 꾸준히 증가할 것으로 예측된다.

## 제 2 장

파이썬 기본 문법 학습

- 파이썬은 프로그래밍 언어 중 하나이다. 일반적인 언어에도 문법이 존재하듯이 각 프로그래밍 언어에도 고유의 문법이 있다.
- 사람이 사용하는 언어에서 문법이 맞지 않으면 틀린 문장이 되듯이 프로그래밍 언어에서도 문법에 맞지 않게 사용하게 되면 오류가 발생한다.
- 따라서 언어에 맞는 올바른 문법 구조를 익히고, 이에 맞게 사용해야 한다.

2-1 주요 함수와 변수

- 함수(Function)는 파이썬에서 특정한 기능을 담고 있는 것을 의미한다.
- 함수의 종류는 내장 함수와 사용자 정의 함수로 나뉜다.
- 내장 함수는 프로그램 자체적으로 정의되어 있는 함수를 의미하고, 사용자 정의 함수는 사용자가 편의에 맞게 정의하여 사용하는 함수를 의미한다.
- 빅데이터분석기사 실습에서 자주 사용되는 파이썬 내장 함수는 다음과 같다.

〈파이썬 주요 내장 함수〉

순서	함수명	기능
1	print( )	( ) 안의 내용 출력
2	input( )	사용자로부터 데이터를 입력받아 저장
3	abs( )	( ) 안의 값의 절댓값 출력
4	len( )	( ) 안의 데이터 길이 출력
5	max( )	( ) 안의 데이터 중 가장 큰 값 출력
6	min( )	( ) 안의 데이터 중 가장 작은 값 출력
7	int( )	( ) 안의 데이터를 정수(int) 형태로 형 변환
8	str( )	( ) 안의 데이터를 문자열(string) 형태로 형 변환

9	float( )	( ) 안의 데이터를 실수(float) 형태로 형 변환
10	str.relace('A', 'B')	문자열 A 형태를 B 형태로 변경
11	str.lower( )	문자열을 소문자로 변경
12	str.upper( )	문자열을 대문자로 변경
13	str.zfill(n)	데이터를 n자리만큼 0으로 채워준다.
14	str.startswith('aa')	aa로 시작되는 문자열을 포함하는 데이터 추출
15	str.endswith('bb')	bb로 끝나는 문자열을 포함하는 데이터 추출
16	str.split('구분자', 분할횟수)	문자열을 구분자를 기준으로 분할횟수만큼 분할

- 다음은 사용자 정의 함수의 예제이다.
- sum( )이라는 이름의 사용자 정의 함수를 정의하였고, sum( ) 함수는 두 개의 값을 입력받아서 입력받은 두 개의 값을 더한 결과를 출력해주는 기능을 담고 있다. 함수를 정의한 뒤 함수를 호출하여 값을 입력하면 다음과 같이 연산된 결과를 확인할 수 있다.

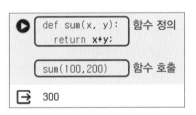

⟨사용자 정의 함수 예제⟩

- 프로그래밍에서 변수(Variable)는 "변할 수 있는"이라는 의미를 갖는다.
- 변수는 어떠한 데이터를 입력받을 수 있는 저장공간이고, 하나의 변수에 하나의 데이터를 저장할 수 있다.
- 다음은 변수를 활용한 간단한 예제이다. a 변수에 처음에 100 값이 입력된 후에 다시 200 값이 입력되었기 때문에 최종적으로 a 변수의 값은 200이 출력된다.

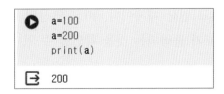

⟨변수 예제⟩

2-2 연산자 (사칙 연산, 비교 연산)

- 파이썬에서는 기호(+, −, *, /)를 활용하여 사칙 연산을 할 수 있다. 다음은 사칙 연산 기본 예제이다.

```
x = 400
y = 200

print(x+y) #더하기
print(x-y) #빼기
print(x/y) #나누기
print(x*y) #곱하기
```
```
600
200
2.0
80000
```

〈사칙 연산 기본 예제〉

- 사칙 연산 이외에 추가적으로 **연산자, //연산자, % 연산자를 활용하여 제곱 값, 나누기 몫, 나누기 나머지 값을 확인할 수 있다. 다음은 **연산자, //연산자, % 연산자의 예제이다.

```
x = 10
y = 3

print(x**y) #x의 y제곱
print(x//y) #x나누기 y의 몫
print(x%y)  #x나누기 y의 나머지
```
```
1000
3
1
```

〈**연산자, //연산자, % 연산자 예제〉

- 또한, 파이썬에서는 등호와 부등호를 활용한 비교 연산이 가능하다.
- 다음은 비교 연산 예제이다. 비교 연산의 결과가 참일 경우 True가, 거짓일 경우 False가 출력되는 것을 확인할 수 있다.

```
x = 3
y = 4

print(x==y) #x와 y가 같다.
print(x!=y) #x와 y가 같지 않다.
print(x>y)  #x가 y보다 크다.
print(x<y)  #x가 y보다 작다.
print(x>=y) #x가 y보다 크거나 같다.
print(x<=y) #x가 y보다 작거나 같다.
```

```
False
True
False
True
False
True
```

〈비교 연산 예제〉

● 다음은 사칙 연산자와 비교 연산자 정리를 나타낸 것이다.

순서	구분	연산자	설명
1	사칙 연산자	x+y	x 더하기 y
2		x−y	x 빼기 y
3		x/y	x 나누기 y
4		x*y	x 곱하기 y
5		x**y	x의 y제곱 ( )
6		x//y	x 나누기 y의 몫
7		x%y	x 나누기 y의 나머지
8	비교 연산자	x==y	x와 y가 같다.
9		x!=y	x와 y가 같지 않다.
10		x>y	x가 y보다 크다.
11		x<y	x가 y보다 작다.
12		x>=y	x가 y보다 크거나 같다.
13		x<=y	x가 y보다 작거나 같다.

〈사칙 연산자와 비교 연산자 정리〉

• 주석(comment)은 코드에 영향을 주지 않는 영역으로 주석처리를 하기 위해서는 해당 코드 혹은 메모 내용(text) 앞에 # 표시를 해야 한다.
• 한 줄 주석의 경우 코드 앞에 #를 표기하고, 여러 줄 주석의 경우 코드 앞부분과 뒷부분에 각 각 '''' 와 '''' 를 표기한다. (추가로 여러 줄 주석 방법으로 전체 코드를 선택하고, 'Ctrl + /' 키 를 누르는 방법도 있다.)
• 주석 처리된 부분은 코드에 영향을 주지 않으며, 코드 내용 메모 혹은 일부 코드 미실행 등 의 이유로 주석 처리가 사용된다.

2-3 리스트와 딕셔너리

● 리스트(list)란 숫자나 문자의 연속된 배열을 의미하고, 경우에 따라 여러 개 의 데이터를 하나로 묶어야 할 때 사용된다.

● 리스트를 사용할 경우 아래의 그림과 같이 리스트 이름, 번호, 값이 저장되기 때문에 리스트 이름과 번호로 해당 데이터의 값에 접근할 수 있다.

● 리스트를 생성할 때는 최초에 리스트의 길이를 지정할 수도 있고, 지정하지 않고 사용할 수도 있다.

〈리스트 예시〉

- 다음은 리스트 데이터 생성 예제이다.
- 아래의 예제는 길이가 정해지지 않은 비어있는 리스트를 만들고, append( ) 함수를 사용하여 데이터를 하나씩 추가한 뒤, 전체 리스트와 0번째 리스트 값을 출력하는 코드이다.
- 프로그래밍을 할 때는 가장 첫 번째 index 숫자가 1이 아닌 0이라는 것을 기억하도록 한다.

```
list = []        #리스트 생성
list.append(1)  #리스트에 새로운 데이터 입력
list.append(2)
list.append(3)
list.append(4)
print(list)   #리스트 전체 데이터 출력
print(list[0])#리스트 0번째 데이터 출력

[1, 2, 3, 4]
1
```

〈리스트 데이터 생성 예제〉

- 다음은 리스트 데이터 삭제 예제이다.
- 아래의 예제 또한 리스트를 생성하고, 데이터를 입력한 뒤, remove( ) 함수를 활용하여 데이터를 삭제하는 코드이다.
- 코드 출력 결과를 보면 첫 번째 데이터는 데이터가 삭제되기 전 list[ ] 전체 데이터이고, 두 번째 데이터는 두 개의 값(list[0], 30)이 삭제된 list[ ] 데이터이다.

```
list = []        #리스트 생성
list.append(10) #리스트에 새로운 데이터 입력
list.append(20)
list.append(30)
list.append(40)

print(list)            #리스트 전체 데이터 출력
list.remove(list[0])   #리스트 내용 삭제 : list[0]의 값
list.remove(30)        #리스트 내용 삭제 : 30
print(list)

[10, 20, 30, 40]
[20, 40]
```

〈리스트 데이터 삭제 예제〉

- 딕셔너리(dictionary)는 키(key)와 값(value)의 구조를 갖는 데이터 저장 형태이다.

- 키(key)는 고유한 값이어야 하고, 키(key)를 활용하여 데이터의 값에 접근할 수 있다.

- 다음은 딕셔너리 생성 및 호출 예제이다.

- populations 이름으로 딕셔너리를 생성하고, 딕셔너리 데이터는 나라 이름 (key)과 인구 수(value)로 한다.

- input( ) 함수를 활용하여 사용자로부터 나라 이름(key)을 입력받아 nation 변수에 저장하고, 딕셔너리에서 해당 나라 이름의 key를 활용하여 인구 수 (value)를 출력하는 코드이다.

- 리스트 [ ] 기호와 딕셔너리 { } 기호 및 형태의 차이가 있음을 기억하도록 한다.

```
populations ={"한국":100, "미국":150, "중국":200, "독일":130}
nation=input("나라를 선택하세요.(한국, 미국, 중국, 독일):")
print(nation,'의 인구는',populations[nation], '명 입니다.')
```

```
나라를 선택하세요.(한국, 미국, 중국, 독일):미국
미국 의 인구는 150 명 입니다.
```

〈딕셔너리 생성 및 호출 예제〉

2-4 조건문과 반복문

- 조건문은 일정한 조건이 되었을 때와 그렇지 않았을 때 각각 다른 명령을 수행할 때 사용된다.

- 기본 구조는 A 조건인 경우와 그렇지 않은 경우(조건이 하나인 경우)로 사용할 수 있고, 추가로 여러 조건을 둔 조건문으로도 사용할 수 있다.

● 아래는 조건이 하나인 조건문의 예제이다.

● input( ) 함수를 활용하여 사용자로부터 성적을 입력받고, 입력받은 데이터가 문자열 형태로 저장되므로 int( ) 함수를 사용하여 정수형으로 데이터 타입을 변환해 준다. 이렇게 데이터 타입이 변환된 점수가 score 변수에 저장되고, 저장된 점수가 60점 이상인 경우 합격 문구가, 그렇지 않은 경우 불합격 문구가 출력된다.

● 다만 조건문, 반복문 등의 코드를 작성할 때에는 들여쓰기에 주의하여 코드를 작성하도록 한다. 들여쓰기가 잘못된 경우 코드가 정상적으로 실행되지 않거나 에러가 발생할 수 있다.

```
score = int(input('성적을 입력하세요.:'))
if score >=60:
  print('축하합니다. 합격입니다.')
else:
  print('불합격입니다.')
```

```
성적을 입력하세요.:75
축하합니다. 합격입니다.
```

〈조건이 하나인 조건문 예제〉

● 다음은 조건이 여러 개인 조건문의 예제이다. 조건이 여러 개인 경우 두 번째 조건부터는 elif 구문을 사용한다. grade 변수에 입력된 회원 등급을 저장하고, 저장된 회원 등급을 분류하여 조건에 맞는 텍스트를 출력하게 된다.

```
grade=input("회원 등급을 입력하세요.(A,B,C,D):")

if grade == 'A':
  print('할인율이 80%입니다.')
elif grade == 'B':
  print('할인율이 70%입니다.')
elif grade == 'C':
  print('할인율이 60%입니다.')
elif grade == 'D':
  print('할인율이 50%입니다.')
else:
  print('다시 입력하세요.')
```

```
회원 등급을 입력하세요.(A,B,C,D):C
할인율이 60%입니다.
```

〈조건이 여러 개인 조건문 예제〉

- 반복문은 특정한 기능을 원하는 횟수만큼 반복하고 싶을 때 사용된다.
- 파이썬의 반복문은 대표적으로 while문과 for문이 있다.
- while문의 기본 구조는 특정한 조건 동안 해당 기능이 반복되는 구조이다.
- 다음은 while문 기본 예제이다.
- 반복 연산 수행을 위한 x 변수와 연산된 결과를 저장할 sum 변수를 각각 선언하고, 반복 조건을 선언한다. 아래 코드의 경우 x가 10보다 작거나 같을 때까지 if 구문 코드가 반복된다.
- 반복되는 코드를 살펴보면 if 조건문을 활용하여 x값을 2로 나눈 나머지가 0과 같은 경우, 즉 x값이 짝수인 경우 해당 데이터를 sum 변수에 더해주고, x값이 1씩 증가되는 코드이다.
- x값이 종료 지점인 10과 같을 때, 0부터 10까지의 범위에 속하는 짝수가 더해진 값이 sum 변수에 저장되어 출력되고, 그 결과는 30과 같다.

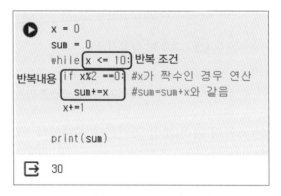

〈while문 기본 예제〉

- for문 역시 특정한 조건 동안 해당 기능이 반복되는 구조이다. for문은 다음과 같은 형태로 사용된다.

〈for 구문 형태〉

형태 1	for i in range(반복 횟수): 　내용
	반복 횟수만큼 내용을 반복한다.
형태 2	for i in range(시작점, 끝점, 반복 구간): 　내용
	시작점에서 끝점 – 1까지 반복 구간만큼 건너뛰며 내용을 반복한다.

● 다음은 for문 기본 예제이다. range( ) 범위 안에 있는 횟수만큼 print 함수의 내용이 반복되어 출력되는 것을 확인할 수 있다.

```
for i in range(5):
    print('안녕하세요.')
```

```
안녕하세요.
안녕하세요.
안녕하세요.
안녕하세요.
안녕하세요.
```

〈for문 기본 예제〉

● 여러 내용을 반복하고 싶은 경우 이중 for문을 사용할 수 있다. 이중 for문의 경우 반복문 속에 반복문이 들어있는 경우이다.

● 다음은 이중 for문을 활용하여 구구단을 출력하는 예제이다.

● 첫 번째 for문의 i는 구구단 단수를 의미하고, 두 번째 for문의 j는 해당 구구단에 연산되는 1~9까지의 숫자를 의미한다. '\n'은 개행(줄 바꿈) 문자로 구구단 단이 끝날 경우 개행해주는 구분자가 된다.

```
for i in range(2, 10):
    for j in range(1, 10):
        print(i,'x', j, '=', i*j)
    print('\n')
```

```
2 x 1 = 2
2 x 2 = 4
2 x 3 = 6
2 x 4 = 8
2 x 5 = 10
2 x 6 = 12
2 x 7 = 14
2 x 8 = 16
2 x 9 = 18


3 x 1 = 3
3 x 2 = 6
3 x 3 = 9
```

〈이중 for문 예제〉

● 다음은 사용자로부터 구구단 단수를 입력받아 해당 구구단 내용을 출력해주
는 코드이다.

● input( ) 함수를 사용하여 사용자로부터 입력받은 데이터는 문자열 형태로
저장되기 때문에 연산을 위해 정수형(int)으로 데이터 타입을 변환시켜서
num 변수에 저장한다.

● num의 변수에 1부터 9까지 숫자를 반복해주는 반복문을 사용하여 해당 단
수에 맞는 구구단 결과를 출력해준다.

```
num = int(input("출력하고 싶은 구구단 수를 입력하세요."))
for i in range(1, 10):
    print(num, "X", i, "=", num*i)
```

```
출력하고 싶은 구구단 수를 입력하세요.5
5 X 1 = 5
5 X 2 = 10
5 X 3 = 15
5 X 4 = 20
5 X 5 = 25
5 X 6 = 30
5 X 7 = 35
5 X 8 = 40
5 X 9 = 45
```

〈사용자 입력 구구단 출력 예제〉

제 3 장 | 파이썬 주요 패키지 학습

- 패키지는 여러 함수 및 기능을 담고 있는 꾸러미와 같다.
- 파이썬에서는 다양한 패키지를 지원하고 있고, 패키지별로 사용 가능한 함수가 다르기 때문에 사용자의 작업에 맞는 패키지를 선언하여 사용할 수 있다.
- 빅데이터분석기사 실기시험에서 자주 사용되는 대표적인 패키지는 pandas, numpy, sklearn, statsmodels, scipy가 있다.
- 모듈(module)은 여러 함수들이 합쳐진 하나의 파일(.py)을 의미한다. 패키지(package)는 여러 모듈들이 모여진 것을 의미하고, 이러한 패키지가 모여진 것이 라이브러리(library)이다.
- 패키지 내에 하위 패키지가 존재하기도 하고, 종종 패키지와 라이브러리 명칭이 혼용되어 사용되기도 한다.
- 엄밀히 말하면 본서에서 사용되는 numpy, pandas 또한 모듈이지만 편의상 패키지로 표현하도록 한다.
- 다음은 모듈, 패키지, 라이브러리의 구조를 나타낸 것이다.

라이브러리

패키지		패키지
모듈1	......	모듈1
모듈2		모듈2
모듈3		모듈3

〈모듈, 패키지, 라이브러리의 구조〉

3-1 pandas

- pandas는 데이터 조작 및 분석을 위한 파이썬 프로그래밍 패키지로 빅데이터분석기사 실기시험 작업형 1유형, 2유형에서 자주 사용된다.
- pandas에서 작업 가능한 대표적인 데이터 구조는 Series와 DataFrame이 있다. Series는 1차원 배열이고, DataFrame은 행과 열의 구조를 갖는 2차원 배열이다.
- 다음은 Series와 DataFrame의 구조를 나타낸 것이다.

Series	DataFrame

```
0    0.54
1    0.45
2    1.63
3    0.73
4    1.56
5    3.24
6    4.17
dtype: float64
```

	PassengerId	Survived	Pclass	Name	Sex	Age
0	1	0	3	Braund, Mr. Owen Harris	male	22.0
1	2	1	1	Cumings, Mrs. John Bradley (Florence Briggs Th...	female	38.0
2	3	1	3	Heikkinen, Miss. Laina	female	26.0
3	4	1	1	Futrelle, Mrs. Jacques Heath (Lily May Peel)	female	35.0
4	5	0	3	Allen, Mr. William Henry	male	35.0

〈Series(좌)와 DataFrame(우)의 구조〉

- 다음은 시험에서 자주 사용되는 pandas 패키지의 주요 함수를 나타낸 것이다.

〈파이썬 pandas 패키지 주요 함수〉

순서	패키지명	함수명	기능
1	pandas	read_csv("경로")	"경로"의 csv파일 불러오기
2		info( )	데이터프레임의 정보(행, 열, 크기, 칼럼명 등)를 출력
3		head( )	데이터프레임의 앞의 5행 출력
4		tail( )	데이터프레임의 뒤의 5행 출력
5		describe( )	데이터프레임의 기초 통계량(평균, 표준편차, 4분위수 등)을 출력
6		groupby(df['A칼럼'])	A칼럼을 기준으로 데이터 그룹화

순서	패키지명	함수명	기능
7		groupby(df['A칼럼']).count( )	A칼럼의 그룹화된 범주별 빈도수 출력
8		sort_values( )	( ) 안의 데이터 정렬(기본값 : 오름차순)
9		duplicated( )	중복 데이터 확인
10		drop_duplicates( )	중복 데이터 제거
11		value_counts( )	각 데이터의 개수를 출력
12		sort_values(칼럼명, 정렬기준)	• 데이터 정렬(기본값 오름차순) • by=칼럼명, ascending=False (내림차순)
13		sample(n)	데이터프레임 중 랜덤한 데이터 n행 출력
14		tolist( )	데이터프레임을 리스트로 변환
15		quantile(n)	• 데이터의 사분위수 출력 • n값 : .25, .5, .75 사용 가능 • .25 : 1사분위수, .5 : 2사분위수, .75 : 3사분위수
16		std( )	표준편차 출력 기본값 표본표준편차, 자유도 1 (ddof=1)
17		astype( )	데이터 타입을 ( )의 형태로 변환
18		reset_index( )	데이터프레임의 새로운 인덱스 번호 생성
19		corr( )	상관계수 출력
20		iloc[행 index, 열 index]	해당 index 번호의 행, 열 데이터 출력
21		loc[행 인덱싱 값, 열 인덱싱 값]	해당 인덱싱 행, 열 데이터 출력
22		concat([df1, df2])	데이터프레임 df1과 df2 합치기
23		mode( )	• 최빈값 출력 • 칼럼의 최빈값이 인덱스 0에 출력
24		median( )	( )의 중앙값 출력
25		to_datetime( )	( ) 안의 데이터를 datetime 형식(yyyy-mm-dd hh:mm:ss)으로 변환
26		df['칼럼이름'].dt.year	datetime 형식의 연도
27		df['칼럼이름'].dt.month	datetime 형식의 월

순서	패키지명	함수명	기능
28		df['칼럼이름'].dt.day	datetime 형식의 일
29		df['칼럼이름'].dt.hour	datetime 형식의 시
30		df['칼럼이름'].dt.minute	datetime 형식의 분
31		df['칼럼이름'].dt.second	datetime 형식의 초
32		df['칼럼이름'].dt.time	datetime 형식의 시, 분, 초(hh:mm:ss)
33		df['칼럼이름'].dt.dayofweek	해당 칼럼의 요일을 정수로 출력(0:월요일 ~6:일요일)
34		df['칼럼이름'].dt.day_name( )	해당 칼럼의 날짜에 해당하는 요일을 문자열로 출력
35		df['칼럼이름'].dt.total_seconds( )	해당 칼럼 데이터의 시간을 초(sec) 단위로 출력
36		dropna( )	결측값 제거
37		fillna( )	( ) 안의 데이터로 결측값을 대체
38		isnull( ) / df.isna( )	데이터프레임에서 결측값을 추출
39		drop( )	( )의 조건에 맞는 데이터 삭제
40		to_csv("test.csv", index=False)	데이터프레임을 test.csv 이름으로 인덱스 포함하지 않고 저장

- pandas의 다양한 함수를 사용하기 위해서는 가장 먼저 패키지를 포함하는 선언 코드를 작성해야 한다.
- 패키지를 포함한 이후에는 "패키지명.함수명"의 형태로 원하는 함수를 호출하여 사용할 수 있다.
- 다음은 pandas 패키지 예시 코드를 나타낸 것이다.
- 아래의 코드는 pandas 패키지의 read_csv( ) 함수로 해당 경로의 데이터를 로드하여 df 변수에 저상하고, 저장된 df를 head( ) 함수를 사용하여 상위 5행의 데이터를 출력하는 코드 및 결과이다.
- 출력 결과의 ₩ 표시는 개행을 의미하는 것으로 한 줄에 전체 칼럼의 결과를 출력할 수 없을 경우 개행 문자로 개행 후 다음 내용을 출력해준다.

```
import pandas as pd
df = pd.read_csv('/content/drive/MyDrive/bigdata_csvfile/titanic.csv')
print(df.head())
```

```
   PassengerId  Survived  Pclass  ￦
0            1         0       3
1            2         1       1
2            3         1       3
3            4         1       1
4            5         0       3

                                                Name     Sex   Age  SibSp  ￦
0                            Braund, Mr. Owen Harris    male  22.0      1
1  Cumings, Mrs. John Bradley (Florence Briggs Th...  female  38.0      1
2                             Heikkinen, Miss. Laina  female  26.0      0
3       Futrelle, Mrs. Jacques Heath (Lily May Peel)  female  35.0      1
4                           Allen, Mr. William Henry    male  35.0      0

   Parch            Ticket     Fare Cabin Embarked
0      0         A/5 21171   7.2500   NaN        S
1      0          PC 17599  71.2833   C85        C
2      0  STON/02. 3101282   7.9250   NaN        S
3      0            113803  53.1000  C123        S
4      0            373450   8.0500   NaN        S
```

〈pandas 패키지 예시 코드〉

3-2 numpy

- numpy는 다양한 수치 연산을 지원하는 파이썬 패키지로 빅데이터분석기사 실기시험 작업형 전체 유형에서 자주 사용된다.
- 다음은 시험에서 자주 사용되는 numpy 패키지의 주요 함수를 나타낸 것이다.

〈파이썬 numpy 패키지 주요 함수〉

순서	패키지명	함수명	기능
1	numpy	shape( )	데이터의 형태(행, 열 정보) 출력
2		reshape( )	배열의 차원을 변경해주는 함수
3		sum( )	( )의 합 출력

순서	패키지명	함수명	기능
4		mean( )	( )의 평균 출력
5		var( )	( )의 분산 출력
6		std( )	• ( )의 표준편차 출력 • 기본값 모표준편차, 자유도 0(ddof=0)
7		sqrt( )	( )의 제곱근 출력
8		corrcoef(x, y)	x와 y의 상관계수 출력
9		cov(x, y)	x와 y의 공분산 출력
10		exp( )	( )의 데이터를 밑이 자연상수 e인 지수함수로 변환
11		round(data, n)	data를 소수점 n자리로 반올림
12		array( )	( )의 데이터를 배열로 생성
13		size	배열의 데이터 개수 출력
14		rand(n)	n개수만큼 평균이 0이고, 표준편차가 1인 정규분포 생성
15		randn(n)	n개수만큼 0~1 사이의 균등분포 생성
16		randint(n)	0부터 n-1 범위의 랜덤한 정수 1개 생성
17		concatenate((a,b))	a와 b 데이터 합치기
18		percentile(data,[n])	• data의 n% 범위 데이터 출력 • n값 : [0, 25, 50, 75, 100] 사용 가능 (사분위수)
19		meshgrid( )	n차원 격자 그리드(Lattice grid)를 만드는 함수
20		flatten( )	다차원 배열 공간을 1차원으로 평탄화해주는 함수
21		linspace( )	• 주어진 범위에서 일정한 간격으로 값을 생성해주는 함수 • 그래프를 출력할 때 x 또는 y축 값들을 생성하는 데 사용된다. • 매개변수는 3개로 구간 시작점, 구간 끝점, 구간 내 숫자 개수를 의미한다.

정규분포(Normal Distribution) : 자연 현상에서 발생하는 현상을 설명할 때 사용되며, 데이터는 종 모양의 분포를 가진다.

균등분포(Uniform Distribution) : 모든 값이 나타날 확률이 동일한 분포를 의미한다.
예 동전의 앞면 혹은 뒷면이 나올 확률은 0.5로 동일한 균등분포를 갖는다.

- numpy의 다양한 함수를 사용하기 위해서는 가장 먼저 패키지를 포함하는 선언 코드를 작성해야 한다.

- 다음은 numpy 패키지 예시 코드를 나타낸 것이다. 아래의 코드는 numpy 의 array( ) 함수를 사용하여 2차원 배열을 생성하여 data 변수에 저장하고, 저장된 결과를 출력하는 코드이다.

```
import numpy as np
data = np.array([[100, 120],[200, 220]])
print(data)

[[100 120]
 [200 220]]
```

〈numpy 패키지 예시 코드〉

- 패키지의 함수를 호출하는 방법에는 from과 import 두 가지가 있다.
- import로 패키지를 호출할 경우 "패키지명.함수명( )"의 형태로 사용 가능하고, from으로 패키지를 호출할 경우 바로 "함수명( )" 형태로 사용 가능하다.
- 다음은 from과 import를 사용하여 패키지를 호출하는 코드 예시를 나타낸 것이다.
- arange( ) 함수는 numpy 패키지에 소속된 함수로 사용자가 지정한 범위의 배열을 만들어주는 기능을 갖는다.
- 다음 코드의 경우 0(시작점)에서 9(끝점-1)까지의 배열을 생성해주는 코드이다.

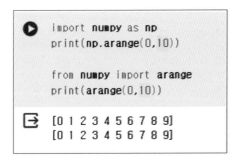

```
import numpy as np
print(np.arange(0,10))

from numpy import arange
print(arange(0,10))

[0 1 2 3 4 5 6 7 8 9]
[0 1 2 3 4 5 6 7 8 9]
```

〈from과 import를 사용하여 패키지를 호출하는 코드〉

> [참고]
> • 자연로그(자연대수)
> – 밑이 e(오일러 상수 : 약 2.718)인 로그(형태 예시 : $\log_e 3 = \ln 3$)
> – 자연로그 3의 값 : $\log_e 3 = 1.0986122886 \cdots$ (약 1.0986)
> – 즉, 자연로그 3의 의미는 밑이 e인 오일러 상수를 몇 제곱해야 3이 되는지를 의미한다.
> – $e^{1.0986} = 3$(3은 e(2.718)의 1.9086 제곱)
> • 상용로그(상용대수)
> – 밑이 10인 로그(형태 예시 : $\log_{10} 3$, 밑의 10을 생략하여 사용하기도 한다.)
> – 상용로그 3의 값 : $\log_{10} 3 = 0.4771212547 \cdots$ (약 0.4771)
> – 즉, 상용로그 10의 의미는 10을 몇 제곱해야 3이 되는지를 의미한다.
> – $10^{0.4771} = 3$(3은 10의 0.4771 제곱)

3-3 sklearn

- sklearn(사이킷런)은 파이썬 머신러닝 패키지로 다양한 머신러닝 모델 전처리, 모델링, 학습, 검증에 대한 기능을 지원한다.
- sklearn은 빅데이터분석기사 실기시험 작업형 2유형에서 자주 사용된다.
- 다음은 시험에서 자주 사용되는 sklearn 패키지의 주요 모듈 및 함수를 나타낸 것이다.

〈파이썬 sklearn 패키지 주요 모듈 및 함수〉

순서	패키지명	모듈 및 함수명	기능
1	sklearn	LabelEncoder( )	데이터 라벨 인코딩 기능
2		StandardScaler( )	데이터 표준화 기능
3		MinMaxScaler( )	데이터 최소 최대 정규화 기능
4		train_test_split( )	train, test 데이터 분할 기능
5		fit( )	모델 학습 기능
6		fit_transform( )	• train 데이터에서만 사용 • fit( ) 함수와 transform( ) 함수를 합친 것
7		transform( )	• test 데이터에서만 사용 • train 데이터로부터 학습된 평균, 분산을 test 데이터에 적용하기 위해 사용

순서	패키지명	모듈 및 함수명	기능
8		RandomForestClassifier( )	랜덤 포레스트 분류 모델 (지도 학습)
9		DecisionTreeClassifier( )	의사결정나무 분류 모델 (지도 학습)
10		KNeighborsClassifier( )	KNN 분류 모델 (지도 학습)
11		LogisticRegression( )	로지스틱 회귀 분류 모델 (지도 학습)
12		SVC( )	SVM 분류 모델 (지도 학습)
13		SVR( )	SVM 회귀 모델 (지도 학습)
14		LinearRegression( )	선형 회귀 모델 (지도 학습)
15		RandomForestRegressor( )	랜덤 포레스트 회귀 모델 (지도 학습)
16		DecisionTreeRegressor( )	의사결정나무 회귀 모델 (지도 학습)
17		KMeans( )	K-means 군집 분석 모델 (비지도 학습)
18		predict_proba( )	클래스 예측 확률 반환 (분류 모델)
19		predict( )	예측값 반환 (분류, 회귀 모델)
20		confusion_matrix( )	분류 모델 혼동행렬 출력
21		classification_report( )	분류 모델 평가지표(정확도, 정밀도, 재현율 등) 출력
22		roc_auc_score( )	분류 모델의 roc 곡선 정확도 출력
23		accuracy_score( )	분류 모델의 정확도 출력
24		f1_score( )	분류 모델의 f1_score 출력
25		mean_squared_error( )	회귀 모델의 mse(평균제곱오차) 출력

- sklearn의 다양한 기능을 사용하기 위해서는 가장 먼저 패키지를 포함하는 선언 코드를 작성해야 한다.
- 다음은 sklearn 패키지 예시 코드를 나타낸 것이다.
- sklearn 패키지의 LabelEncoder( ) 모듈은 문자(object)를 정수(int) 형태로 변환해주는 데이터 전처리 작업이다.
- 코드 실행 결과를 살펴보면 train 데이터의 Ticket 칼럼의 데이터 형태(Dtype)가 라벨 인코딩 전에는 object(문자열)에서, 라벨 인코딩 후에는 int(정수형)으로 변경된 것을 확인할 수 있다.

```
from sklearn.preprocessing import LabelEncoder
import pandas as pd

train=pd.read_csv('/content/drive/MyDrive/bigdata_csvfile/titanic.csv')
print(train.info()) #라벨 인코딩 전 데이터
le = LabelEncoder()
train['Ticket'] = le.fit_transform(train['Ticket'])
print(train.info()) #라벨 인코딩 후 데이터
```

```
Data columns (total 12 columns):
 #   Column       Non-Null Count   Dtype
---  ------       --------------   -----
 0   PassengerId  891 non-null     int64
 1   Survived     891 non-null     int64
 2   Pclass       891 non-null     int64
 3   Name         891 non-null     object
 4   Sex          891 non-null     object
 5   Age          714 non-null     float64
 6   SibSp        891 non-null     int64
 7   Parch        891 non-null     int64
 8   Ticket       891 non-null     object
 9   Fare         891 non-null     float64
 10  Cabin        204 non-null     object
 11  Embarked     889 non-null     object
dtypes: float64(2), int64(5), object(5)
memory usage: 83.7+ KB
None
<class 'pandas.core.frame.DataFrame'>
RangeIndex: 891 entries, 0 to 890
Data columns (total 12 columns):
 #   Column       Non-Null Count   Dtype
---  ------       --------------   -----
 0   PassengerId  891 non-null     int64
 1   Survived     891 non-null     int64
 2   Pclass       891 non-null     int64
 3   Name         891 non-null     object
 4   Sex          891 non-null     object
 5   Age          714 non-null     float64
 6   SibSp        891 non-null     int64
 7   Parch        891 non-null     int64
 8   Ticket       891 non-null     int64
 9   Fare         891 non-null     float64
 10  Cabin        204 non-null     object
 11  Embarked     889 non-null     object
```

〈sklearn 패키지 예시 코드〉

3-4 statsmodels

- statsmodels는 통계 분석 작업을 지원하는 파이썬 패키지로 빅데이터분석기사 실기시험 작업형 3유형에서 자주 사용된다.
- 다음은 시험에서 자주 사용되는 statsmodels 패키지의 주요 모듈 및 함수를 나타낸 것이다.

〈파이썬 statsmodels 패키지 주요 모듈 및 함수〉

순서	패키지명	모듈 및 함수명	기능
1	statsmodels	api	선형 회귀 분석 기능
2		OLS(y, X)	X(독립변수)에서 y(종속변수)에 대한 선형 회귀 분석
3		add_constant( )	상수항 칼럼 추가 기능
4		fit( )	모델 학습 기능
5		logit( )	로지스틱 회귀 분석 기능
6		glm('y~X1+X2+X3', data=df, family=sm.families.Binomial( ))	• 일반화 선형 모델(Generalized linear Model) 분석 기능 – 종속변수가 정규분포인 경우 : 선형 회귀 분석 – 종속변수가 0 또는 1인 경우 : 로지스틱 회귀 분석 – 종속변수가 푸아송분포인 경우 : 푸아송 회귀 분석 • 종속변수의 분포에 따라 family 인수 지정 – 정규분포인 경우 : Gaussian – 이항분포인 경우 : Binominal – 푸아송분포인 경우 : Poisson – 역정규분포인 경우 : InverseGaussian – 감마분포인 경우 : Gamma

참고
- 모듈 및 함수명의 sm은 statsmodels.api의 약자를 의미한다.
- 왜 독립변수(X)는 대문자로 표시하고, 종속변수(y)는 소문자로 표기할까요?
  - 확률변수는 일반적으로 대문자로 표기되며, 특정 값은 소문자로 표기됩니다.
  - 독립변수는 여러 변수로 이루어지고, 종속변수는 특정 값(target)으로 이루어지기 때문에 독립변수는 대문자 X로, 종속변수는 소문자 y로 표기합니다.

- 다음은 sklearn 패키지 예시 코드를 나타낸 것이다.

- statsmodels 패키지의 add_constant( ) 함수는 상수항 칼럼을 추가하는 기능을 갖는다. 따라서 df의 'SibSb' 칼럼과 'Pclass' 칼럼을 추가하여 독립변수 (X)로 만든다.

- statsmodels 패키지의 OLS( ) 함수를 사용하여 독립변수와 종속변수를 지정하고, 이에 대한 선형 회귀 분석을 한 결과를 model 변수에 저장한다.

- fit( ) 함수를 사용하여 모델을 학습하고, summary( ) 함수를 사용하여 분석 결과를 확인할 수 있다.

```
import pandas as pd
df=pd.read_csv('/content/drive/MyDrive/bigdata_csvfile/titanic.csv')

import statsmodels.api as sm
X = sm.add_constant(df[['SibSp', 'Pclass']])
model = sm.OLS(df['Survived'], X)
results = model.fit()
print(results.summary())
```

```
                            OLS Regression Results
==============================================================================
Dep. Variable:                Survived   R-squared:                       0.115
Model:                             OLS   Adj. R-squared:                  0.113
Method:                  Least Squares   F-statistic:                     57.48
Date:                 Wed, 03 Jan 2024   Prob (F-statistic):           3.35e-24
Time:                         09:10:47   Log-Likelihood:                -567.73
No. Observations:                  891   AIC:                             1141.
Df Residuals:                      888   BIC:                             1156.
Df Model:                            2
Covariance Type:             nonrobust
==============================================================================
                 coef    std err          t      P>|t|      [0.025      0.975]
------------------------------------------------------------------------------
const          0.8395      0.045     18.541      0.000       0.751       0.928
SibSp         -0.0032      0.014     -0.229      0.819      -0.031       0.024
Pclass        -0.1966      0.018    -10.663      0.000      -0.233      -0.160
==============================================================================
Omnibus:                      1354.419   Durbin-Watson:                   1.963
Prob(Omnibus):                   0.000   Jarque-Bera (JB):               87.447
Skew:                            0.426   Prob(JB):                     1.03e-19
Kurtosis:                        1.724   Cond. No.                         8.50
==============================================================================
```

〈statsmodels 패키지 예시 코드〉

3-5	scipy

- scipy는 수학, 과학, 공학 분야의 문제 해결을 위한 연산을 지원하는 파이썬 패키지로 빅데이터분석기사 실기시험 작업형 3유형에서 자주 사용된다.

- 다음은 시험에서 자주 사용되는 scipy 패키지의 주요 모듈 및 함수를 나타낸 것이다.

〈파이썬 scipy 패키지 주요 모듈 및 함수〉

순서	패키지명	모듈 및 함수명	기능
1	scipy	chi2_contingency(data)	분할표를 활용한 카이제곱 검정
2		chisquare(관측빈도, 기대빈도)	분할표를 활용하지 않는 카이제곱 검정
3		linregress(X, y)	선형 회귀 분석 기능
4		f_oneway(A, B)	A, B 집단의 분산분석
5		ttest_ind( )	독립표본 T-검정
6		ttest_1samp( )	단일표본 T-검정
7		ttest_rel( )	대응표본 T-검정
8		stats.sem(A)	A의 표준오차 연산
9		stats.t.interval(신뢰수준, 자유도, 표본평균, 표준오차)	T-분포를 사용한 신뢰구간 연산 (데이터 수 〈 30인 경우 사용)
10		stats.norm.interval(신뢰수준, 표본평균, 표준오차)	정규분포를 사용한 신뢰구간 연산 (데이터 수 〉 30인 경우 사용)

용어 설명

분할표(Contingency Table)
- 항목 간의 관계를 2차원 형태로 나타내는 표로 행과 열의 구조로 이루어져 있다.
- 교차표(Cross Tabulation)와 같은 의미로 사용된다.

- 다음은 scipy 패키지 예시 코드를 나타낸 것이다.

- 아래의 코드는 scipy 패키지 내의 하위 패키지 stats에 있는 chi2_contingency 모듈을 추가하고, 생성된 배열 데이터를 활용하여 카이제곱검정을 하는 코드이다.

- chi2, p_val, dof, expected는 각각 카이제곱 검정 통계량, p_value, 자유도, 기댓값을 나타낸 것이다.

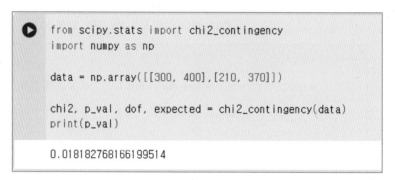

```python
from scipy.stats import chi2_contingency
import numpy as np

data = np.array([[300, 400],[210, 370]])

chi2, p_val, dof, expected = chi2_contingency(data)
print(p_val)

0.018182768166199514
```

〈scipy 패키지 예시 코드〉

## 제 3 편

작업형 1유형

제1장 | 데이터 탐색

● 작업형 1유형의 경우 주로 데이터를 탐색하고, 전처리하는 작업이 출제된다.

1-1 데이터 탐색 정의

● 데이터 탐색이란 탐색적 데이터 분석(EDA : Exploratory Data Analysis) 작업으로 주어진 데이터의 형태와 특이점을 파악하는 작업이라고 할 수 있다.
● 주어지는 데이터의 형태에 따라 데이터 탐색의 방법과 도구가 다르게 사용될 수 있다.

1-2 데이터 탐색 실습

● 데이터 탐색을 위해서는 다음과 같은 함수가 사용된다.

〈데이터 탐색에 활용되는 주요 함수〉

순서	패키지명	함수명	기능
1	pandas	read_csv( )	( )경로의 데이터 로드
2	pandas	head( )	상위 5행 데이터 출력
3	pandas	tail( )	하위 5행 데이터 출력
4	pandas	info( )	데이터 정보 출력(데이터 타입, 칼럼명, 개수 등)
5	pandas	describe( )	데이터 통계량 정보 출력(평균, 표준편차, 4분위수 등)

순서	패키지명	함수명	기능
6	numpy	shape( )	데이터 행, 열 정보 출력
7	matplotlib	hist( )	히스토그램 출력
8	matplotlib	boxplot( )	박스플롯 출력
9	matplotlib	subplot(x,y,z)	x : 행, y : 열, z : 인덱스의 형태로 차트 출력
10	matplotlib	subplots( )	axes(차트 축)와 figure(차트가 그려지는 프레임) 출력
11	matplotlib	add_subplot( )	차트가 그려지는 하나의 figure 안에 하나 이상의 서브플롯(Subplot)을 포함시키는 함수
12	matplotlib	show( )	차트 출력
13	matplotlib	title( )	차트 제목 설정
14	matplotlib	xlabel( )	x축 라벨 설정
15	matplotlib	ylabel( )	y축 라벨 설정
16	matplotlib	locator_params( )	축(axes)의 구간(bin)을 나눠주는 함수
17	matplotlib	view_init( )	3차원 그래프의 방향을 조정하는 함수로 높이(elevation)와 방위각(azimuth)을 조절
18	matplotlib	tight_layout( )	자동으로 서브플롯 매개변수를 조정하여 지정된 패딩(padding, 여백)을 제공하는 함수
19	seaborn	countplot( )	범주형 변수의 범주별 데이터 수 카운트

- 데이터 탐색을 위해서는 가장 먼저 원본 데이터를 로드해야 한다.
- 본서에서 사용되는 실습 데이터는 아래의 사이트에서 무료로 다운받을 수 있다.

https://github.com/JEunJin/BigData_python/tree/master/bigdata_csvfile

〈실습용 데이터 다운로드 사이트(깃허브)〉

● 다음은 실습 데이터 다운이 가능한 깃허브 사이트 화면을 나타낸 것이다.

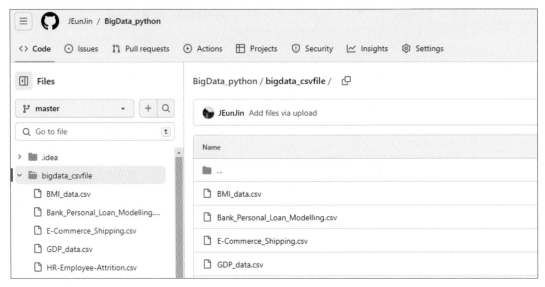

〈실습 데이터 다운로드가 가능한 깃허브 사이트 화면〉

● 데이터를 불러오는 방법은 두 가지가 있다.
● 첫 번째는 깃허브에서 실습 데이터 폴더 전체를 다운받은 뒤, 자신의 구글 드라이브에 업로드하여 드라이브와 마운트(연동)된 코랩 프로젝트에서 로드하는 방법이다.
● 다음은 드라이브에 업로드한 데이터를 로드하는 방법을 나타낸 것이다.

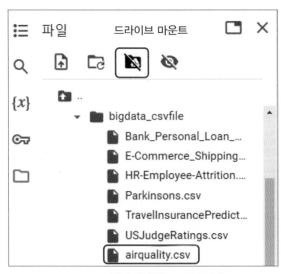

마우스 우클릭 → 경로복사

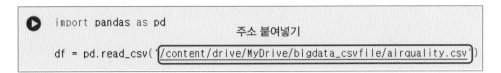

〈드라이브에 업로드한 데이터 로드하는 방법〉

- 두 번째는 깃허브 사이트 주소를 활용하여 raw data 형태로 코랩 프로젝트 에서 실습 데이터를 로드하는 방법이다.

- 다음은 깃허브의 raw data를 로드하는 방법을 나타낸 것이다.

〈깃허브의 raw data 로드하는 방법〉

- 타이타닉 데이터는 실제 타이타닉호에 탑승했던 승객의 정보를 담는 데이터이다.

- 다음은 타이타닉 데이터에 대한 설명을 나타낸 것이다.

〈타이타닉 데이터 설명〉

순서	칼럼명	설명
1	PassengerId	각 승객 고유 번호
2	Survived	생존 여부(0 : 사망, 1 : 생존)
3	Pclass	객실 등급(1 : Upper, 2 : Middle, 3 : Lower)
4	Name	이름
5	Sex	성별
6	Age	나이
7	SibSp	동반한 형제자매와 배우자의 수
8	Parch	동반한 부모, 자식의 수
9	Ticket	티켓 고유 번호
10	Fare	운임
11	Cabin	객실 번호
12	Embarked	승선 항(C : Cherbourg, Q : Queenstown, S : Southampton)

- 데이터 탐색을 위해 타이타닉 생존자 데이터를 활용하여 데이터를 로드하여 탐색하고, 성별에 따른 생존자 여부를 시각화하는 코드를 작성해 본다.

- 가장 처음으로 데이터를 로드하고, info( ) 함수와 head( ) 함수를 사용하여 데이터의 구조 및 정보를 확인한다.

- 다음은 데이터 정보를 확인하는 코드 및 결과를 나타낸 것이다.

```
import pandas as pd

df = pd.read_csv('https://raw.githubusercontent.com/JEunJin/BigData_python/master/bigdata_csvfile/titanic.csv')
print(df.info()) #데이터 정보 출력
print(df.head()) #데이터 상위 5행 데이터 출력
```

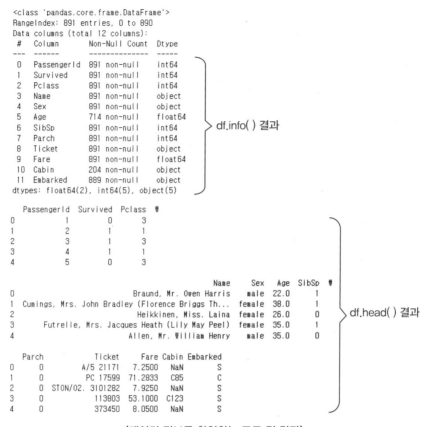

```
<class 'pandas.core.frame.DataFrame'>
RangeIndex: 891 entries, 0 to 890
Data columns (total 12 columns):
 #   Column       Non-Null Count   Dtype
---  ------       --------------   -----
 0   PassengerId  891 non-null     int64
 1   Survived     891 non-null     int64
 2   Pclass       891 non-null     int64
 3   Name         891 non-null     object
 4   Sex          891 non-null     object
 5   Age          714 non-null     float64
 6   SibSp        891 non-null     int64
 7   Parch        891 non-null     int64
 8   Ticket       891 non-null     object
 9   Fare         891 non-null     float64
 10  Cabin        204 non-null     object
 11  Embarked     889 non-null     object
dtypes: float64(2), int64(5), object(5)
```
df.info( ) 결과

```
   PassengerId  Survived  Pclass  ₩
0            1         0       3
1            2         1       1
2            3         1       3
3            4         1       1
4            5         0       3

                                              Name     Sex   Age  SibSp  ₩
0                        Braund, Mr. Owen Harris    male  22.0      1
1   Cumings, Mrs. John Bradley (Florence Briggs Th...  female  38.0      1
2                        Heikkinen, Miss. Laina  female  26.0      0
3      Futrelle, Mrs. Jacques Heath (Lily May Peel)  female  35.0      1
4                      Allen, Mr. William Henry    male  35.0      0

   Parch         Ticket     Fare  Cabin  Embarked
0      0      A/5 21171   7.2500    NaN         S
1      0       PC 17599  71.2833    C85         C
2      0  STON/O2. 3101282   7.9250    NaN         S
3      0         113803  53.1000   C123         S
4      0         373450   8.0500    NaN         S
```
df.head( ) 결과

〈데이터 정보를 확인하는 코드 및 결과〉

- info( ) 함수의 결과로 타이타닉 데이터에는 총 12개의 칼럼 데이터가 891이 있고, 일부 칼럼(Age, Cabin, Embarked)에서 결측값이 있는 것을 확인할 수 있다. 또한, 각 칼럼별 데이터의 데이터 타입을 확인할 수 있다.
- 성별에 따른 생존자 여부를 시각화하기 위해 우선 생존 여부를 나타내는 Survived 칼럼의 데이터를 확인해본다.
- 다음은 Survived 칼럼 데이터를 확인하는 코드이다.

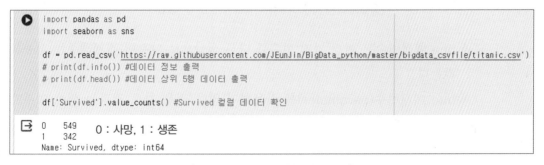

```
import pandas as pd
import seaborn as sns

df = pd.read_csv('https://raw.githubusercontent.com/JEunJin/BigData_python/master/bigdata_csvfile/titanic.csv')
# print(df.info()) #데이터 정보 출력
# print(df.head()) #데이터 상위 5행 데이터 출력

df['Survived'].value_counts() #Survived 컬럼 데이터 확인

0    549      0 : 사망, 1 : 생존
1    342
Name: Survived, dtype: int64
```

〈Survived 데이터를 확인하는 코드〉

- Survived 칼럼의 0은 사망자를, 1은 생존자를 의미한다.
- 결과 데이터를 통해 전체 탑승자 중 생존자는 342명, 사망자는 549명인 것을 확인할 수 있다.
- 다음은 데이터 해석의 편의성을 위해 새로운 칼럼(Survived(modify))을 생성하여 Survived 칼럼의 0과 1 데이터를 "Dead"와 "Survival"로 바꾸고 시각화한다.
- 다음은 신규 칼럼 생성 후 성별에 따른 생존 여부를 시각화한 코드 및 결과이다.

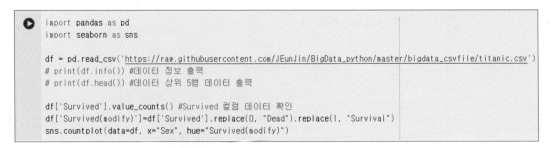

```
import pandas as pd
import seaborn as sns

df = pd.read_csv('https://raw.githubusercontent.com/JEunJin/BigData_python/master/bigdata_csvfile/titanic.csv')
# print(df.info()) #데이터 정보 출력
# print(df.head()) #데이터 상위 5행 데이터 출력

df['Survived'].value_counts() #Survived 컬럼 데이터 확인
df['Survived(modify)']=df['Survived'].replace(0, "Dead").replace(1, "Survival")
sns.countplot(data=df, x="Sex", hue="Survived(modify)")
```

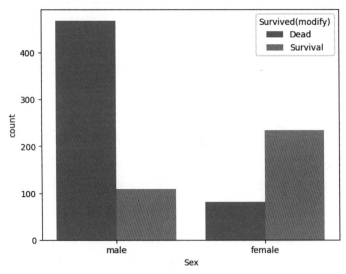

〈성별에 따른 생존 여부를 시각화한 코드 및 결과〉

- hue 매개변수는 여러 가지 변수를 다른 색상으로 나누어 집계해주는 기능을 갖는다.
- hue 매개변수(parameter)를 사용하지 않을 경우 차트 결과는 생존 여부가 구별되지 않고, x 축이 male, female로 표기된다.
- 시각화 결과를 확인하면 남성 사망자 수가 여성 사망자 수보다 확연히 많은 것을 확인할 수 있다.

- 데이터 전처리(data preprocessing)는 데이터를 분석하기 전 분석가의 목적에 맞게 데이터를 재가공하는 작업을 말한다.
- 데이터 전처리 작업은 여러 번 수행될 수 있고, 오랜 시간이 소요될 수 있다.
- 대표적인 데이터 전처리 방법에는 결측값 처리, 이상값 처리, 중복값 처리, 데이터 변환, 데이터 평활화가 있다.
- 데이터 전처리 작업을 위해서는 다음과 같은 모듈 및 함수가 사용된다.

〈데이터 전처리에 활용되는 주요 모듈 및 함수〉

순서	패키지명	모듈 및 함수명	기능
1	sklearn	LabelEncoder( )	텍스트 데이터를 수치형 데이터로 변환
2	sklearn	OneHotEncoder( )	명목형, 순위형 데이터를 0 또는 1로 변환
3	sklearn	MinMaxScaler( )	스케일을 조정하여 모든 데이터 0~1 사이 값을 갖도록 변환(최소−최대 정규화)
4	sklearn	Normalizer( )	• 행(row)마다 정규화하는 방법으로 한 행의 모든 속성들 사이의 유클리드 거리가 1이 되도록 데이터 값을 변환 • 학습 시간이 빨라지고, 과대 적합 확률을 낮춘다.
5	sklearn	StandardScaler( )	스케일을 조정하여 데이터의 평균이 0이고, 표준편차가 1인 정규분포를 갖도록 변환(z-score 정규화)
6	sklearn	RobustScaler( )	• 각 속성의 중앙값(median, Q_2)을 0으로 하고, Q_1, Q_3 사분위 수와의 IQR 차이를 기준으로 정규화 • 이상치가 많은 데이터를 정규화할 때 사용 $$\text{robustscaler value} = \frac{X_i - Q_2}{Q_3 - Q_1}$$ (X_i : i번째 데이터, Q_1: 제1사분위수, Q_3: 제3사분위수)
7	pandas	rolling( )	이동 평균값 연산
8	pandas_datareader	NaverDailyReader( )	네이버 주식 데이터 수집

2-1 결측값 처리

- 결측값(Missing Value)은 필수적인 데이터가 입력되지 않고 누락된 값을 의미하고, NA, 999999, Null과 같이 표현된다.

- 데이터 분석을 위해서 데이터의 결측값 포함 여부를 확인하고, 결측값 처리 방법을 선택해야 한다.

- 결측값 확인은 pandas 패키지의 info( ) 함수를 사용해서 확인할 수 있다.

- 결측값 처리 방법에는 제거 또는 대체가 있다. 다음은 결측값 처리 방법을 나타낸 것이다.

〈결측값 처리 방법〉

방법	패키지	함수	기능
결측값 제거	pandas	dropna( )	• 결측값 행 또는 열 제거 • axis=0 결측값이 존재하는 행 전체 제거 • axis=1 결측값이 존재하는 열 전체 제거
결측값 대체	pandas	fillna( )	• ( )값으로 결측값 대체 • method='ffill' 결측값 바로 앞의 값으로 대체 • method='bfill' 결측값 바로 뒤의 값으로 대체

- 다음은 타이타닉 생존자 데이터에서 결측값을 확인하고, 결측값을 제거하는 예제를 나타낸 것이다.

- 데이터를 로드한 뒤, info( ) 함수를 사용하여 데이터 결측값 포함 유무를 확인한다.

- 타이타닉 데이터의 경우 Cabin, Age, Embarked 칼럼에 결측값이 포함된 것을 확인할 수 있다.

- Cabin, Age 칼럼의 결측값이 비교적 많기 때문에 이 두 칼럼을 전체 데이터 프레임에서 사제하고, Embarked 칼럼의 결측값을 제거하도록 한다.

- drop( )과 dropna( ) 함수의 inplace=True 매개변수는 실제 데이터에 삭제 여부를 반영할지 여부이다. 즉, inplace=True로 설정할 경우 원본 데이터의 해당 내용이 삭제되어 저장된다.

- 마지막 df.info( ) 함수 결과를 살펴보면, Cabin, Age 칼럼은 삭제되었고, Embarked 칼럼의 결측값 포함 행이 제거되어 전체 데이터가 889행으로 변경된 것을 확인할 수 있다.

```python
import pandas as pd

df = pd.read_csv('https://raw.githubusercontent.com/JEunJin/BigData_python/master/bigdata_csvfile/titanic.csv')
print(df.info()) #결측값 제거 전 데이터
df.drop(columns=['Cabin','Age'], inplace=True) #결측값이 많은 Cabin, Age 컬럼 제거
df.dropna(inplace=True) #결측값 제거
print(df.info()) #결측값 제거 후 데이터
```

```
Data columns (total 12 columns):
 #   Column       Non-Null Count   Dtype
---  ------       --------------   -----
 0   PassengerId  891 non-null     int64
 1   Survived     891 non-null     int64
 2   Pclass       891 non-null     int64
 3   Name         891 non-null     object
 4   Sex          891 non-null     object
 5   Age          714 non-null     float64      결측값 제거 전
 6   SibSp        891 non-null     int64
 7   Parch        891 non-null     int64
 8   Ticket       891 non-null     object
 9   Fare         891 non-null     float64
 10  Cabin        204 non-null     object
 11  Embarked     889 non-null     object
dtypes: float64(2), int64(5), object(5)
memory usage: 83.7+ KB
None
<class 'pandas.core.frame.DataFrame'>
Int64Index: 889 entries, 0 to 890
Data columns (total 10 columns):
 #   Column       Non-Null Count   Dtype
---  ------       --------------   -----
 0   PassengerId  889 non-null     int64
 1   Survived     889 non-null     int64
 2   Pclass       889 non-null     int64
 3   Name         889 non-null     object
 4   Sex          889 non-null     object       결측값 제거 후
 5   SibSp        889 non-null     int64
 6   Parch        889 non-null     int64
 7   Ticket       889 non-null     object
 8   Fare         889 non-null     float64
 9   Embarked     889 non-null     object
dtypes: float64(1), int64(5), object(4)
```

〈결측값 제거 예제〉

● 다음은 타이타닉 생존자 데이터에서 결측값을 확인하고, 결측값을 대체하는 예제를 나타낸 것이다.

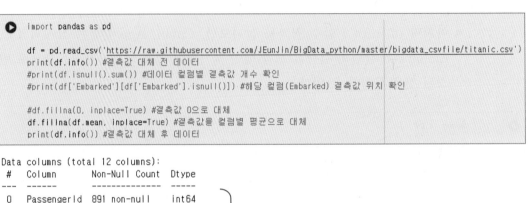

```
import pandas as pd

df = pd.read_csv('https://raw.githubusercontent.com/JEunJin/BigData_python/master/bigdata_csvfile/titanic.csv')
print(df.info()) #결측값 대체 전 데이터
#print(df.isnull().sum()) #데이터 컬럼별 결측값 개수 확인
#print(df['Embarked'][(df['Embarked'].isnull())]) #해당 컬럼(Embarked) 결측값 위치 확인

#df.fillna(0, inplace=True) #결측값 0으로 대체
df.fillna(df.mean, inplace=True) #결측값을 컬럼별 평균으로 대체
print(df.info()) #결측값 대체 후 데이터
```

```
Data columns (total 12 columns):
 #   Column       Non-Null Count   Dtype
---  ------       --------------   -----
 0   PassengerId  891 non-null     int64
 1   Survived     891 non-null     int64
 2   Pclass       891 non-null     int64
 3   Name         891 non-null     object
 4   Sex          891 non-null     object
 5   Age          714 non-null     float64      ⎫
 6   SibSp        891 non-null     int64        ⎬ 결측값 대체 전
 7   Parch        891 non-null     int64        ⎭
 8   Ticket       891 non-null     object
 9   Fare         891 non-null     float64
 10  Cabin        204 non-null     object
 11  Embarked     889 non-null     object
dtypes: float64(2), int64(5), object(5)
memory usage: 83.7+ KB
None
<class 'pandas.core.frame.DataFrame'>
RangeIndex: 891 entries, 0 to 890
Data columns (total 12 columns):
 #   Column       Non-Null Count   Dtype
---  ------       --------------   -----
 0   PassengerId  891 non-null     int64
 1   Survived     891 non-null     int64
 2   Pclass       891 non-null     int64
 3   Name         891 non-null     object
 4   Sex          891 non-null     object
 5   Age          891 non-null     object       ⎫
 6   SibSp        891 non-null     int64        ⎬ 결측값 대체 후
 7   Parch        891 non-null     int64        ⎭
 8   Ticket       891 non-null     object
 9   Fare         891 non-null     float64
 10  Cabin        891 non-null     object
 11  Embarked     891 non-null     object
dtypes: float64(1), int64(5), object(6)
```

〈결측값 대체 예제〉

- 데이터프레임.isnull( ).sum( ) 함수를 사용하면 데이터 칼럼별 결측값 개수를 확인할 수 있고, 데이터프레임['칼럼명'][데이터프레임['칼럼명'].isnull( )] 코드를 사용하면 해당 칼럼의 결측값 위치를 확인할 수 있다.
- 결측값은 대체적으로 특정값으로 대체되는데, fillna( ) 함수에 특정값을 입력하면 입력한 값으로 결측값이 대체된다.
- 만약 칼럼별 평균으로 결측값을 대체하고 싶은 경우 df.fillna(df.mean, inplace=True)과 같이 입력한다.
- 평균값이 아닌 중앙값, 최솟값, 최댓값 등으로 대체하고자 하는 경우 매개변수를 df.median, df.min, df.max 등과 같이 입력하여 대체할 수 있다.

2-2 이상치 처리

- 이상치(Outlier)는 데이터가 일반적인 범위를 벗어난 매우 작거나 큰 값을 의미한다.
- 분석하고자 하는 데이터에 이상치가 포함되어 있는 경우 분석 결과에 영향을 줄 수 있기 때문에 이상치 처리는 데이터 전처리 작업 중 중요한 부분이다.
- 이상치 처리 방법으로 자주 사용되는 방법은 Z-score(표준점수)를 활용한 방법과 IQR(Interquartile range)을 활용한 방법이 있다.
- Z-score를 활용하는 방법은 측정된 데이터 값에서 평균을 빼고 표준편차로 나누었을 때 Z-score가 특정 기준(임계치, threshold)을 넘어서는 경우를 이상치로 판단하는 방법이다.
- 다음은 Z-score 연산식을 나타낸 것이다.

$$Z = \frac{X_i - X_{mean}}{X_{std}}$$

(X_i : X의 i번째 데이터, X_{mean} : X의 평균, X_{std} : X의 표준편차)

〈Z-score 연산식〉

- 다음은 Z-score 그래프를 나타낸 것이다.

- 정규분포 데이터는 68-95-99.7 규칙에 의해 평균에서 양쪽으로 3 표준편차(σ)의 범위에 거의 모든 값들(99.7%)이 포함된다.

- 그래프를 확인하면 약 68%의 값들이 평균에서 양쪽으로 1 표준편차 범위($\mu \pm \sigma$)에 존재하고, 약 95%의 값들이 평균에서 양쪽으로 2 표준편차 범위($\mu \pm 2\sigma$)에 존재한다.

- 그리고 거의 모든 값(약 99.7%)들이 평균에서 양쪽으로 3 표준편차 범위($\mu \pm 3\sigma$)에 존재하는 것을 확인할 수 있다.

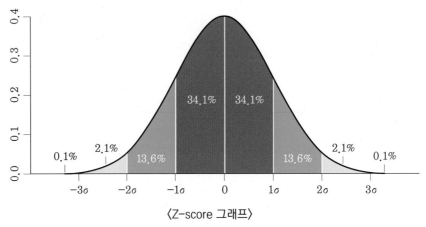

〈Z-score 그래프〉

출처 : https://ko.wikipedia.org/wiki/68-95-99.7_%EA%B7%9C%EC%B9%99

- 다음은 Z-score를 활용한 이상치 확인 및 처리에 대한 예제이다.

- 자녀의 수를 물어보는 설문조사 결과가 다음과 같이 집계되었다고 가정해보면 (1, 1, 2, 3, 4, 6, 2, 50, 3, 1, 2, 1, 1, 2, 0) 이 데이터 중 50이 이상치라고 확인할 수 있다.

- 임계치(threshold)를 3으로 설정하고, 임계치를 넘는 값을 이상치로 판단하여 리스트를 생성하고, 그 결과를 확인해보면 다음과 같이 이상값으로 50이 출력되는 것을 확인할 수 있다.

- 보통의 경우 임계치를 3으로 설정하는데, 이는 z 점수가 3보다 크면 데이터의 포인트(위치)가 다른 데이터의 위치와 상당히 다르게 나타나기 때문이다.

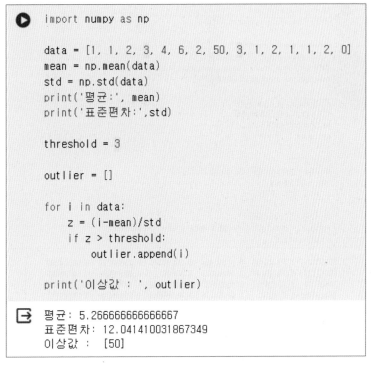

```
▶  import numpy as np

    data = [1, 1, 2, 3, 4, 6, 2, 50, 3, 1, 2, 1, 1, 2, 0]
    mean = np.mean(data)
    std = np.std(data)
    print('평균:', mean)
    print('표준편차:',std)

    threshold = 3

    outlier = []

    for i in data:
        z = (i-mean)/std
        if z > threshold:
            outlier.append(i)

    print('이상값 : ', outlier)

⤵  평균: 5.266666666666667
    표준편차: 12.041410031867349
    이상값 :  [50]
```

〈Z-score를 활용한 이상치 확인 및 처리 예제〉

- IQR은 사분 범위로서 이를 사용하여 이상치를 확인할 수 있다. IQR은 다음과 같이 연산될 수 있다.

$$IQR = Q_3 - Q_1$$
$$(Q_1 : 1사분위 수, Q_3 : 3사분위 수)$$

〈IQR 연산식〉

- IQR은 3사분위 수에서 1사분위 수를 뺀 값으로 데이터의 중간 50% 범위를 나타낸 것이다. $Q_1 - 1.5 \times IQR$보다 작거나 $Q_3 + 1.5 \times IQR$보다 큰 데이터를 이상치로 판단한다.
- 다음은 IQR을 활용한 이상치 확인 및 처리에 대한 예제이다.
- numpy 패키지의 randn( ) 함수를 활용하여 정규분포 형태의 데이터 50개를 생성하고, 임의의 이상값 4, 6, −7, −5를 데이터에 포함시킨다.
- 박스플롯을 활용하여 데이터 내의 이상값을 시각화하고, IQR 연산을 통해 이상치(outlier)를 추출한다.

```
import numpy as np
import matplotlib.pyplot as plt

data=np.random.randn(50)
print(data) #정규 분포 데이터
data=np.concatenate((data, np.array([4,6,-7,-5])))
print(data) #이상값 포함 데이터

#박스플롯으로 이상치 확인
fig, ax = plt.subplots()
ax.boxplot(data)
plt.show()

#IQR 연산
Q1, Q3 = np.percentile(data,[25,75])
IQR = Q3-Q1
print('IQR:',IQR)

#이상치 연산 및 출력
outlier = data[(Q1-1.5*IQR > data)|(Q3+1.5*IQR<data)]
print(outlier)
```

```
[-1.36563981 -1.19444438  0.01593454 -0.08004346 -0.25080271 -0.56514289
 -1.10267194 -0.78228244  3.04168621 -0.62608122  1.50590091 -0.58733609
  1.36585291  1.23204487  0.45088923 -0.64140982 -1.37759603  0.96574635
 -1.28400346 -1.2745721   1.52284176  1.46188243  0.03765596 -0.2461972
 -0.66429757  0.35133554 -0.48403143 -1.51308726 -0.76353049  0.24920321
 -1.58980861 -0.97952592  0.12276163  1.68929209  0.17774987  0.03200602
  1.93321556 -1.06209471 -0.7326291   0.84274139  1.07673999  0.45769054
 -2.61949332  0.73904634  0.66750106  0.04640264  0.6660776   1.40794848
  0.05114919 -0.93597486]
```
> 원본 데이터

```
[-1.36563981 -1.19444438  0.01593454 -0.08004346 -0.25080271 -0.56514289
 -1.10267194 -0.78228244  3.04168621 -0.62608122  1.50590091 -0.58733609
  1.36585291  1.23204487  0.45088923 -0.64140982 -1.37759603  0.96574635
 -1.28400346 -1.2745721   1.52284176  1.46188243  0.03765596 -0.2461972
 -0.66429757  0.35133554 -0.48403143 -1.51308726 -0.76353049  0.24920321
 -1.58980861 -0.97952592  0.12276163  1.68929209  0.17774987  0.03200602
  1.93321556 -1.06209471 -0.7326291   0.84274139  1.07673999  0.45769054
 -2.61949332  0.73904634  0.66750106  0.04640264  0.6660776   1.40794848
  0.05114919 -0.93597486  4.          6.         -7.         -5.        ]
```
> 이상값이 추가된 데이터

박스플롯

```
IQR: 1.491329675741361
```
→ IQR

```
[ 4.  6. -7. -5.]
```
→ 추출된 이상값

〈IQR을 활용한 이상치 확인 및 처리에 대한 예제〉

2-3 중복값 처리

- 중복값은 중복되는 데이터로서 데이터 입력 오류 등의 원인으로 발생되고, 데이터 분석 시 제거되어야 하는 대상이다.

- 데이터프레임에 중복되는 데이터가 포함되었을 때, 이를 확인하고 제거할 수 있다.

- 다음은 중복 데이터 처리 예제이다.

- 임의로 group, test_1, test_2 칼럼을 갖는 데이터프레임을 생성한다. group 칼럼의 데이터를 직접 입력하고, test_1과 test_2 칼럼의 데이터는 numpy 패키지의 randn( ) 함수를 사용하여 10개의 정규분포 데이터를 생성한다.

- 생성된 데이터에 임의로 중복값을 입력한다. 1행과 4행의 값을 0.5로 입력하고, df[df.duplicated( )] 함수를 출력할 경우 중복 데이터의 위치를 확인할 수 있다.

- 중복 데이터를 확인한 뒤, drop_duplicates(inplace=True) 함수를 사용하여 중복 데이터 행을 제거하고, 데이터를 확인할 경우 중복되는 데이터 중 마지막 데이터가 제거된 것을 확인할 수 있다.

```
import numpy as np
import pandas as pd

df=pd.DataFrame({'group':['A','B','C','B','B','C','A','C','A','B'],'test_1':np.random.randn(10),'test_2':np.random.randn(10)
print(df) #원본 데이터

#임의의 중복값 입력
df.loc[[1,4],['test_1','test_2']]=0.5
print(df) #중복값 포함 데이터
#print(df.duplicated()) #전체 데이터 중 중복 데이터 확인
print(df[df.duplicated()]) #중복 데이터 위치 확인
df.drop_duplicates(inplace=True) #중복값 데이터 행 전체 제거
print(df) #중복값 제거 데이터
```

```
     group    test_1     test_2
0       A   0.682555   1.624609  ⎫
1       B  -0.522983  -0.120666  ⎪
2       C  -0.818418  -2.348582  ⎪
3       B  -0.177300   0.167257  ⎪
4       B   0.032502   1.699965  ⎬ 원본 데이터
5       C   0.101272   1.168899  ⎪
6       A   0.575961   0.055338  ⎪
7       C   0.210377   0.217881  ⎪
8       A  -1.556314   0.645575  ⎪
9       B  -0.693315  -0.158261  ⎭
```

```
     group    test_1     test_2
0       A   0.682555   1.624609  ⎫
1       B   0.500000   0.500000  ⎪
2       C  -0.818418  -2.348582  ⎪
3       B  -0.177300   0.167257  ⎪
4       B   0.500000   0.500000  ⎬ 중복값 입력
5       C   0.101272   1.168899  ⎪
6       A   0.575961   0.055338  ⎪
7       C   0.210377   0.217881  ⎪
8       A  -1.556314   0.645575  ⎪
9       B  -0.693315  -0.158261  ⎭
     group  test_1  test_2
4       B     0.5     0.5  ⟶ 중복값 입력
     group    test_1     test_2
0       A   0.682555   1.624609  ⎫
1       B   0.500000   0.500000  ⎪
2       C  -0.818418  -2.348582  ⎪
3       B  -0.177300   0.167257  ⎪
5       C   0.101272   1.168899  ⎬ 제거된 중복값
6       A   0.575961   0.055338  ⎪
7       C   0.210377   0.217881  ⎪
8       A  -1.556314   0.645575  ⎪
9       B  -0.693315  -0.158261  ⎭
```

〈중복값 처리 예제〉

2-4 데이터 변환

- 데이터 변환은 주어진 raw 데이터(원본)를 분석 목적에 맞게 변환하는 방법을 의미한다.
- 데이터 변환 방법에는 대표적으로 데이터 타입 변환, 표준화, 정규화가 있다.
- 보통의 데이터 분석에서는 수치형 데이터가 사용되기 때문에 범주형 데이터를 수치형 데이터로 변화해주는 작업이 필요하다. 이때 사용되는 방법이 데이터 타입 변환이다.
- 데이터 타입 변환에서 자주 사용되는 함수는 sklearn 패키지의 Label Encoder( ), OneHotEncoder( ) 모듈이다.
- 다음은 LabelEncoder( ) 모듈을 활용한 데이터 변환 예제이다.
- iris 데이터는 붓꽃의 꽃잎(petal)과 꽃받침(sepal)의 너비와 길이에 따른 붓꽃 품종을 기록한 데이터이다.
- 다음은 iris 데이터에 대한 설명을 나타낸 것이다.

⟨iris(붓꽃) 데이터 설명⟩

순서	칼럼명	설명
1	sepal_length	꽃받침 길이
2	sepal_width	꽃받침 너비
3	petal_length	꽃잎 길이
4	petal_width	꽃잎 너비
5	species	붓꽃 품종(setosa, virginica, versicolor)

- 붓꽃 데이터를 로드하여 원본 데이터의 데이터 타입을 확인한다.
- 품종을 의미하는 species 칼럼을 제외하고, 모두 실수형(float)인 것을 확인할 수 있다.
- 따라서 문자형(object)인 species 칼럼을 LabelEncoder( )를 활용하여 정수 형태로 변경한다.
- 라벨 인코딩한 뒤 데이터 형태를 info( ) 함수로 살펴보면 species 칼럼이 정수형(int) 데이터로 변환된 것을 볼 수 있고, 변환된 데이터를 확인하면 0, 1, 2와 같은 수치로 데이터가 표현되는 것을 확인할 수 있다.

```
import pandas as pd
from sklearn.preprocessing import LabelEncoder

df = pd.read_csv('https://raw.githubusercontent.com/JEunJin/BigData_python/master/bigdata_csvfile/iris.csv')
print(df.info())
print(df.head())

#라벨 인코딩
le = LabelEncoder()
df['species']=le.fit_transform(df['species'])

print(df.info())
print(df.head())
```

```
Data columns (total 5 columns):
 #   Column        Non-Null Count   Dtype
---  ------        --------------   -----
 0   sepal_length  150 non-null     float64  ┐
 1   sepal_width   150 non-null     float64  │
 2   petal_length  150 non-null     float64  ├ 원본 데이터
 3   petal_width   150 non-null     float64  │
 4   species       150 non-null     object   ┘
dtypes: float64(4), object(1)
memory usage: 6.0+ KB
None
```

```
    sepal_length  sepal_width  petal_length  petal_width  species
0        5.1          3.5          1.4          0.2      setosa    ┐  원본 데이터의
1        4.9          3.0          1.4          0.2      setosa    │  species
2        4.7          3.2          1.3          0.2      setosa    ├→ 칼럼 값
3        4.6          3.1          1.5          0.2      setosa    │  (문자형)
4        5.0          3.6          1.4          0.2      setosa    ┘
<class 'pandas.core.frame.DataFrame'>
RangeIndex: 150 entries, 0 to 149
Data columns (total 5 columns):
 #   Column        Non-Null Count   Dtype
---  ------        --------------   -----
 0   sepal_length  150 non-null     float64  ┐
 1   sepal_width   150 non-null     float64  │
 2   petal_length  150 non-null     float64  ├ 변환된 데이터
 3   petal_width   150 non-null     float64  │
 4   species       150 non-null     int64    ┘
dtypes: float64(4), int64(1)
memory usage: 6.0 KB
None
    sepal_length  sepal_width  petal_length  petal_width  species
0        5.1          3.5          1.4          0.2          0    ┐  변환된
1        4.9          3.0          1.4          0.2          0    │  species
2        4.7          3.2          1.3          0.2          0    ├→ 칼럼 값
3        4.6          3.1          1.5          0.2          0    │  (정수형)
4        5.0          3.6          1.4          0.2          0    ┘
```

〈LabelEncoder( ) 모듈을 활용한 데이터 변환 예제〉

- 표준화(Standardization)는 데이터의 분포를 정규분포로 바꾸어주는 작업으로 표준화에 사용되는 대표적인 방법으로는 StandardScaler( ), RobustScaler( )가 있다.

- 정규화(Normalization)는 데이터셋의 범위를 공통된 척도로 변경하는 것으로 속성(feature)의 범위가 다른 경우에 필요하다.

- 정규화에 사용되는 대표적인 모듈에는 MinMaxScaler( )와 Normalizer( )가 있다. MinMaxScaler( )는 각 특성(feature)이 0과 1사이에 위치하도록 스케일링하는 방법으로 각 특성의 통계치를 열(column)을 기준으로 연산한다. Normalizer( )는 행(row)을 기준으로 연산하여 한 행의 모든 특성 사이에 유클리드 거리가 1이 되도록 데이터를 연산한다.

- 보통의 경우 표준화를 통해 이상치를 제거하고, 데이터를 정규화하여 데이터 크기(scale)를 조정하는 형태로 데이터를 분석한다.

- 다음은 StandardScaler( ) 모듈을 활용한 데이터 표준화 예제이다.

- 깃허브에서 iris 붓꽃 데이터를 로드한 뒤, 표준화 작업을 위해 데이터를 학습 및 테스트 데이터셋으로 분리하고, 분리된 학습 데이터를 독립변수와 종속변수로 분리한다.

- 데이터가 표준화되기 전 데이터 수치와 데이터 분포를 확인하고, StandardScaler( ) 모듈을 활용하여 데이터를 표준화한 뒤, 데이터 수치와 데이터 분포를 확인한다.

- 히스토그램의 데이터 차트를 확인하면 표준화 전 데이터는 분포의 규칙성이 없지만, 표준화 후 데이터는 x축의 0을 중심으로 종 모양의 정규분포 데이터 형태를 갖는 것을 확인할 수 있다.

```
#표준화(standardization) 예제
import pandas as pd
from sklearn.preprocessing import StandardScaler
import matplotlib.pyplot as plt

df = pd.read_csv('https://raw.githubusercontent.com/JEunJin/BigData_python/master/bigdata_csvfile/iris.csv')

#train, test 데이터셋 분리
train = df.iloc[:100,:] #상위 100행 데이터
test = df.iloc[-50:,:] #하위 50행 데이터
train_x = train.drop(columns='species') #train_x(독립변수) : species 컬럼 제거 데이터
train_y = train['species'] #train_y(종속변수) : species 컬럼

print('********표준화 전 데이터********')
print(train_x)
plt.hist(train_x)
plt.title('Before Standardization')
plt.legend(['sepal_length','sepal_width','petal_length','petal_width'])
plt.show()

#데이터 표준화
ss = StandardScaler()
train_x=ss.fit_transform(train_x)
print('********표준화 후 데이터********')
print(train_x)
plt.hist(train_x)
plt.title('After Standardization')
plt.legend(['sepal_length','sepal_width','petal_length','petal_width'])
plt.show()
```

```
********표준화 전 데이터********
    sepal_length  sepal_width  petal_length  petal_width
0            5.1          3.5           1.4          0.2
1            4.9          3.0           1.4          0.2
2            4.7          3.2           1.3          0.2
3            4.6          3.1           1.5          0.2
4            5.0          3.6           1.4          0.2
..           ...          ...           ...          ...
95           5.7          3.0           4.2          1.2
96           5.7          2.9           4.2          1.3
97           6.2          2.9           4.3          1.3
98           5.1          2.5           3.0          1.1
99           5.7          2.8           4.1          1.3

********표준화 후 데이터********
[[-5.81065904e-01  8.41837140e-01 -1.01297765e+00 -1.04211089e+00]
 [-8.94308978e-01 -2.07835104e-01 -1.01297765e+00 -1.04211089e+00]
 [-1.20755205e+00  2.12033793e-01 -1.08231219e+00 -1.04211089e+00]
 [-1.36417359e+00  2.09934449e-03 -9.43643106e-01 -1.04211089e+00]
 [-7.37687441e-01  1.05177159e+00 -1.01297765e+00 -1.04211089e+00]
 [-1.11201292e-01  1.68157493e+00 -8.04974023e-01 -6.86441647e-01]
 [-1.36417359e+00  6.31902691e-01 -1.01297765e+00 -8.64276271e-01]
 [-7.37687441e-01  6.31902691e-01 -9.43643106e-01 -1.04211089e+00]
 [-1.67741667e+00 -4.17769553e-01 -1.01297765e+00 -1.04211089e+00]
 [-8.94308978e-01  2.09934449e-03 -9.43643106e-01 -1.21994552e+00]]
```

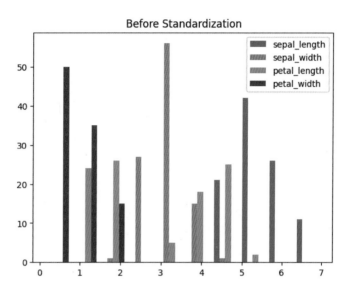

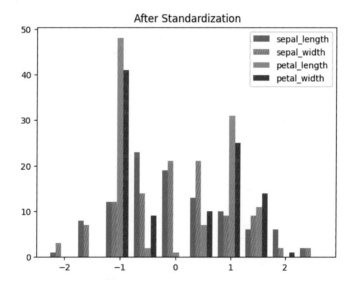

〈StandardScaler( ) 모듈을 활용한 데이터 표준화 예제〉

● 다음은 MinMaxScaler( ) 모듈을 활용한 데이터 정규화 예제이다.

● 예제 코드는 표준화 코드와 동일하게 사용한다. 다만, 차트를 플롯(plot) 차트로 변경하고, 데이터 처리 부분을 정규화 작업으로 변경하여 결과를 확인한다.

● 최소-최대 정규화 작업을 통해 원본 데이터의 가장 작은 값은 0이 되고, 가장 큰 값은 1이 되며, 중간값들은 최소-최대 정규화 연산식에 의해 산정된다.

● 다음은 최소-최대 정규화 연산식을 나타낸 것이다.

$$X = \frac{X_i - X_{\min}}{X_{\max} - X_{\min}}$$

(X_i : 정규화 대상 i번째 데이터, $X_{\max}$: 정규화 대상 최대 데이터, $X_{\min}$: 정규화 대상 최소 데이터)

〈최소-최대 정규화 연산식〉

● 따라서 MinMaxScaler( ) 모듈을 활용하여 정규화한 결과 데이터는 0~1 사이의 값으로 정규화된 값을 갖게 되고, 이 데이터를 차트로 확인할 경우 속성(feature)값의 범위가 0~7 범위에서 0~1 범위로 정규화된 것을 확인할 수 있다.

```python
#정규화(Normalization) 예제
import pandas as pd
from sklearn.preprocessing import MinMaxScaler
import matplotlib.pyplot as plt

df = pd.read_csv('https://raw.githubusercontent.com/JEunJin/BigData_python/master/bigdata_csvfile/iris.csv')

#train, test 데이터셋 분리
train = df.iloc[:100,:] #상위 100행 데이터
test = df.iloc[-50:,:] #하위 50행 데이터
train_x = train.drop(columns='species') #train_x(독립변수) : species 컬럼 제거 데이터
train_y = train['species'] #train_y(종속변수) : species 컬럼

print('********정규화 전 데이터********')
print(train_x)
plt.plot(train_x)
plt.title('Before Normalization')
plt.legend(['sepal_length','sepal_width','petal_length','petal_width'])
plt.show()

#데이터 정규화
mm = MinMaxScaler()
train_x=mm.fit_transform(train_x)
print('********정규화 후 데이터********')
print(train_x)
plt.plot(train_x)
plt.title('After Normalization')
plt.legend(['sepal_length','sepal_width','petal_length','petal_width'])
plt.show()
```

```
********정규화 전 데이터********
     sepal_length  sepal_width  petal_length  petal_width
0          5.1          3.5          1.4          0.2
1          4.9          3.0          1.4          0.2
2          4.7          3.2          1.3          0.2
3          4.6          3.1          1.5          0.2
4          5.0          3.6          1.4          0.2
..         ...          ...          ...          ...
95         5.7          3.0          4.2          1.2
96         5.7          2.9          4.2          1.3
97         6.2          2.9          4.3          1.3
98         5.1          2.5          3.0          1.1
99         5.7          2.8          4.1          1.3

********정규화 후 데이터********
[[0.2962963  0.625       0.09756098 0.05882353]
 [0.22222222 0.41666667 0.09756098 0.05882353]
 [0.14814815 0.5        0.07317073 0.05882353]
 [0.11111111 0.45833333 0.12195122 0.05882353]
 [0.25925926 0.66666667 0.09756098 0.05882353]
 [0.40740741 0.79166667 0.17073171 0.17647059]
 [0.11111111 0.58333333 0.09756098 0.11764706]
 [0.25925926 0.58333333 0.12195122 0.05882353]
 [0.03703704 0.375       0.09756098 0.05882353]
 [0.22222222 0.45833333 0.12195122 0.        ]]
```

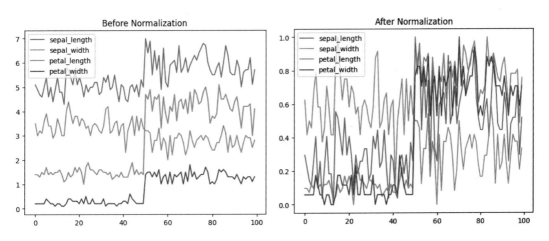

〈MinMaxScaler( )를 활용한 데이터 정규화 예제〉

2-5 데이터 평활화

- 데이터 평활화(Data Smoothing)는 데이터에서 확인되는 노이즈(Noise, 잡음)를 제거하는 데이터 전처리 기법이다.

- 데이터 평활화는 연속적인 시계열 데이터에서 주로 사용되고, 자주 사용되는 평활화 방법으로는 이동평균법과 지수평활법이 있다.

- 이동평균법(Moving Average Method)은 일정 기간의 n개의 관측치를 이용하여 평균을 구하고, 이 평균을 이용해 데이터를 예측하는 방법으로 장기적인 추세를 파악하는 데 사용된다.

- 원본 데이터에 잡음이 많은 상태에서 이동평균법을 활용할 경우 데이터가 완만한 선으로 표현되어 데이터 분석에 적합한 형태로 변환된다.

- 지수평활법(Exponential Smoothing)은 이동평균법과 달리 가중 평균(weighted average)을 사용하는 방법으로 지수적인 모양에 따라 가중치를 결정한다.

- 지수평활법에서는 최신 데이터에 더 많은 가중치를 부여하고, 과거 데이터에 적은 가중치를 부여한다.

- pandas 패키지의 rolling( ) 함수는 이동 기술 통계량을 계산할 수 있는 함수로 Series에서 윈도우(window, 특정 크기의 부분 집합) 크기에 해당하는 개수만큼 데이터를 추출하여 집계 함수에 해당하는 연산을 수행한다.

- 다음은 이동평균법을 활용한 데이터 평활화 예제이다.

- pandas_datareader 패키지는 증권 데이터를 수집할 수 있는 파이썬 패키지이다.

- pandas_datareader 패키지의 NaverDailyReader( ) 함수를 사용하여 네이버에서 2023년의 삼성전자 주식 데이터를 로드한다.

- 로드한 데이터를 확인해보니 데이터가 모두 문자열(object) 형태인 것을 확인할 수 있다.

- 정확한 데이터 분석을 위해 pandas 패키지의 astype( ) 함수를 활용하여 모든 데이터를 정수형(int)으로 변환시켜 준다.

- 데이터프레임에서 High, Low 칼럼만 추출하여 새로운 데이터프레임(new_HighLow)을 생성하고, 생성된 데이터프레임을 시각화하여 1년간의 High, Low 데이터 수치를 확인한다.

- 그 다음 rolling( ) 함수를 이용하여 5일, 10일, 20일 단위로 new_HighLow 데이터프레임의 High 칼럼데이터의 이동 평균값을 연산하고, 연산 전 High 칼럼 데이터와 함께 차트로 출력한다.

```python
import pandas_datareader as pdr #pandas_datareader 주식데이터 수집 패키지
import matplotlib.pyplot as plt

df = pdr.naver.NaverDailyReader('005930', start='20230101', end='20231231').read() #005930 : 삼성전자 종목코드
df.to_csv("삼성전자_data.csv") #주식 데이터 저장
print(df.info()) #데이터 확인
print(df.head())

df=df.astype(int) #df의 모든 데이터 정수형으로 형변환
print(df.info())

#새로운 데이터프레임 생성 및 년 기준 시계열 데이터 시각화(High, Low)
new_HighLow = df[['High', 'Low']]
print(new_HighLow.head())
new_HighLow.plot(title = 'High vs Low 2023 year')
plt.show()

#이동평균법(window : 단위 - 5일, 10일, 20일)
roll_mean5 = pd.Series.rolling(new_HighLow['High'], window=5).mean()
roll_mean10 = pd.Series.rolling(new_HighLow['High'], window=10).mean()
roll_mean20 = pd.Series.rolling(new_HighLow['High'], window=20).mean()
# High 칼럼 추세 그래프
plt.figure(figsize=(12,4))
new_HighLow['High'].plot(color='blue', label='High Column')
# 이동평균(roll mean) 추세 그래프
roll_mean5.plot(color='red', label='5 day rolling mean')
roll_mean10.plot(color='orange', label='10 day rolling mean')
roll_mean20.plot(color='pink', label='20 day rolling mean')
plt.legend(['High Column','5 day rolling mean','10 day rolling mean','20 day rolling mean'])
plt.show()
```

```
Data columns (total 5 columns):
 #   Column  Non-Null Count  Dtype
---  ------  --------------  -----
 0   Open    245 non-null    object  ┐
 1   High    245 non-null    object  │
 2   Low     245 non-null    object  ├ 원본 데이터
 3   Close   245 non-null    object  │
 4   Volume  245 non-null    object  ┘
dtypes: object(5)
memory usage: 11.5+ KB
None
                Open    High    Low    Close    Volume
Date
2023-01-02     55500   56100   55200   55500   10031448
2023-01-03     55400   56000   54500   55400   13547030
2023-01-04     55700   58000   55600   57800   20188071
2023-01-05     58200   58800   57600   58200   15682826
2023-01-06     58300   59400   57900   59000   17334989

<class 'pandas.core.frame.DataFrame'>
DatetimeIndex: 245 entries, 2023-01-02 to 2023-12-28
Data columns (total 5 columns):
 #   Column  Non-Null Count  Dtype
---  ------  --------------  -----
 0   Open    245 non-null    int64  ┐
 1   High    245 non-null    int64  │
 2   Low     245 non-null    int64  ├ 데이터 타입
 3   Close   245 non-null    int64  │  변환 후 데이터
 4   Volume  245 non-null    int64  ┘
```

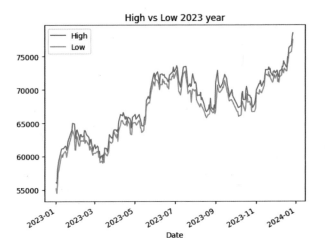

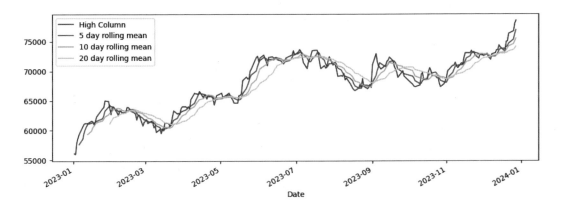

〈이동평균법을 활용한 데이터 평활화 예제〉

## 제 4 편

작업형 2유형

데이터 분석 절차

- 작업형 2유형에서는 주로 데이터를 로드하여 전처리하고, 분석 목적에 맞는 모델링을 설계하여 구현한 뒤, 모델을 검증하는 작업이 출제된다.
- 작업형 2유형의 데이터 분석 절차는 다음과 같다.

데이터 탐색 → 데이터 전처리 → 데이터 분할 → 데이터 분석 → 성능 평가 → 결과 제출

〈데이터 분석 절차〉

- 가장 먼저 원본 데이터를 로드하여 데이터 특징 및 형태를 탐색한다. 분석가의 목적에 맞게 데이터를 전처리하고, 학습용 데이터와 테스트용 데이터로 데이터를 분할한다. 데이터를 분할한 뒤, 분석 목적에 맞는 모델을 설계하고, 설계된 모델에 학습 데이터를 학습시킨다. 테스트 데이터를 활용하여 모델의 성능을 확인하고, 성능을 향상시키기 위해 모델을 리모델링하는 작업을 거친 뒤, 최종 결과를 제출한다.
- 이번 장에서는 타이타닉 데이터를 활용하여 생존 여부인 Survived 칼럼을 목표변수(종속변수)로 하고, 다른 칼럼들을 독립변수로 하여 탑승객의 생존 여부를 예측하는 분류 모델을 만들어본다.

1-1 데이터 탐색

- 데이터 탐색은 원본 데이터를 로드한 뒤 데이터의 특징을 살펴보는 작업이다.
- 데이터 탐색에서는 주로 칼럼명, 데이터 개수, 데이터 타입, 결측값 여부 등을 확인한다.
- pandas 패키지의 info( ) 함수와 head( ) 함수를 사용하여 데이터의 특징을 확인한다.

- 다음은 데이터 탐색 예제이다.
- 데이터 탐색 결과 타이타닉 데이터는 12개의 칼럼으로 이루어져 있고, 몇몇 칼럼(Age, Cabin, Embarked)의 데이터에 결측값이 존재하는 것을 확인할 수 있다.
- 또한, 몇몇 칼럼(Name, Sex, Ticket, Cabin, Embarked)의 데이터 타입이 문자열(object) 형태인 것을 확인할 수 있다.

```
import pandas as pd

#데이터 탐색
df = pd.read_csv('https://raw.githubusercontent.com/JEunJin/BigData_python/master/bigdata_csvfile/titanic.csv')
print(df.info())
print(df.head())
```

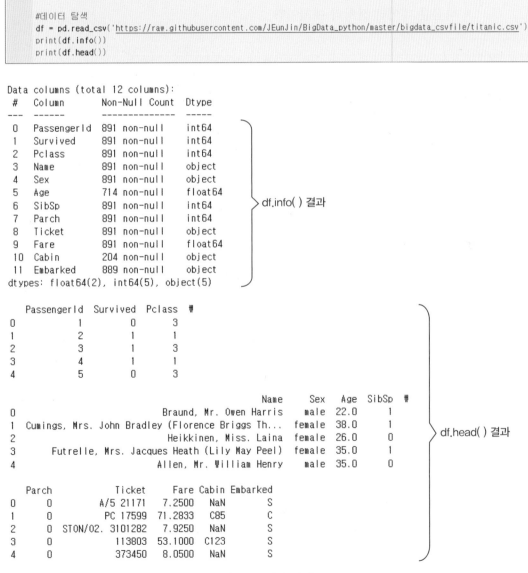

```
Data columns (total 12 columns):
 #   Column       Non-Null Count   Dtype
---  ------       --------------   -----
 0   PassengerId  891 non-null     int64
 1   Survived     891 non-null     int64
 2   Pclass       891 non-null     int64
 3   Name         891 non-null     object
 4   Sex          891 non-null     object
 5   Age          714 non-null     float64
 6   SibSp        891 non-null     int64
 7   Parch        891 non-null     int64
 8   Ticket       891 non-null     object
 9   Fare         891 non-null     float64
 10  Cabin        204 non-null     object
 11  Embarked     889 non-null     object
dtypes: float64(2), int64(5), object(5)
```
} df.info( ) 결과

```
   PassengerId  Survived  Pclass  ＃
0            1         0       3
1            2         1       1
2            3         1       3
3            4         1       1
4            5         0       3

                                                 Name     Sex   Age  SibSp  ＃
0                            Braund, Mr. Owen Harris    male  22.0      1
1  Cumings, Mrs. John Bradley (Florence Briggs Th...  female  38.0      1
2                             Heikkinen, Miss. Laina  female  26.0      0
3       Futrelle, Mrs. Jacques Heath (Lily May Peel)  female  35.0      1
4                           Allen, Mr. William Henry    male  35.0      0

   Parch           Ticket     Fare Cabin Embarked
0      0        A/5 21171   7.2500   NaN        S
1      0         PC 17599  71.2833   C85        C
2      0  STON/O2. 3101282   7.9250   NaN        S
3      0           113803  53.1000  C123        S
4      0           373450   8.0500   NaN        S
```
} df.head( ) 결과

〈데이터 탐색 예제〉

1-2 데이터 전처리

- 데이터 전처리는 로드(load)한 데이터를 분석 목적에 맞게 다듬어주는 작업이다.
- 예를 들어 필요 없는 데이터를 삭제하고, 분석에 활용되는 데이터 타입으로 데이터를 변환하는 등의 작업이 있다.
- 데이터 전처리에서는 주로 결측값 처리, 데이터 타입 변환 등을 작업한다.
- 다음은 데이터 전처리 예제이다.

```
#데이터 전처리(불필요한 컬럼 제거, 결측값 대체, 라벨인코딩)
df=df.drop(columns=['PassengerId', 'Cabin', 'Name', 'Ticket'])
df['Age'].fillna(df['Age'].mode()[0], inplace=True)
df['Embarked'].fillna(df['Embarked'].mode()[0], inplace=True)

from sklearn.preprocessing import LabelEncoder

le=LabelEncoder()
df['Sex']=le.fit_transform(df['Sex'])
df['Embarked']=le.fit_transform(df['Embarked'])
# print(df.info())
# print(df.head())
```

```
Data columns (total 8 columns):
 #   Column    Non-Null Count   Dtype
---  ------    --------------   -----
 0   Survived  891 non-null     int64
 1   Pclass    891 non-null     int64
 2   Sex       891 non-null     int64
 3   Age       891 non-null     float64     ⎫
 4   SibSp     891 non-null     int64        ⎬ 전처리 후 데이터
 5   Parch     891 non-null     int64
 6   Fare      891 non-null     float64
 7   Embarked  891 non-null     int64       ⎭
dtypes: float64(2), int64(6)
memory usage: 55.8 KB
None
   Survived  Pclass  Sex   Age  SibSp  Parch     Fare  Embarked
0         0       3    1  22.0      1      0   7.2500         2
1         1       1    0  38.0      1      0  71.2833         0
2         1       3    0  26.0      0      0   7.9250         2
3         1       1    0  35.0      1      0  53.1000         2
4         0       3    1  35.0      0      0   8.0500         2
```

〈데이터 전처리 예제〉

- 데이터 분석에 불필요한 칼럼들(PassengerId, Cabin, Name, Ticket)을 제거하고, 결측값이 있는 칼럼(Age, Embarked)의 데이터를 각각 최빈값으로 대체한 뒤, 문자열 형태의 데이터를 라벨 인코딩을 통해 정수 형태로 변환한다.
- 데이터 전처리 작업 후 info( ) 함수를 통해 데이터를 살펴보면 불필요한 칼럼이 제거되고, 결측값이 대체되었으며, 문자열 데이터 칼럼이 정수형으로 변환된 것을 확인할 수 있다.

1-3 데이터 분할

- 데이터 분석 모델을 설계하기 위해서는 학습 데이터(train data)와 테스트 데이터(test data)가 분리되어야 한다.
- 보통의 경우 실제 시험에서는 학습 데이터와 테스트 데이터가 분리되어 제공되지만 하나의 데이터셋을 슬라이싱(slicing)하여 사용하는 방법 또한 기억해둘 수 있도록 한다.

> **용어 설명**
> 인덱싱(Indexing) : 전체 데이터 중 원하는 값을 인덱스로 접근하여 추출하는 작업
> 슬라이싱(Slicing) : 전체 데이터 중 일부 구간을 잘라내어 추출하는 작업

- 전체 891행의 데이터 중 800행을 학습 데이터로, 91행을 테스트 데이터로 사용하도록 한다.
- 학습용 데이터를 분할할 때는 sklearn 패키지의 train_test_split( ) 모듈을 사용한다.
- 학습 데이터(800행)와 테스트 데이터(91행)를 슬라이싱한 뒤, 학습 데이터(800행)를 다시 모델에서 사용할 학습 데이터(800×0.8=640행)와 테스트 데이터(800×0.2=160행)로 분할한다.
- 이때 테스트 데이터의 비율을 20%로 지정하고, 랜덤하게 데이터를 분할해주는 random_state의 값(random seed)은 2024로 입력한다.
- random_state의 값은 랜덤하게 학습 데이터와 테스트 데이터를 추출해주는 값으로 자유롭게 설정할 수 있고, random_state의 값을 특정 숫자로 입력할 경우 랜덤한 데이터가 해당 random seed(특정 숫자) 기준에 맞게 동일

하게 추출되기 때문에 동일한 예측 결과를 확인할 수 있다.
- 다음은 분석에 사용되는 분할된 학습 및 테스트 데이터에 대한 구분을 나타낸 도식화이다.

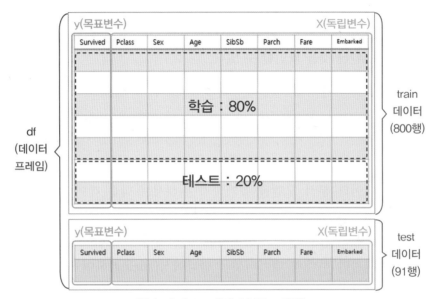

〈학습 및 테스트 데이터 분할 도식화〉

- 다음은 데이터 분할 예제이다.
- 독립변수 X는 목표변수 Survived가 제외된 모든 칼럼을 사용하고, 목표변수 y는 예측하고자 하는 Survived 변수를 입력하여 사용한다.
- 코드의 실행 결과를 확인하면 train, test 데이터가 각각 800행, 91행으로 분할된 것을 확인할 수 있고, 독립변수 X와 y 역시 분석 목적에 맞게 설정된 것을 확인할 수 있다.

```
#학습, 테스트 데이터 슬라이싱
train = df.iloc[:800,:]
test = df.iloc[-91:,:]
print(train)
print(test)

#학습 데이터 분할
from sklearn.model_selection import train_test_split
X = train.drop(columns=['Survived'])
y = train['Survived']
print(X)
print(y)

X_train, X_test, y_train, y_test = train_test_split(X, y, test_size=0.2, random_state=2024)
```

```
     Survived  Pclass  Sex   Age  SibSp  Parch      Fare  Embarked
0           0       3    1  22.0      1      0    7.2500         2
1           1       1    0  38.0      1      0   71.2833         0
2           1       3    0  26.0      0      0    7.9250         2
3           1       1    0  35.0      1      0   53.1000         2
4           0       3    1  35.0      0      0    8.0500         2
..        ...     ...  ...   ...    ...    ...       ...       ...
795         0       2    1  39.0      0      0   13.0000         2
796         1       1    0  49.0      0      0   25.9292         2
797         1       3    0  31.0      0      0    8.6833         2
798         0       3    1  30.0      0      0    7.2292         0
799         0       3    0  30.0      1      1   24.1500         2
```
> train 데이터

```
[800 rows x 8 columns]
     Survived  Pclass  Sex    Age  SibSp  Parch       Fare  Embarked
800         0       2    1  34.00      0      0    13.0000         2
801         1       2    0  31.00      1      1    26.2500         2
802         1       1    1  11.00      1      2   120.0000         2
803         1       3    1   0.42      0      1     8.5167         0
804         1       3    1  27.00      0      0     6.9750         2
..        ...     ...  ...    ...    ...    ...        ...       ...
886         0       2    1  27.00      0      0    13.0000         2
887         1       1    0  19.00      0      0    30.0000         2
888         0       3    0  24.00      1      2    23.4500         2
889         1       1    1  26.00      0      0    30.0000         0
890         0       3    1  32.00      0      0     7.7500         1
```
> test 데이터

```
[91 rows x 8 columns]
     Pclass  Sex   Age  SibSp  Parch      Fare  Embarked
0         3    1  22.0      1      0    7.2500         2
1         1    0  38.0      1      0   71.2833         0
2         3    0  26.0      0      0    7.9250         2
3         1    0  35.0      1      0   53.1000         2
4         3    1  35.0      0      0    8.0500         2
..      ...  ...   ...    ...    ...       ...       ...
795       2    1  39.0      0      0   13.0000         2
796       1    0  49.0      0      0   25.9292         2
797       3    0  31.0      0      0    8.6833         2
798       3    1  30.0      0      0    7.2292         0
799       3    0  30.0      1      1   24.1500         2
```
> x 데이터

```
[800 rows x 7 columns]
0      0
1      1
2      1
3      1
4      0
..
795    0
796    1
797    1
798    0
799    0
Name: Survived, Length: 800, dtype: int64
```
> y 데이터

〈데이터 분할 예제〉

1-4 데이터 분석

- 데이터 분석은 데이터 모델링 작업이라고 할 수 있다. 즉, 분석 목적에 맞는 모델을 설계하여 전처리된 데이터를 학습시키는 과정이다.
- 타이타닉 데이터의 생존 여부 칼럼(Survived)의 경우 생존(1) 혹은 사망(0)으로 분류될 수 있기 때문에 분류 모델 중 하나인 랜덤 포레스트 분류 모델을 사용하여 분석한다.
- 랜덤 포레스트(Random Forest)는 의사결정나무 기반의 앙상블 모델로 모든 속성(feature)들에서 임의로 일부 데이터를 선택하고, 이 중 정보 획득량이 가장 높은 것을 기준으로 데이터를 분할한다.
- 랜덤 포레스트는 분류기를 여러 개 사용할수록 성능이 좋아지는 경향이 있고, 이상치의 영향을 적게 받는다는 특징이 있다.
- 랜덤 포레스트 분류 모델은 sklearn 패키지의 RandomForestClassifier( ) 모듈을 활용하여 분석한다.
- 다음은 랜덤 포레스트 분류 모델을 활용한 데이터 분석 예제를 나타낸 것이다.
- RandomForestClassifier 모듈의 초매개변수(Hyper Parameter) 값은 사용자가 설정을 변경할 수 있다.
- n_estimators는 분석에 사용할 의사결정나무의 개수이고, max_depth는 각 의사결정나무의 최대 깊이이다.
- fit( ) 함수를 사용하여 모델을 학습시키고, predict( ) 함수를 사용하여 테스트 데이터의 예측 결과를 예측한다.
- y_test는 실제 Survived 데이터이고, pred는 랜덤 포레스트 분류 모델로 예측된 생존 여부 결과이다.
- 실제 데이터와 예측 데이터의 개수 모두 160개로 동일한 것을 확인할 수 있다.

```
#데이터 분석
from sklearn.ensemble import RandomForestClassifier

rfc=RandomForestClassifier(n_estimators = 120, max_depth=20, random_state=2024)
rfc.fit(X_train, y_train)
pred = rfc.predict(X_test)
print(y_test) #실제(Survived) 데이터
print(pred) #예측 데이터
print(pred.size) #예측 데이터 갯수
```

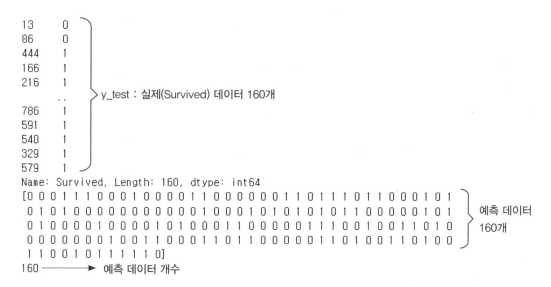

```
13      0
86      0
444     1
166     1
216     1
        ..
786     1
591     1
540     1
329     1
579     1
```
y_test : 실제(Survived) 데이터 160개

```
Name: Survived, Length: 160, dtype: int64
[0 0 0 1 1 1 0 0 0 1 0 0 0 0 1 1 0 0 0 0 0 0 1 1 0 1 1 1 0 1 1 0 0 0 1 0 1
 0 1 0 1 0 0 0 0 0 0 0 0 0 0 1 0 0 0 1 0 1 0 1 0 1 0 1 1 0 0 0 0 0 1 0 1
 0 1 0 0 0 0 1 0 0 0 0 1 0 1 0 0 0 1 1 0 0 0 0 0 1 1 1 0 0 1 0 0 1 1 0 1 0
 0 0 0 0 0 0 1 0 0 1 1 0 0 0 1 1 0 1 1 0 0 0 0 0 1 1 0 1 0 0 1 1 0 1 0 0
 1 1 0 0 1 0 1 1 1 1 1 0]
```
예측 데이터 160개

160 ⟶ 예측 데이터 개수

〈랜덤 포레스트 분류 모델을 활용한 데이터 분석 예제〉

1-5 성능 평가

- 데이터 분석 모델은 크게 분류 모델과 회귀 모델로 나누고, 각 모델에 따라 사용할 수 있는 모델이 다르다. 또한, 각 모델(분류, 회귀)에 따른 성능 평가 방법도 다르다.
- 분류 모델의 경우 정확도, 혼동행렬 등을 확인하여 모델의 성능을 평가하고, 회귀 모델의 경우 MSE, RMSE, 결정계수(R^2)를 활용하여 모델의 성능을 평가한다.
- 예측 모델에 대한 성능 평가 결과를 확인하고, 모델의 성능이 좋지 않은 경우 성능을 향상시키기 위해 모델을 리모델링 한다.

(1) 분류 모델

- 분류 모델은 주어진 데이터를 학습하여 목표하는 변수를 A 또는 B로 분류해 주는 모델이다.
- 예를 들어 주어진 데이터를 학습하여 주어진 데이터를 0 또는 1로 분류해주는 모델이다. 즉, 독립변수와 종속변수가 존재하고, 종속변수가 범주형일 때

분류 모델을 사용한다.

- 따라서 분류 모델의 경우 예측 결과가 정답으로 잘 분류되었는지를 확인함으로써 모델의 성능을 확인한다.
- 분류 모델의 대표적인 성능 평가 지표는 accuracy_score, f1_score, roc_auc_score가 있다.
- accuracy_score는 예측 데이터에 대한 정확도(Accuracy)를 나타내고, 0~1값을 갖는다.
- 정확도(Accuracy)가 1에 가까울수록 모델의 정확도가 높다고 해석할 수 있다.
- f1_score는 분류 모델에 대한 f1_score 값을 나타낸 것이다. 정밀도와 재현율로 연산되는 f1_score 값은 0~1 값을 갖는다.
- f1_score 역시 1에 가까울수록 모델의 정확도가 높다고 해석할 수 있다.
- sklearn 패키지에서 지원하는 f1-score의 종류는 총 3가지가 있고, 그 내용은 다음과 같다.

〈sklearn에서 지원하는 f1_score 종류〉

종류	설명	사용 예시
macro	단순히 x, y, z 라벨에 대한 f1_score를 산술 평균한 값	f1_score(y_test, pred, average='macro')
weighed	x, y, z 라벨의 개수에 비례한 가중치를 활용하여 f1_score를 평균한 값	f1_score(y_test, pred, average='weighted')
micro	전체 샘플에 대한 TP(True Positive), FN(False Negative), FP(False Positive)를 평균한 값으로 다중 분류의 정확도와 같다.	f1_score(y_test, pred, average='micro')

- roc_auc_score는 ROC(Receiver Operating Characteristic) 곡선의 AUC(Area Under the ROC Curve) 면적을 계산하여 모델의 정확도를 확인하는 방법으로 ROC 곡선의 x축은 1-특이도(specificity)를 나타내고, y축은 민감도(sensitivity)를 나타낸 것이다.
- roc_auc_score 또한 0~1 값을 갖고, 값이 1에 가까울수록 모델의 정확도가 높다고 해석할 수 있다.

(2) 회귀 모델

- 회귀 모델은 주어진 데이터를 학습하여 목표하는 변수의 값을 예측해주는 모델이다.
- 예를 들어 주어진 부동산 가격 데이터를 활용하여 향후 부동산 가격을 예측해주는 모델이 회귀 모델이라고 할 수 있다. 즉, 독립변수와 종속변수가 존재하고, 종속변수가 수치형일 때 회귀 모델을 사용한다.
- 따라서 회귀 모델의 경우 예측 결과와 실제 데이터와의 오차 정도를 확인함으로써 모델의 성능을 평가한다.
- 회귀 모델의 대표적인 성능평가지표는 r2_score, RMSE(평균제곱근오차), MSE(평균제곱오차) 가 있다.
- r2_socre는 결정계수(Coefficient of determination, R^2)로서 선형 회귀 모형의 성능검증지표로 많이 사용되고, 회귀 모형의 예측값이 실젯값과 얼마나 유사한지를 나타내는 지표이다.
- 결정계수는 0~1의 범위를 갖고, 결정계수 값이 1에 가까울수록 예측 모델의 정확도가 높다고 해석할 수 있다.
- 다음은 결정계수 수식을 나타낸 것이다.

$$R^2 = \frac{SSR}{SST} = \left(1 - \frac{SSE}{SST}\right)$$

(SST : 전체 제곱합, SSE : 오차 제곱합, SSR : 회귀 제곱합)

〈결정계수 수식〉

- MSE(Mean Squared Error)는 평균제곱오차로 모델의 실젯값과 예측값 차이를 제곱하여 평균한 값이다.
- MSE는 실젯값과 예측값의 차이가 0으로 상쇄되는 것을 방지하기 위해 제곱한 값으로 실제 오차보다 값이 크게 확인된다. 따라서 MSE에 제곱근(Root)을 씌운 RMSE가 대표적인 회귀 모델의 성능 평가지표로 많이 사용된다.
- RMSE(Root Mean Squared Error)는 평균제곱근오차로 평균제곱오차에 제곱근을 씌운 값이다.

- MSE와 RMSE 모두 회귀 모델의 오차 정도를 나타내는 수치이므로 정해진 범위는 없지만, 그 수치가 적을수록 모델의 정확도가 높다고 해석할 수 있다.
- 다음은 MSE와 RMSE의 수식을 나타낸 것이다.

$$\frac{1}{n}\sum_{i=1}^{n}(y_i-\hat{y}_i)^2 \qquad\qquad \sqrt{\frac{1}{n}\sum_{i=1}^{n}(y_i-\hat{y}_i)^2}$$

(n : 데이터의 개수, y_i : 실젯값, $\hat{y}_i$: 예측값)   (n : 데이터의 개수, y_i : 실젯값, $\hat{y}_i$: 예측값)

MSE(평균제곱오차)   RMSE(평균제곱근오차)

〈MSE와 RMSE 수식〉

- accuracy_score 모듈과 micro f1_score 모듈을 사용하여 랜덤 포레스트 분류 모델에 대한 성능 평가를 진행한다.
- 다음은 분류 모델 성능 평가 예제를 나타낸 것이다. 분류 결과에 대한 성능은 정확도와 f1_score가 모두 약 80%의 수치를 나타내는 것을 확인할 수 있었다.

```
#모델 성능평가
from sklearn.metrics import accuracy_score, f1_score

acc=accuracy_score(y_test, pred)
print('acc:',acc)
f1=f1_score(y_test, pred, average='micro')
print('f1_score:',f1)
```

```
acc: 0.8
f1_score: 0.8000000000000002
```

〈분류 모델 성능 평가 예제〉

- 실제 시험에서는 학습 데이터에 대한 성능을 평가한 후에 테스트 데이터에 대한 예측 결과를 제출해야 한다.
- to_csv( ) 함수의 index=False는 인덱스를 제외하고 데이터를 저장하는 것을 의미한다.

● 다음은 테스트 데이터에 대한 데이터 예측 및 결과 제출 예제를 나타낸 것이다.

```
#테스트 데이터 예측
test_data_X = test.drop(columns=['Survived'])
print(test_data_X) #전체 91개 데이터
pred2=rfc.predict(test_data_X)
#print(pred2.size) #테스트 데이터 갯수 확인

#결과 제출 및 확인
pd.DataFrame({'Survived':pred2}).to_csv('result.csv', index=False)
result = pd.read_csv('result.csv')
print(result)
```

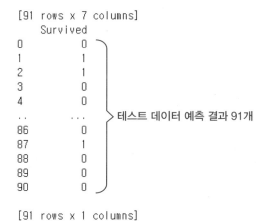

```
         Pclass   Sex     Age   SibSp   Parch       Fare   Embarked
800           2     1   34.00       0       0    13.0000          2
801           2     0   31.00       1       1    26.2500          2
802           1     1   11.00       1       2   120.0000          2
803           3     1    0.42       0       1     8.5167          0
804           3     1   27.00       0       0     6.9750          2
..          ...   ...     ...     ...     ...        ...        ...
886           2     1   27.00       0       0    13.0000          2
887           1     0   19.00       0       0    30.0000          2
888           3     0   24.00       1       2    23.4500          2
889           1     1   26.00       0       0    30.0000          0
890           3     1   32.00       0       0     7.7500          1
```
테스트 데이터 91개

```
[91 rows x 7 columns]
      Survived
0            0
1            1
2            1
3            0
4            0
..         ...
86           0
87           1
88           0
89           0
90           0
```
테스트 데이터 예측 결과 91개

```
[91 rows x 1 columns]
```

〈테스트 데이터에 대한 데이터 예측 및 결과 제출 예제〉

• 다음은 타이타닉 데이터를 활용한 랜덤 포레스트 분류 모델에 대한 전체 코드를 나타낸 것이다.

```python
import pandas as pd

#데이터 탐색
df=pd.read_csv('https://raw.githubusercontent.com/JEunJin/BigData_python/master/bigdata_csvfile/titanic.csv')
#print(df.info())
#print(df.head())

#데이터 전처리(불필요한 칼럼 제거, 결측값 대체, 라벨인코딩)
df=df.drop(columns=['PassengerId', 'Cabin', 'Name', 'Ticket'])
df['Age'].fillna(df['Age'].mode()[0], inplace=True)
df['Embarked'].fillna(df['Embarked'].mode()[0], inplace=True)

from sklearn.preprocessing import LabelEncoder

le=LabelEncoder()
df['Sex']=le.fit_transform(df['Sex'])
df['Embarked']=le.fit_transform(df['Embarked'])
#print(df.info())
#print(df.head())

#학습, 테스트 데이터 슬라이싱
train = df.iloc[:800,:]
test = df.iloc[-91:,:]
#print(train)
#print(test)

#학습 데이터 분할
from sklearn.model_selection import train_test_split
X = train.drop(columns=['Survived'])
y = train['Survived']
#print(X)
#print(y)
```

```
X_train, X_test, y_train, y_test = train_test_split(X, y, test_size=0.2, random_
state=2024)

#데이터 분석
from sklearn.ensemble import RandomForestClassifier

rfc=RandomForestClassifier(n_estimators = 120, max_depth=20, random_
state=2024)
rfc.fit(X_train, y_train)
pred = rfc.predict(X_test)
#print(y_test) #실제(Survived) 데이터
#print(pred) #예측 데이터
#print(pred.size) #예측 데이터 개수

#모델 성능 평가
from sklearn.metrics import accuracy_score, f1_score

acc=accuracy_score(y_test, pred)
print('acc:',acc)
f1=f1_score(y_test, pred, average='micro')
print('f1_score:',f1)

#테스트 데이터 예측
test_data_X = test.drop(columns=['Survived'])
print(test_data_X) #전체 91개 데이터
pred2=rfc.predict(test_data_X)
#print(pred2.size) #테스트 데이터 개수 확인

#결과 제출 및 확인
pd.DataFrame({'Survived':pred2}).to_csv('result.csv', index=False)
result = pd.read_csv('result.csv')
print(result)
```

〈타이타닉 데이터를 활용한 랜덤 포레스트 분류 모델 전체 코드〉

제 **2** 장 | 데이터 분석 모델 소개

- 데이터 분석 모델은 크게 지도 학습과 비지도 학습으로 나누고, 지도 학습의 경우 분류 모델과 회귀 모델로 나눈다.
- 지도 학습은 정답 레이블이 주어진 상태에서 모델을 학습하는 방법이고, 비지도 학습은 정답 레이블이 주어지지 않은 상태에서 모델을 학습하는 방법이다.
- 다음은 데이터 분석 모델 도식화를 나타낸 것이다.

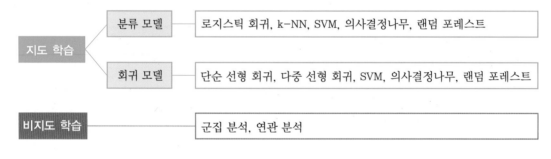

〈데이터 분석 모델 도식화〉

2-1 지도 학습 분류 모델

지도 학습 분류 모델에는 로지스틱 회귀, k-NN(k-최근접 이웃 알고리즘, k-Nearest Neighbors algorithm), SVM(서포트 벡터 머신, Support Vector Machine) (분류), 의사결정나무, 랜덤 포레스트가 있다.

(1) 로지스틱 회귀

- 로지스틱 회귀(Logistic Regression) 모델은 '회귀'의 명칭을 갖고 있지만, 실제로 지도 학습의 이진 분류 모델로 사용된다.
- 로지스틱 회귀 모델은 시그모이드 함수의 출력값(0~1)으로 입력된 데이터

가 각각의 분류 항목에 속할 확률을 확인하고, 확률에 따라 데이터의 범주를 분류한다.

- 정규분포를 갖는 단순 선형 회귀모델과 다르게 로지스틱 회귀모형은 이항분포로서 다음과 같은 그래프 구조를 갖는다.

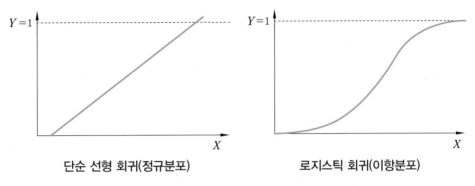

〈단순 선형 회귀 그래프와 로지스틱 회귀 그래프〉

- 로지스틱 모형 식은 독립변수의 수치에 상관없이 종속변수가 항상 0~1의 범위에 존재하도록 하는데, 이는 로짓(Logit) 변환을 수행함으로써 얻어진다.
- 로짓으로 변환하기 전 오즈(Odds), 오즈비 연산 과정을 거친다.
- 오즈(Odds, 승산)는 특정 사건이 발생할 확률과 그 사건이 발생하지 않을 확률의 비를 나타낸 것이다.
- 다음은 오즈 수식을 나타낸 것이다.

$$\text{오즈(odds, } P) = \frac{P}{1-P} \quad (P : \text{특정 사건의 발생 확률})$$

〈오즈 수식〉

- 로짓(Logit) 변환은 오즈에 로그를 취한 함수로서 입력값의 범위가 0~1일 때, 출력값의 범위를 $-\infty \sim +\infty$로 조정한다.
- 다음은 로짓 함수 수식 및 그래프를 나타낸 것이다.

$$\text{Logit}(p) = \log\frac{P}{1-P} = \log \text{odds}(p) \quad (P : \text{특정 사건의 발생 확률})$$

〈로짓 함수 수식〉

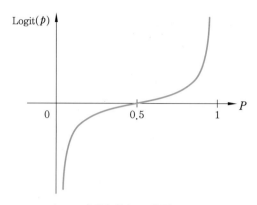

〈로짓 함수 그래프〉

출처:https://starrykss.tistory.com/2048

- 시그모이드 함수는 S자형 곡선을 갖는 함수로서 로짓 함수에 역함수를 취한 형태이다.
- 다음은 시그모이드 함수 수식 및 그래프를 나타낸 것이다.

$$\text{Sigmoid}(x) = \log \frac{1}{1+e^{-x}} \quad (x : -\infty \sim +\infty, \, y : 0 \sim 1)$$

〈시그모이드 함수 수식〉

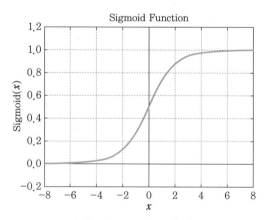

〈시그모이드 함수 그래프〉

출처: https://velog.io/@ksqrt/DL-%EC%8B%9C%EA%B7%B8%EB%AA%A8%EC%9D%B4%E
B%93%9C-sigmoid

- 로지스틱 회귀 모델을 사용하여 와인 종류 분류 모델을 만들어본다.

- 다음은 분석에 사용되는 와인 데이터에 대한 설명이다.

〈와인 데이터 설명〉

순서	칼럼명	설명
1	alcohol	알코올 농도
2	malic_acid	말산
3	ash	회분
4	alcalinity_of_ash	회분의 알칼리도
5	magnesium	마그네슘
6	total_phenols	총 폴리페놀
7	flavanoids	플라보노이드 폴리페놀
8	nonflavanoid_phenols	비 플라보노이드 폴리페놀
9	proanthocyanins	프로안토시아닌
10	color_intensity	색상 강도
11	hue	색상
12	od280/od315_of_diluted_wines	희석 와인의 OD280/OD315 비율
13	proline	프롤린
14	class (target)	와인의 종류 (0, 1, 2)

- 깃허브에서 와인 데이터를 로드하고, info( ) 함수와 head( ) 함수를 활용하여 데이터의 결측값 및 데이터 타입을 확인한다.

- 데이터를 확인한 결과 와인 데이터는 총 14개의 칼럼이 있고, 각 칼럼의 데이터는 178행인 것을 확인할 수 있다.

● 다음은 와인 데이터 로드 및 탐색 예제를 나타낸 것이다.

```
import pandas as pd

#데이터 탐색
df=pd.read_csv('https://raw.githubusercontent.com/JEunJin/BigData_python/master/bigdata_csvfile/wine_data.csv')
print(df.info())
print(df.head(3))
```

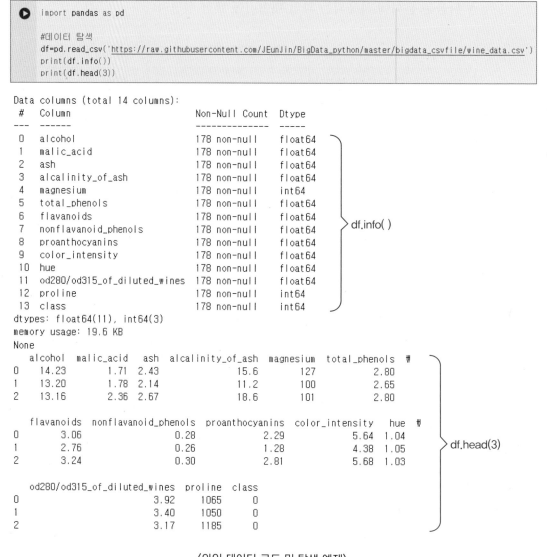

```
Data columns (total 14 columns):
 #   Column                        Non-Null Count   Dtype
---  ------                        --------------   -----
 0   alcohol                       178 non-null     float64
 1   malic_acid                    178 non-null     float64
 2   ash                           178 non-null     float64
 3   alcalinity_of_ash             178 non-null     float64
 4   magnesium                     178 non-null     int64
 5   total_phenols                 178 non-null     float64
 6   flavanoids                    178 non-null     float64
 7   nonflavanoid_phenols          178 non-null     float64
 8   proanthocyanins               178 non-null     float64
 9   color_intensity               178 non-null     float64
 10  hue                           178 non-null     float64
 11  od280/od315_of_diluted_wines  178 non-null     float64
 12  proline                       178 non-null     int64
 13  class                         178 non-null     int64
dtypes: float64(11), int64(3)
memory usage: 19.6 KB
None
   alcohol  malic_acid   ash  alcalinity_of_ash  magnesium  total_phenols  ＃
0    14.23        1.71  2.43               15.6        127           2.80
1    13.20        1.78  2.14               11.2        100           2.65
2    13.16        2.36  2.67               18.6        101           2.80

   flavanoids  nonflavanoid_phenols  proanthocyanins  color_intensity   hue  ＃
0        3.06                  0.28             2.29             5.64  1.04
1        2.76                  0.26             1.28             4.38  1.05
2        3.24                  0.30             2.81             5.68  1.03

   od280/od315_of_diluted_wines  proline  class
0                          3.92     1065      0
1                          3.40     1050      0
2                          3.17     1185      0
```

〈와인 데이터 로드 및 탐색 예제〉

● 총 178행의 데이터 중 상위 120행의 데이터를 학습용 데이터로, 하위 58행
의 데이터를 테스트용 데이터로 사용하기 위해 전체 데이터를 슬라이싱한다.

● 데이터를 슬라이싱한 뒤, 로지스틱 회귀 모델에 사용할 학습용 독립변수와
목표변수를 분할한다.

● 다음은 데이터 슬라이싱 및 분할에 대한 예제를 나타낸 것이다.

```
#학습, 테스트 데이터 슬라이싱
train = df.iloc[:120,:]
test = df.iloc[-58:,:]
# print(train.info())
# print(test.info())

#학습, 테스트 데이터 분할
from sklearn.model_selection import train_test_split

X=train.drop(columns='class')
y=train['class']
# print(X.info())
# print(y)

X_train, X_test, y_train, y_test = train_test_split(X, y, test_size=0.2, random_state=2024)
```

〈데이터 슬라이싱 및 분할에 대한 예제〉

● 다음은 로지스틱 회귀 모델링 및 성능 평가 예제를 나타낸 것이다.
● 데이터를 분할한 뒤 로지스틱 회귀 모델 모듈을 활용하여 데이터를 학습시키고, 테스트 데이터(X_test)로 목표변수인 와인의 종류(class)를 분류한다.
● accuracy_score 모듈을 로드하여 생성된 분류 모델의 성능을 확인한다. 예제에서 사용된 모델의 경우 약 96%의 정확도를 갖는 것을 확인할 수 있다.

```
#로지스틱 회귀 모델 로드
from sklearn.linear_model import LogisticRegression

lr = LogisticRegression()
lr.fit(X_train, y_train)
pred=lr.predict(X_test)

#모델 성능 평가
from sklearn.metrics import accuracy_score

acc=accuracy_score(y_test, pred)
print('acc:',acc)
```
```
acc: 0.9583333333333334
```

〈로지스틱 회귀 모델링 및 성능 평가 예제〉

● 다음은 로지스틱 회귀 분류 모델의 전체 코드를 나타낸 것이다.

```
import pandas as pd

#데이터 탐색
df=pd.read_csv('https://raw.githubusercontent.com/JEunJin/BigData_
python/master/bigdata_csvfile/wine_data.csv')
#print(df.info())
#print(df.head(3))

#학습, 테스트 데이터 슬라이싱
train = df.iloc[:120,:]
test = df.iloc[-58:,:]
#print(train.info())
#print(test.info())

#학습, 테스트 데이터 분할
from sklearn.model_selection import train_test_split

X=train.drop(columns='class')
y=train['class']
#print(X.info())
#print(y)

X_train, X_test, y_train, y_test = train_test_split(X, y, test_size=0.2, random_
state=2024)

#로지스틱 회귀 모델 로드
from sklearn.linear_model import LogisticRegression

lr = LogisticRegression()
lr.fit(X_train, y_train)
pred=lr.predict(X_test)

#모델 성능 평가
from sklearn.metrics import accuracy_score

acc=accuracy_score(y_test, pred)
print('acc:',acc)
```

〈로지스틱 회귀 분류 모델 전체 코드〉

(2) k-최근접 이웃 알고리즘(k-NN)

- k-NN은 지도 학습 분류 모델로서 비슷한 특성을 갖는 데이터가 비슷한 범주에 속한다고 가정하여 분류하는 알고리즘이다.
- 서로 다른 A, B 집단이 있을 때, 새로운 데이터가 어떠한 집단에 속하는지 분류하는 알고리즘으로 새로운 데이터를 중심으로 그 데이터와 인접한 데이터 k의 개수를 1개, 3개 등으로 늘려가면서 새로운 데이터가 어떠한 데이터 집단과 가장 인접한지를 확인하는 방법이다.
- 다음은 k-NN 알고리즘의 개념도를 나타낸 것이다.
- 새로운 별 데이터가 어떠한 집단에 속하는지 분류하기 위해서 k의 개수를 점차 늘려가면서 해당 범위에 속한 집단의 개수를 확인한다.
- k=1인 경우에는 B 집단에 속했고, k=3인 경우에는 A 집단 1개, B 집단 2개로, k=3 기준 새로운 데이터는 B 집단에 속한다고 분류할 수 있다.

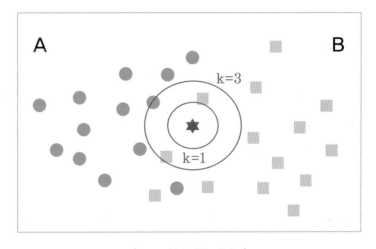

〈k-NN 알고리즘 개념도〉

- k-NN 역시 와인 데이터를 사용하여 와인의 종류를 분류하는 모델을 만들어 본다.
- 와인 종류 데이터가 0, 1, 2로 순차적으로 기록되어 있기 때문에 이번 예제에서는 전체 데이터(df)에서 랜덤한 120개의 데이터를 추출하여 분석하도록 한다.
- 다음은 와인 데이터 로드 및 데이터 분할에 대한 예제를 나타낸 것이다.

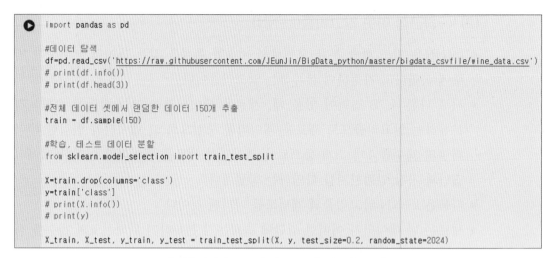

```
import pandas as pd

#데이터 탐색
df=pd.read_csv('https://raw.githubusercontent.com/JEunJin/BigData_python/master/bigdata_csvfile/wine_data.csv')
# print(df.info())
# print(df.head(3))

#전체 데이터 셋에서 랜덤한 데이터 150개 추출
train = df.sample(150)

#학습, 테스트 데이터 분할
from sklearn.model_selection import train_test_split

X=train.drop(columns='class')
y=train['class']
# print(X.info())
# print(y)

X_train, X_test, y_train, y_test = train_test_split(X, y, test_size=0.2, random_state=2024)
```

〈와인 데이터 로드 및 데이터 분할에 대한 예제〉

- k-NN 모듈을 로드한 뒤, 모델링 및 학습을 진행한다. 모델 성능 결과를 micro f1-score와 accuracy_score로 확인한다.
- 다음은 k-NN 모델링 및 성능 평가 예제를 나타낸 것이다.

```
#k-NN 모델 로드
from sklearn.neighbors import KNeighborsClassifier

knnc = KNeighborsClassifier()
knnc.fit(X_train, y_train)
pred=knnc.predict(X_test)

#모델 성능 평가
from sklearn.metrics import f1_score, accuracy_score

f1 = f1_score(y_test, pred, average='micro')
print('f1 : ',f1)
acc = accuracy_score(y_test, pred)
print('acc : ', acc)

f1 : 0.7
acc : 0.7
```

〈k-NN 모델링 및 성능 평가 예제〉

- k-NN 모델의 성능 평가 결과 micro f1-score와 accuracy_score가 모두 70%의 정확도를 갖는 것으로 확인되었다.
- 다만, 본 실습 예제의 경우 sample( ) 함수에 의해 코드를 실행할 때마다 train 데이터가 달라지므로 모델 성능 평가 결과 또한 달라질 수 있다.
- 다음은 k-NN 모델의 전체 코드를 나타낸 것이다.

```
import pandas as pd

#데이터 탐색
df=pd.read_csv('https://raw.githubusercontent.com/JEunJin/BigData_
python/master/bigdata_csvfile/wine_data.csv')
#print(df.info())
#print(df.head(3))

#전체 데이터셋에서 랜덤한 데이터 150개 추출
train = df.sample(150)

#학습, 테스트 데이터 분할
from sklearn.model_selection import train_test_split

X=train.drop(columns='class')
y=train['class']
#print(X.info())
#print(y)

X_train, X_test, y_train, y_test = train_test_split(X, y, test_size=0.2, random_
state=2024)

#k-NN 모델 로드
from sklearn.neighbors import KNeighborsClassifier

knnc = KNeighborsClassifier()
knnc.fit(X_train, y_train)
pred=knnc.predict(X_test)

#모델 성능 평가
from sklearn.metrics import f1_score, accuracy_score

f1 = f1_score(y_test, pred, average='micro')
print('f1 : ',f1)
acc = accuracy_score(y_test, pred)
print('acc : ', acc)
```

〈k-NN 모델 전체 코드〉

(3) 서포트 벡터 머신(SVM) (분류)

- SVM은 두 집단의 데이터를 분리해주는 가장 적합한 결정경계를 찾아주는 지도 학습 기반의 이진 선형 분류기로 SVM은 마진(margin)을 최대화하는 것을 목표로 한다.

- SVM은 다음과 같은 특징을 갖는다.
  ① SVM은 공간상에서 최적의 분리 초평면(Hyperplane)을 찾아서 분류 및 회귀를 수행한다.
  ② 서포트 벡터(SV)가 여러 개 존재할 수 있다.
  ③ 변수 속성 간의 의존성은 고려하지 않으며, 모든 속성을 활용하는 기법이다.
  ④ 훈련 시간이 상대적으로 느리지만 정확성이 뛰어나고, 과적합의 가능성이 낮다.
  ⑤ SVM은 사물 인식, 패턴 인식, 손글씨 숫자 인식 등 다양한 분야에서 사용된다.

- 다음은 SVM의 개념도를 나타낸 것이다.

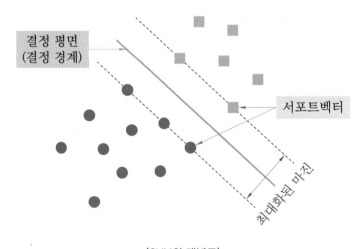

〈SVM의 개념도〉

● 다음은 SVM의 구성 요소를 나타낸 것이다.

〈SVM의 구성 요소〉

구성 요소	설명
결정경계 (Decision Boundary)	• 데이터 분류의 기준 경계선
초평면 (Hyperplane)	• 데이터 n차원 공간인 경우 초평면은 n−1 차원
마진 (Margin)	• 결정경계에서 서포트 벡터까지의 거리 $$\text{마진의 크기} : \frac{2}{\|w\|}$$ (w : 초평면의 법선 벡터(Normal Vector), 초평면의 방향)
서포트 벡터 (Support Vector, SV)	• 데이터 중 결정경계와 가장 가까이에 있는 데이터
슬랙 변수(여유 변수) (Slack Variables)	• 완벽한 이진 분류가 불가능한 경우 선형 분류를 위해 허용된 오차를 위한 변수 • 하드 마진 SVM이 아닌 소프트 마진 SVM에서만 사용 가능

용어
설명

법선 벡터(Normal Vector) : 어떠한 직선이나 평면의 기울기나 경사각을 표현할 때, 해당 직선이나 평면에 수직인 벡터

벡터(Vector)
− 변위, 힘, 중력, 속도, 가속도와 같이 크기와 방향을 갖는 물리량이다.
− 벡터는 일반적으로 시작점과 끝점을 연결하는 화살표로 표시할 수 있다.

스칼라(Scalar) : 질량, 거리, 시간, 속력, 온도, 일, 에너지와 같이 크기만을 갖는 물리량이다.

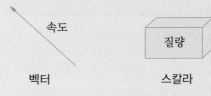

- SVM의 종류에는 하드 마진 SVM(Hard Margin SVM)과 소프트 마진 SVM(Soft Margin SVM)이 있다.
- 하드 마진 SVM은 마진의 안쪽 또는 바깥쪽에 잘못 분류된 데이터가 포함되는 것을 허용하지 않는 모델로 노이즈로 인해 최적의 경계를 찾지 못할 가능성이 존재한다.
- 소프트 마진 SVM은 마진의 안쪽 또는 바깥쪽에 잘못 분류된 데이터가 포함되는 것을 허용하는 모델로 대부분의 경우 소프트 마진 SVM을 사용한다.
- 다음은 하드 마진 SVM과 소프트 마진 SVM의 예시를 나타낸 것이다.

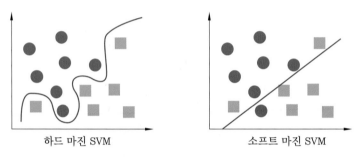

〈하드 마진 SVM과 소프트 마진 SVM〉

- SVM 모델을 사용하여 타이타닉 탑승객의 생존 여부를 분류해주는 모델을 생성해본다.
- 깃허브에서 타이타닉 데이터를 로드하고, 전처리한 뒤 데이터를 분할한다.
- 다음은 타이타닉 데이터 로드 및 데이터 분할에 대한 예제를 나타낸 것이다.

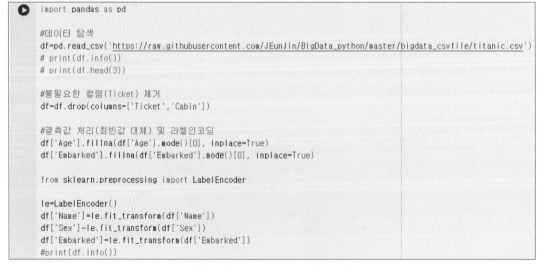

```python
import pandas as pd

#데이터 탐색
df=pd.read_csv('https://raw.githubusercontent.com/JEunJin/BigData_python/master/bigdata_csvfile/titanic.csv')
# print(df.info())
# print(df.head(3))

#불필요한 컬럼(Ticket) 제거
df=df.drop(columns=['Ticket','Cabin'])

#결측값 처리(최빈값 대체) 및 라벨인코딩
df['Age'].fillna(df['Age'].mode()[0], inplace=True)
df['Embarked'].fillna(df['Embarked'].mode()[0], inplace=True)

from sklearn.preprocessing import LabelEncoder

le=LabelEncoder()
df['Name']=le.fit_transform(df['Name'])
df['Sex']=le.fit_transform(df['Sex'])
df['Embarked']=le.fit_transform(df['Embarked'])
#print(df.info())
```

〈데이터 로드 및 데이터 분할 예제〉

- train 데이터로 전체 데이터(df) 중 랜덤한 800개의 데이터를 추출하고, 데이터를 분할한다.
- 다음은 데이터 분할에 대한 예제를 나타낸 것이다.

```
#전체 데이터 셋에서 랜덤한 데이터 800개 추출
train = df.sample(800)

#학습, 테스트 데이터 분할
from sklearn.model_selection import train_test_split

X=train.drop(columns='Survived')
y=train['Survived']
# print(X.info())
# print(y)

X_train, X_test, y_train, y_test = train_test_split(X, y, test_size=0.2, random_state=2024)
```

〈데이터 분할 예제〉

- SVM 모델을 생성하여 train 데이터를 학습시키고, 생존 여부를 분류한 뒤 성능을 검증한다.
- SVM 모델의 성능은 혼동행렬(confusion_matrix)과 평가지표(classification_report)를 활용하도록 한다.
- SVM 모델은 저차원의 데이터를 고차원의 데이터로 매핑(mapping)해 주는 작업을 하면서 경계면을 구하는데, 이러한 작업을 위해 차원 변환 옵션을 지정해주어야 한다.
- 차원 변환 옵션에는 rbf(Radial Basis Function), sigmoid, linear, polynomial 등이 있는데, 일반적으로 성능이 우수한 rbf 옵션이 사용된다.
- rbf는 방사기저 함수를 나타내고, 이는 가우시안 커널(Gaussian Kernel)과 같은 말이다.
- 가우시안 커널은 데이터를 무한한 다항식 차원으로 재배치할 수 있는 방법이다.
- sigmoid는 시그모이드 함수를 나타내고, linear는 선형 함수이며, polynomial(poly)은 다항식 함수를 나타낸 것이다.
- 다음은 SVM 모델링 및 성능 평가 예제를 나타낸 것이다.
- 혼동행렬 수치를 확인해보면 사망자(0, Negative)를 사망자로 제대로 분류한 수치(TN)가 100이고, 생존자(1, Positive)를 생존자로 제대로 분류한 수치(TP)가 4이다. 사망자를 생존자로 예측한 수치(FP)는 1이고, 생존자를 사망자로 예측한 수치(FN)는 55로 확인되었다.

- 평가지표에서는 모델의 정밀도, 재현율, f1-score를 확인할 수 있다. support는 각 라벨의 실제 샘플 개수를 나타낸 것이다.
- 평가지표의 f1-score를 확인해보면 사망자의 분류 정확도는 78%이고, 생존자의 분류 정확도는 12%인 것을 확인할 수 있다.

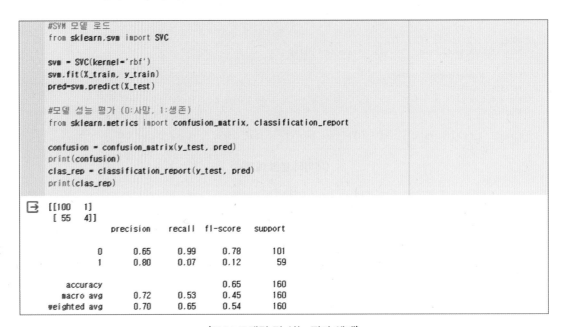

〈SVM 모델링 및 성능 평가 예제〉

- 다음은 SVM 모델의 전체 코드를 나타낸 것이다.

```
import pandas as pd

#데이터 탐색
df=pd.read_csv('https://raw.githubusercontent.com/JEunJin/BigData_
python/master/bigdata_csvfile/titanic.csv')
#print(df.info())
#print(df.head(3))

#불필요한 칼럼(Ticket) 제거
df=df.drop(columns=['Ticket','Cabin'])

#결측값 처리(최빈값 대체) 및 라벨인코딩
df['Age'].fillna(df['Age'].mode()[0], inplace=True)
```

```python
df['Embarked'].fillna(df['Embarked'].mode()[0], inplace=True)

from sklearn.preprocessing import LabelEncoder

le=LabelEncoder()
df['Name']=le.fit_transform(df['Name'])
df['Sex']=le.fit_transform(df['Sex'])
df['Embarked']=le.fit_transform(df['Embarked'])
#print(df.info())

#전체 데이터셋에서 랜덤한 데이터 800개 추출
train = df.sample(800)

#학습, 테스트 데이터 분할
from sklearn.model_selection import train_test_split

X=train.drop(columns='Survived')
y=train['Survived']
#print(X.info())
#print(y)
X_train, X_test, y_train, y_test = train_test_split(X, y, test_size=0.2, random_state=2024)

#SVM 모델 로드
from sklearn.svm import SVC

svm = SVC(kernel='rbf')
svm.fit(X_train, y_train)
pred=svm.predict(X_test)

#모델 성능 평가 (0 : 사망, 1 : 생존)
from sklearn.metrics import confusion_matrix, classification_report

confusion = confusion_matrix(y_test, pred)
print(confusion)
clas_rep = classification_report(y_test, pred)
print(clas_rep)
```

〈SVM 모델의 전체 코드〉

- 다음은 sklearn 패키지에서 지원하는 혼동행렬(confusion_matrix)의 모형이다.

- 보통의 경우 혼동행렬은 Positive, Negative와 같은 순서로 표현된다. 하지만 sklearn의 혼동행렬의 경우 Negative, Positive 순서로 표현된다.

- 정확한 모형 해석을 위해 sklearn 패키지의 혼동행렬의 Negative와 Positive의 순서를 잘 기억해 둘 수 있도록 한다.

		예측	
		Negative	Positive
실제	Negative	TN	FP
	Positive	FN	TP

〈sklearn 패키지의 혼동행렬(confusion_matrix) 모형〉

(4) 의사결정나무 (분류)

- 의사결정나무(Decision Tree)는 데이터를 분석하여 데이터 사이의 패턴을 예측 가능한 규칙들의 조합으로 나타내는 모델로서 그 형태가 나무와 비슷하여 의사결정나무라고 부른다.

- 의사결정나무는 계산 결과가 의사결정나무에 직접적으로 나타나기 때문에 해석이 용이하다.

- 가지 분할(Split)은 나무의 가지를 생성하는 과정이고, 가지치기(Punning)는 생성된 가지를 잘라내어 모형을 단순화시키는 과정이다.

- 의사결정나무는 뿌리 마디, 자식 마디, 부모 마디, 끝 마디, 중간 마디, 가지, 깊이로 구성된다.

- 다음은 의사결정나무의 개념도를 나타낸 것이다.

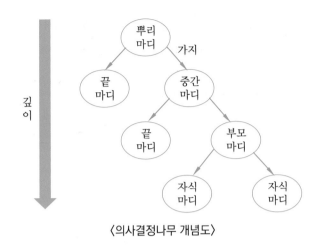

〈의사결정나무 개념도〉

● 다음은 의사결정나무의 구성 요소를 나타낸 것이다.

〈의사결정나무의 구성 요소〉

구성 요소	설명
부모 마디(Parent Node)	자식 마디의 상위 마디
자식 마디(Child Node)	하나의 마디로부터 분리되어 있는 2개 이상의 마디
뿌리 마디(Root Node)	전체 데이터로 시작점이 되는 마디
끝 마디(Terminal Node)	자식 마디가 없는 가장 하위 마디(=잎 노드)
중간 마디(Internal Nodw)	부모 마디와 자식 마디가 모두 있는 마디
가지(Branch)	마디를 이어주는 연결선
깊이(Depth)	뿌리 마디에서 끝 마디까지 가지를 이루는 마디의 수

● 의사결정나무의 분석과정은 분리기준, 정지규칙, 가지치기에 따라 이루어
  진다.
● 의사결정나무의 분리기준은 목표변수의 분포 정도를 순수도(Purity, 같은
  클래스끼리 섞여 있는 정도) 또는 불순도(Impurity, 여러 가지 클래스가 섞
  여 있는 정도)를 활용하여 측정하고, 마디의 분리는 순수도는 증가하고, 불
  순도는 감소시키는 방향으로 진행한다.
● 정지규칙은 더 이상 노드가 분리되지 않고, 현재 마디를 끝 마디로 하는 규칙
  을 의미한다.

- 가지치기는 나무 모형의 과적합을 방지하기 위해 불필요한 가지를 제거하여 모형의 복잡도를 줄이는 방법을 의미한다.

- 의사결정나무를 활용하여 붓꽃 품종을 분류해주는 모델을 만들어본다.

- 다음은 붓꽃 데이터를 로드하고, 분할하는 예제를 나타낸 것이다.

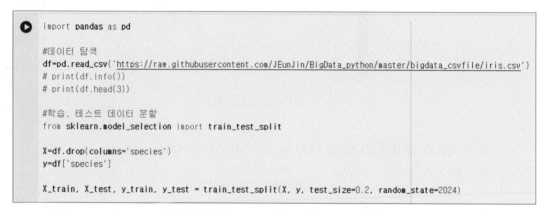

```python
import pandas as pd

#데이터 탐색
df=pd.read_csv('https://raw.githubusercontent.com/JEunJin/BigData_python/master/bigdata_csvfile/iris.csv')
# print(df.info())
# print(df.head(3))

#학습, 테스트 데이터 분할
from sklearn.model_selection import train_test_split

X=df.drop(columns='species')
y=df['species']

X_train, X_test, y_train, y_test = train_test_split(X, y, test_size=0.2, random_state=2024)
```

〈붓꽃 데이터 로드 및 분할 예제(의사결정나무)〉

- 의사결정나무 모델을 생성하여 train 데이터를 학습시키고, 붓꽃 품종을 분류한 뒤 성능을 검증한다. 의사결정나무 모델의 성능은 정확도(accuracy_score)를 활용하도록 한다.

- 의사결정나무 분류 모델에서는 다음과 같은 파라미터 값을 설정할 수 있다. 다음은 의사결정나무 분류 모델의 주요 파라미터를 나타낸 것이다.

〈의사결정나무 분류 모델의 파라미터〉

순서	파라미터 이름	설명
1	min_samples_split	노드를 분할하기 위한 최소한의 샘플 데이터 수
2	min_samples_leaf	잎(leaf) 노드가 되기 위해 필요한 최소한의 샘플 데이터 수
3	max_features	최적의 분할을 위해 고려할 최대의 속성 개수
4	max_depth	트리의 최대 깊이
5	max_leaf_nodes	잎(leaf) 노드의 최대 개수
6	random_state	난수 생성 인자

● 다음은 의사결정나무 모델링 및 성능 평가 예제를 나타낸 것이다. 의사결정
나무 모델의 분류 결과는 약 87%의 정확도를 갖는 것으로 확인되었다.

```
#의사결정나무 모델 로드
from sklearn.tree import DecisionTreeClassifier

dtc=DecisionTreeClassifier(random_state=2024)
dtc.fit(X_train, y_train)
pred=dtc.predict(X_test)

#모델 성능 평가
from sklearn.metrics import accuracy_score
acc = accuracy_score(y_test, pred)
print('acc:',acc)
```
```
acc: 0.8666666666666667
```

〈의사결정나무 모델링 및 성능 평가 예제〉

● 다음은 의사결정나무 분류 모델의 전체 코드를 나타낸 것이다.

```
import pandas as pd

#데이터 탐색
df=pd.read_csv('https://raw.githubusercontent.com/JEunJin/BigData_
python/master/bigdata_csvfile/iris.csv')
#print(df.info())
#print(df.head(3))

#학습, 테스트 데이터 분할
from sklearn.model_selection import train_test_split

X=df.drop(columns='species')
y=df['species']

X_train, X_test, y_train, y_test = train_test_split(X, y, test_size=0.2, random_
state=2024)

#의사결정나무 모델 로드
from sklearn.tree import DecisionTreeClassifier

dtc=DecisionTreeClassifier(random_state=2024)
```

```
dtc.fit(X_train, y_train)
pred=dtc.predict(X_test)

#모델 성능 평가
from sklearn.metrics import accuracy_score
acc = accuracy_score(y_test, pred)
print('acc:',acc)
```

〈의사결정나무 분류 모델 전체 코드〉

(5) 랜덤 포레스트 (분류)

● 랜덤 포레스트(Random Forest)는 의사결정나무 기반의 앙상블 알고리즘으로 모든 속성(Feature)들 중에서 임의로 일부의 속성을 선택하고, 그 속성들 중에서 정보 획득량이 높은 것을 기준으로 데이터를 분할하는 모델이다.

● 랜덤 포레스트는 분류기를 여러 개 사용할수록 성능이 좋아지고, 예측편향을 줄이고, 과대적합을 피할 수 있다.

● 랜덤 포레스트는 이상치의 영향을 적게 받는다는 특징이 있다.

● 다음은 랜덤 포레스트 개념도를 나타낸 것이다.

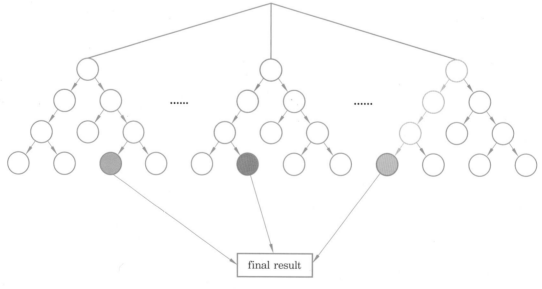

〈랜덤 포레스트 개념도〉

- 랜덤 포레스트를 활용하여 붓꽃 품종을 분류해주는 모델을 만들어본다.
- 다음은 붓꽃 데이터를 로드하고, 분할하는 예제를 나타낸 것이다.

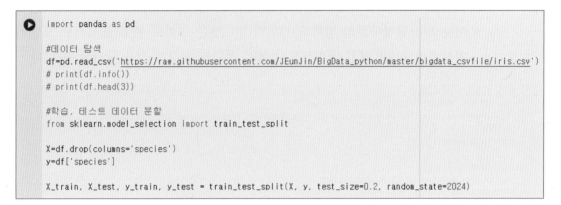

```
import pandas as pd

#데이터 탐색
df=pd.read_csv('https://raw.githubusercontent.com/JEunJin/BigData_python/master/bigdata_csvfile/iris.csv')
# print(df.info())
# print(df.head(3))

#학습, 테스트 데이터 분할
from sklearn.model_selection import train_test_split

X=df.drop(columns='species')
y=df['species']

X_train, X_test, y_train, y_test = train_test_split(X, y, test_size=0.2, random_state=2024)
```

〈붓꽃 데이터 로드 및 분할 예제(랜덤 포레스트)〉

- 랜덤 포레스트 모델을 생성하여 train 데이터를 학습시키고, 붓꽃 품종을 분류한 뒤 성능을 검증한다.
- 랜덤 포레스트 모델의 성능은 정확도(accuracy_score)를 활용하도록 한다.
- 랜덤 포레스트 분류 모델에서는 다음과 같은 파라미터 값을 설정할 수 있다. 다음은 랜덤 포레스트 분류 모델의 주요 파라미터를 나타낸 것이다.

〈랜덤 포레스트 분류 모델의 파라미터〉

순서	파라미터 이름	설명
1	n_estimators	트리의 개수
2	min_samples_split	노드를 분할하기 위한 최소한의 샘플 데이터 수
3	min_samples_leaf	잎(leaf) 노드가 되기 위해 필요한 최소한의 샘플 데이터 수
4	max_features	최적의 분할을 위해 고려할 최대의 속성 개수
5	max_depth	트리의 최대 깊이
6	max_leaf_nodes	잎(leaf) 노드의 최대 개수
7	random_state	난수 생성 인자

- 다음은 랜덤 포레스트 모델링 및 성능 평가 예제를 나타낸 것이다.
- 랜덤 포레스트 모델의 분류 결과는 약 90%의 정확도를 갖는 것으로 확인되었다.
- 이는 의사결정나무의 정확도보다 약 3% 높은 수치로 랜덤 포레스트 모델이 의사결정나무의 분류 정확도보다 높은 정확도를 갖는 것을 확인할 수 있다.

```
#랜덤포레스트 모델 로드
from sklearn.ensemble import RandomForestClassifier
rfc=RandomForestClassifier(n_estimators=120, max_depth=25, random_state=2024)
rfc.fit(X_train, y_train)
pred=rfc.predict(X_test)

#모델 성능 평가
from sklearn.metrics import accuracy_score
acc = accuracy_score(y_test, pred)
print('acc:',acc)
```

```
acc: 0.9
```

〈랜덤 포레스트 모델링 및 성능 평가 예제〉

- 다음은 랜덤 포레스트 분류 모델의 전체 코드를 나타낸 것이다.

```
import pandas as pd

#데이터 탐색
df=pd.read_csv('https://raw.githubusercontent.com/JEunJin/BigData_
python/master/bigdata_csvfile/iris.csv')
#print(df.info())
#print(df.head(3))


#학습, 테스트 데이터 분할
from sklearn.model_selection import train_test_split

X=df.drop(columns='species')
y=df['species']

X_train, X_test, y_train, y_test = train_test_split(X, y, test_size=0.2, random_
state=2024)
```

```
#랜덤 포레스트 모델 로드
from sklearn.ensemble import RandomForestClassifier
rfc=RandomForestClassifier(n_estimators=120, max_depth=25, random_
state=2024)
rfc.fit(X_train, y_train)
pred=rfc.predict(X_test)

#모델 성능 평가
from sklearn.metrics import accuracy_score
acc = accuracy_score(y_test, pred)
print('acc:',acc)
```

〈랜덤 포레스트 분류 모델 전체 코드〉

2-2 지도 학습 회귀 모델

- 지도 학습 회귀 모델에는 단순 선형 회귀, 다중 선형 회귀, SVM(서포트 벡터 머신, Support Vector Machine)(회귀), 의사결정나무(회귀), 랜덤 포레스트(회귀)가 있다.

(1) 단순 선형 회귀

- 단순 선형 회귀(Simple Linear Regression) 모델은 가장 단순한 선형 회귀 모델로 하나의 독립변수와 하나의 종속변수를 갖는 모델이다.
- 단순 선형 회귀 모델의 독립변수와 종속변수의 관계는 직선이다.
- 다음은 단순 선형 회귀 수식 및 그래프를 나타낸 것이다.

$$y = ax + b$$
(a : 회귀계수, b : y절편)

〈단순 선형 회귀 수식〉

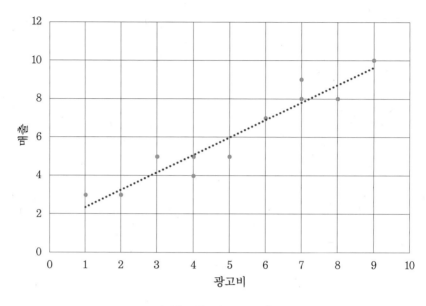

〈단순 선형 회귀 그래프〉

- 단순 선형 회귀 모델을 활용하여 매출에 가장 많은 영향을 주는 칼럼을 확인하고, 해당 칼럼을 독립변수로 하는 선형 회귀 모델을 모델링한다.

- 다음은 분석에 사용되는 광고 데이터에 대한 설명이다.

〈광고 데이터 설명〉

순서	칼럼명	설명
1	TV	TV 광고비
2	Radio	라디오 광고비
3	Newspaper	신문 광고비
4	Sales	매출

- 깃허브에서 광고 데이터를 로드하고, info( ) 함수와 head( ) 함수를 활용하여 데이터의 결측값 및 데이터 타입을 확인한다.

- 데이터를 확인한 결과 광고 데이터는 총 4개의 칼럼이 있고, 각 칼럼의 데이터는 200행이며, 결측값은 포함되지 않은 것을 확인할 수 있다.

● 다음은 광고 데이터 로드 및 탐색 예제를 나타낸 것이다.

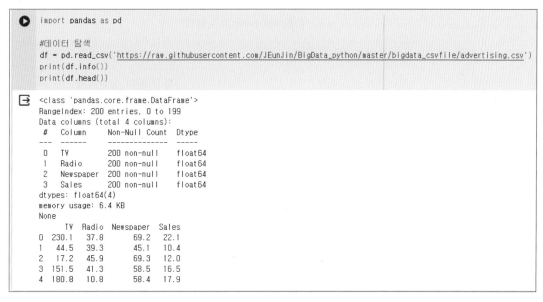

```
import pandas as pd

#데이터 탐색
df = pd.read_csv('https://raw.githubusercontent.com/JEunJin/BigData_python/master/bigdata_csvfile/advertising.csv')
print(df.info())
print(df.head())
```

```
<class 'pandas.core.frame.DataFrame'>
RangeIndex: 200 entries, 0 to 199
Data columns (total 4 columns):
 #   Column     Non-Null Count  Dtype
---  ------     --------------  -----
 0   TV         200 non-null    float64
 1   Radio      200 non-null    float64
 2   Newspaper  200 non-null    float64
 3   Sales      200 non-null    float64
dtypes: float64(4)
memory usage: 6.4 KB
None
      TV  Radio  Newspaper  Sales
0  230.1   37.8       69.2   22.1
1   44.5   39.3       45.1   10.4
2   17.2   45.9       69.3   12.0
3  151.5   41.3       58.5   16.5
4  180.8   10.8       58.4   17.9
```

〈광고 데이터 로드 및 탐색 예제〉

● TV, Radio, Newspaper를 독립변수로 하고, Sales를 종속변수로 한 뒤, 상관관계를 분석한다.
● 상관관계 분석을 위해서는 pandas 패키지의 corr( ) 함수를 사용한다. corr( ) 함수의 method 매개변수로 상관계수 산정 방식을 설정할 수 있다.
● 다음은 corr( ) 함수에서 사용되는 상관계수를 나타낸 것이다. 별도의 상관계수를 지정하지 않을 경우 기본값은 피어슨 상관계수로 연산된다.

〈corr( ) 함수에서 사용되는 상관계수〉

순서	상관계수	설명	사용 예시
1	피어슨 상관계수	두 변수 간의 선형 상관관계를 계량화한 수치로 −1~1의 범위를 가진다.	df.corr(method='pearson')
2	스피어만 상관계수	두 변수의 순위값 사이의 통계적 의존성을 측정하는 방식	df.corr(method='spearman')
3	켄달−타우 상관계수	두 변수 간의 순위를 비교하여 연관성을 연산하는 방식	df.corr(method='kendall')

- 다음은 상관계수(r)에 따른 해석을 나타낸 것이다.

〈상관계수(r)에 따른 해석〉

상관계수(r) 범위	모형 설명
$0.7 \leq r \leq 1.0$	강한 양의 상관관계
$0.3 \leq r < 0.7$	보통 양의 상관관계
$0.1 \leq r < 0.3$	약한 양의 상관관계
$-0.1 < r < 0.1$	상관관계가 거의 없음
$-0.3 < r \leq -0.1$	약한 음의 상관관계
$-0.7 < r \leq -0.3$	보통 음의 상관관계
$-1.0 \leq r \leq -0.7$	강한 음의 상관관계

- 다음은 독립변수들에 대한 상관관계 분석 예제를 나타낸 것이다. 상관계수 분석 결과를 보면 TV, Radio, Newspaper 순으로 매출에 영향을 미치는 것으로 확인되었다.

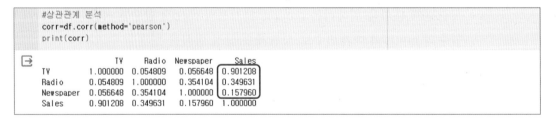

```
#상관관계 분석
corr=df.corr(method='pearson')
print(corr)

              TV      Radio  Newspaper     Sales
TV       1.000000  0.054809   0.056648  0.901208
Radio    0.054809  1.000000   0.354104  0.349631
Newspaper 0.056648 0.354104   1.000000  0.157960
Sales    0.901208  0.349631   0.157960  1.000000
```

〈독립변수들에 대한 상관관계 분석 예제〉

- 상관계수 분석 결과에 따라 가장 높은 상관계수를 갖는 TV를 독립변수로 하여 단순 선형 회귀 분석을 진행하고, 모델 성능을 평가해본다. 모델 성능의 평가는 결정계수(R^2)를 활용한다.

- 다음은 데이터 분할 및 단순 선형 회귀 분석 예제를 나타낸 것이다.

- 독립변수를 TV로 하고, 종속변수를 Sales로 할 경우 모델의 예측 정확도는 약 82%로 확인되었다.

```
#학습, 테스트 데이터 분할
from sklearn.model_selection import train_test_split

X=df[['TV']]
y=df['Sales']

X_train, X_test, y_train, y_test = train_test_split(X, y, test_size=0.2, random_state=2024)


#단순 선형회귀 모델 로드
from sklearn.linear_model import LinearRegression

lr = LinearRegression()
lr.fit(X_train, y_train)
pred=lr.predict(X_test)

#모델 성능 평가
from sklearn.metrics import r2_score
r2 = r2_score(y_test, pred)
print('r2:',r2)
```
```
r2: 0.8207443475538275
```

〈데이터 분할 및 단순 선형 회귀 분석 예제〉

● 다음은 단순 선형 회귀 모델의 전체 코드를 나타낸 것이다.

```
import pandas as pd

#데이터 탐색
df=pd.read_csv('https://raw.githubusercontent.com/JEunJin/BigData_
python/master/bigdata_csvfile/advertising.csv')
#print(df.info())
#print(df.head())

#상관관계 분석
corr=df.corr(method='pearson')
#print(corr)

#학습, 테스트 데이터 분할
from sklearn.model_selection import train_test_split

X=df[['TV']]
y=df['Sales']

X_train, X_test, y_train, y_test = train_test_split(X, y, test_size=0.2, random_
state=2024)
```

```
#단순 선형 회귀 모델 로드
from sklearn.linear_model import LinearRegression

lr = LinearRegression( )
lr.fit(X_train, y_train)
pred=lr.predict(X_test)

#모델 성능 평가
from sklearn.metrics import r2_score
r2 = r2_score(y_test, pred)
print('r2:',r2)
```

〈단순 선형 회귀 모델 전체 코드〉

(2) 다중 선형 회귀

● 다중 선형 회귀(Multiple Linear Regression) 모델은 종속변수가 1개이고, 독립변수가 2개 이상인 선형 회귀 분석 모델이다.
● 다음은 다중 선형 회귀 수식 및 그래프를 나타낸 것이다.
● 다중 선형 회귀 그래프의 경우 독립변수가 여러 개이므로 2차원 혹은 3차원 데이터로 표현된다.

$$y=ax_1+bx_2+\cdots+c$$
$$(a,\ b : 회귀계수,\ c : y절편)$$

〈다중 선형 회귀 수식〉

● 단순 선형 회귀 분석 모델과 동일하게 광고 데이터를 활용하여 다중 선형 회귀 분석을 진행한다.
● 독립변수(X)로 TV 칼럼만을 사용했던 단순 선형 회귀 모델과 다르게 다중 선형 회귀 모델은 독립변수(X)로 종속변수인(y) Sales 칼럼을 제외한 나머지인 TV, Radio, Newspaper 칼럼 데이터를 활용한다.
● 다중 선형 회귀 모델의 성능 평가는 단순 선형 회귀 모델과 동일하게 결정계수(R^2)를 활용한다.

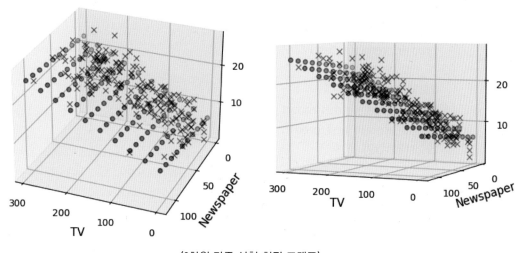

〈3차원 다중 선형 회귀 그래프〉

● 다음은 다중 선형 회귀 모델의 전체 코드 및 결과를 나타낸 것이다.

```
import pandas as pd

#데이터 탐색
df=pd.read_csv('https://raw.githubusercontent.com/JEunJin/BigData_
python/master/bigdata_csvfile/advertising.csv')
#print(df.info())
#print(df.head())

#학습, 테스트 데이터 분할
from sklearn.model_selection import train_test_split

X=df.drop(columns=['Sales'])
y=df['Sales']

X_train, X_test, y_train, y_test = train_test_split(X, y, test_size=0.2, random_
state=2024)

#다중 선형 회귀 모델 로드
from sklearn.linear_model import LinearRegression

lr = LinearRegression()
```

```
lr.fit(X_train, y_train)
pred=lr.predict(X_test)

#모델 성능 평가
from sklearn.metrics import r2_score
r2 = r2_score(y_test, pred)
print('r2:',r2)
```
```
r2: 0.9004544718156158
```

〈다중 선형 회귀 모델의 전체 코드 및 결과〉

- 다중 선형 회귀 모델의 정확도는 약 90%로 단순 선형 회귀 모델(약 82%)에 비해 정확도가 높은 것을 확인할 수 있다.
- 또한, 다중 선형 회귀 모델의 분석 결과를 시각화하여 확인할 수 있다.
- 다중 선형 회귀 모델에서 독립변수가 2개인 경우 3D 모형으로 표현되기 때문에 이를 표현할 수 있는 패키지를 포함해야 한다.
- 파이썬에서 3D 그래프를 출력해 줄 수 있는 패키지는 mpl_toolkits가 있다.
- 다중 선형 회귀 모델과 동일하게 광고 데이터를 활용하여 TV, Radio를 독립변수로, Sales를 종속변수로 하는 다중 선형 회귀 모델을 만들어 분석하고, 그 결과를 그래프로 시각화해본다.
- 다음은 다중 선형 회귀 모델의 시각화 전체 코드 및 결과를 나타낸 것이다.

```
import pandas as pd
import numpy as np

#데이터 탐색
df=pd.read_csv('https://raw.githubusercontent.com/JEunJin/BigData_
python/master/bigdata_csvfile/advertising.csv')
#print(df.info())
#print(df.head())

#패키지 사용 선언(시각화 및 선형 회귀)
```

```python
import matplotlib.pyplot as plt
from mpl_toolkits.mplot3d import Axes3D
from sklearn import linear_model

#독립변수, 종속변수 지정
X1 = df[['TV', 'Radio']].values.reshape(-1,2)
Y1 = df['Sales']

#x, y, z축 데이터 지정
x = X1[:, 0] #TV 칼럼 데이터만 사용
y = X1[:, 1] #Radio 칼럼 데이터만 사용
z = Y1

#각 독립변수들의 범위 지정(최솟값, 최댓값, 범위 내 데이터 개수)
x_pred = np.linspace(df['TV'].min(), df['TV'].max(), 10)
y_pred = np.linspace(df['Radio'].min(), df['Radio'].max(), 10)
xx_pred, yy_pred = np.meshgrid(x_pred, y_pred)
model_viz = np.array([xx_pred.flatten(), yy_pred.flatten()]).T

#다중 선형 회귀 모델 로드
ols = linear_model.LinearRegression()
model = ols.fit(X1, Y1)

#모델 예측값 확인
pred = model.predict(model_viz)

#모델 성능 평가
r2 = model.score(X1, Y1)

#다중 선형 회귀 3D 그래프 출력
plt.style.use('default')

fig = plt.figure(figsize=(12, 4))

ax1 = fig.add_subplot(131, projection='3d')
ax2 = fig.add_subplot(132, projection='3d')
```

```
ax3 = fig.add_subplot(133, projection='3d')

axes = [ax1, ax2, ax3]

for ax in axes:
    ax.plot(x, y, z, color='k', zorder=15, linestyle='none', marker='o',
alpha=0.5)
    ax.scatter(xx_pred.flatten( ), yy_pred.flatten( ), pred, s=20,
edgecolor='#70b3f0')
    ax.set_xlabel('TV', fontsize=12) #축(axes) 라벨 설정
    ax.set_ylabel('Radio', fontsize=12)
    ax.set_zlabel('Sales', fontsize=12)
    ax.locator_params(nbins=6, axis='x') #축(axes) 구간 설정
    ax.locator_params(nbins=4, axis='y')
    ax.locator_params(nbins=4, axis='z')

#높이(elevation), 방위각(azimuth) 조절
ax1.view_init(elev=27, azim=112)
ax2.view_init(elev=4, azim=114)
ax3.view_init(elev=60, azim=165)

fig.suptitle('$R^2 = %.2f$' % r2, fontsize=20)
fig.tight_layout( )
```

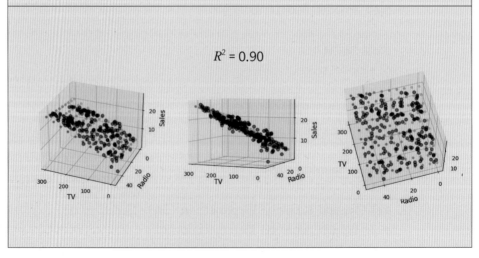

⟨다중 선형 회귀 모델의 시각화 전체 코드 및 결과⟩

- 광고 데이터를 로드하여 df 변수에 저장하고, 시각화 및 분석에 필요한 패키지들을 선언하여 포함시킨다.

- X1과 Y1 변수에 각각 독립변수와 종속변수를 지정하여 저장하고 x, y, z축의 데이터를 지정한다.

- numpy 패키지의 reshape( )함수는 배열의 차원을 변경해주는 함수이다. 예를 들어 2행 3열의 데이터를 3행 2열의 데이터로 바꾸고 싶은 경우 reshape(3, 2)와 같이 사용할 수 있다.

- 코드와 같이 reshape(-1, 2)의 경우 -1은 원래 배열의 길이와 남은 차원으로부터 추정이 된다는 뜻이다. 다시 말해서 열(Column)을 2열로 구성하고, 행(Row)은 해당 데이터의 전체 길이에 맞게 자동 구성된다는 의미이다.

- x, y, z축은 각각 TV 데이터, Radio 데이터, Sales 데이터가 된다.

- x_pred와 y_pred 변수에 각 독립변수의 범위를 지정하여 저장한다. 독립변수의 범위는 각각의 데이터 칼럼의 최솟값, 최댓값으로 하고, 그 범위의 데이터 개수를 10으로 설정한다.

- numpy 패키지의 linspace( ) 함수는 주어진 범위에서 일정한 간격으로 값을 생성하므로, 그래프를 그릴 때 x 또는 y축의 값들을 생성하는 데 사용된다. linespace( ) 함수의 매개변수는 3개로 구간 시작점, 구간 끝점, 구간 내 숫자 개수이다.

- 따라서 x_pred =np.linspace(df['TV'].min( ), df['TV'].max( ), 10) 코드의 경우 TV 칼럼의 최솟값과 최댓값을 구간이 시작점과 끝점으로 하고, 그 구간의 숫자는 10개로 지정하여 x_pred 변수에 저장하는 것을 의미한다.

- 독립변수의 범위를 정하고, n차원에 해당하는 격자 그리드(Lattice grid)를 만든 뒤 평탄화 작업을 한다.

 격자 그리드(Lattice grid) : 데카르트 좌표(Cartesian coordinate system, 임의의 차원의 유클리드 공간을 나타내는 좌표계 중 하나)를 기반으로 하는 좌표 체계로서 오른쪽과 같은 형태를 갖는다.

- numpy 패키지의 meshgrid( ) 함수는 n차원 격자 그리드(Lattice grid)를 만드는 함수이고, numpy 패키지의 flatten( ) 함수는 다차원 배열 공간을 1차원으로 평탄화해주는 함수이다.
- T 함수는 앞부분 데이터 배열을 전치행렬(Transposed Matrix)로 만들 때 사용된다. T는 Transpose의 약자이다.
- 전치행렬은 행과 열을 교환하여 얻게 되는 행렬을 의미한다. 즉, 3행 2열 배열의 전치행렬은 2행 3열이 된다.

- 다음은 전치행렬의 예시를 나타낸 것이다.

$$A = \begin{bmatrix} 1 & 2 \\ 3 & 4 \\ 5 & 6 \end{bmatrix} \rightarrow A^T = \begin{bmatrix} 1 & 3 & 5 \\ 2 & 4 & 6 \end{bmatrix}$$

〈전치행렬의 예시〉

- 다중 선형 회귀 모델에서 전치행렬을 사용하는 이유는 다음과 같다.
- 다중 선형 회귀 모델에서 독립변수(X)의 속성(Fature)은 보통 2개 이상이다. 만약 독립변수가 n개 있는 경우 가중치는 $[w_1, w_2, w_3, \cdots, w_n]$과 같은 벡터의 형태로 표현될 수 있는데, 이 경우 독립변수(X) 속성들의 행렬과 가중치 벡터가 내적(內積, inner product)의 올바른 회귀식을 도출하려면 가중치 벡터의 전치행렬을 사용해야 한다.
- 평탄화된 독립변수들의 전치행렬 데이터를 model_viz 변수에 저장한다. model_viz 변수 데이터는 다중 선형 회귀 모델 예측값(pred)을 확인하기 위해 전처리된 독립변수들이라고 이해할 수 있다.
- 다중 선형 회귀 모델을 생성하고, 다중 선형 회귀 모델의 예측값을 확인 pred 변수에 저장한다.
- 모델의 결정계수(R^2)를 score( ) 함수를 통해 확인하고, r2 변수에 저장한다.
- 다중 선형 회귀 모델의 3D 그래프를 출력하기 위해 차트의 사이즈와 축(axes) 정보를 입력한다.
- matplotlib 패키지의 add_subplot( ) 함수는 차트가 그려지는 하나의 figure 안에 하나 이상의 서브 플롯(Subplot)을 포함시켜주는 함수이다.

- matplotlib 패키지의 scatter( ) 함수는 산점도를 그려주는 함수로 본 예제의 경우 3차원 그래프를 출력하기 때문에 x, y, z 데이터를 입력해야 한다. x, y, z 데이터는 각각 xx_pred.flatten( ), yy_pred.flatten( ), pred가 된다.

- s는 산점도 마커(marker)의 사이즈이고, edgecolor는 산점도 테두리 색상을 의미한다. 예제 코드의 #70b3f0는 헥스 컬러 코드(Hex Color Codes)로 하늘색을 나타낸다.

- add_subplot(131)의 경우 서브 플롯의 배치가 1행 3열이고, 그 중 1번째 그래프임을 의미한다.

- matplotlib 패키지의 locator_params( ) 함수는 축의 구간(bin)을 나눠주는 함수이다. locator_params(nbins=6, axis='x')의 경우 x축 데이터의 구간을 6으로 나누는 것을 의미한다.

- matplotlib 패키지의 view_init( ) 함수는 3차원 그래프의 방향을 조정하는 함수로 높이(elevation)와 방위각(azimuth)을 조절하여 보고 싶은 위치를 조정할 수 있다.

- 높이는 상하 회전각도로서 0은 옆에서 본 각도를 의미하고, 90은 위에서 본 각도를 의미한다. 또한, 방위각은 좌우 회전각도로서 양수의 경우 시계방향으로 회전하고, 음수의 경우 시계 반대방향으로 회전한다.

- matplotlib 패키지의 tight_layout( ) 함수는 자동으로 서브플롯 매개변수를 조정하여 지정된 패딩(padding, 여백)을 제공하는 함수이다.

- 최종적으로 결정계수인 R2 score와 다중 선형 회귀 모델의 시각화 차트가 출력되는 것을 확인할 수 있다.

내적(內積, Inner Product)
- 두 벡터(vector)의 각 성분끼리의 곱의 합을 의미한다.
- 내적 연산을 벡터 두 개를 하나의 스칼라 값으로 변환시키는 연산을 의미한다.

헥스 컬러 코드(Hex Color Codes)
- RGB(Red, Green, Blue) 방식의 색상 코드 표기법으로 16진수 쌍으로 색상을 표현한다.
- # 기호를 가장 앞에 붙이고, #RRGGBB 형태로 사용된다.

● matplotlib 패키지에서 지원하는 색상 종류는 다음과 같다. 색상은 코드명 혹은 색상명으로 입력하여 사용할 수 있다.

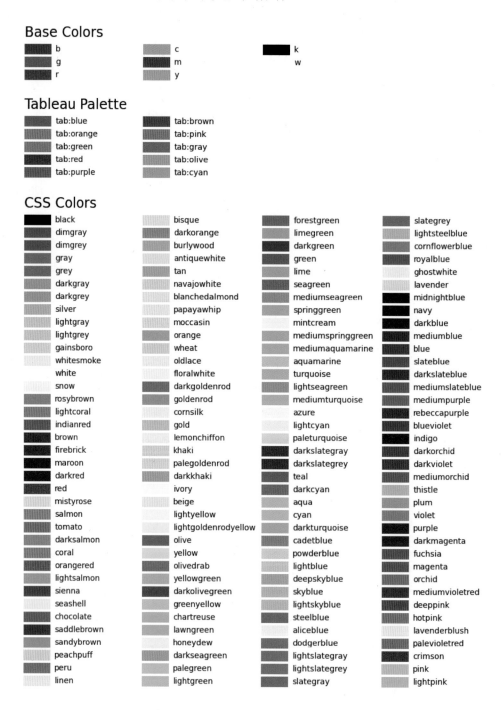

〈matplotlib 패키지에서 지원하는 색상명〉

- matplotlib 패키지에서 지원하는 색상 종류를 아래의 코드를 코랩에서 실행하여 확인할 수 있다.
- 다음은 matplotlib 패키지에서 지원하는 색상표 확인 코드를 나타낸 것이다.

```python
from matplotlib.patches import Rectangle
import matplotlib.pyplot as plt
import matplotlib.colors as mcolors

#색상 출력 함수 지정
def plot_colortable(colors, title, sort_colors=True, emptycols=0):

    cell_width = 212
    cell_height = 22
    swatch_width = 48
    margin = 12
    topmargin = 40

    #색상, 채도, 명도, 이름을 기준으로 색상 정렬
    if sort_colors is True:
        by_hsv = sorted((tuple(mcolors.rgb_to_hsv(mcolors.to_rgb(color))),
name)
                for name, color in colors.items())
        names = [name for hsv, name in by_hsv]
    else:
        names = list(colors)

    n = len(names)
    ncols = 4 - emptycols
    nrows = n // ncols + int(n % ncols > 0)

    width = cell_width * 4 + 2 * margin
    height = cell_height * nrows + margin + topmargin
    dpi = 72

    fig, ax = plt.subplots(figsize=(width / dpi, height / dpi), dpi=dpi)
    fig.subplots_adjust(margin/width, margin/height,
            (width-margin)/width, (height-topmargin)/height)
```

```
    ax.set_xlim(0, cell_width * 4)
    ax.set_ylim(cell_height * (nrows-0.5), -cell_height/2.)
    ax.yaxis.set_visible(False)
    ax.xaxis.set_visible(False)
    ax.set_axis_off()
    ax.set_title(title, fontsize=24, loc="left", pad=10)

    for i, name in enumerate(names):
        row = i % nrows
        col = i // nrows
        y = row * cell_height

        swatch_start_x = cell_width * col
        text_pos_x = cell_width * col + swatch_width + 7

        ax.text(text_pos_x, y, name, fontsize=14,
            horizontalalignment='left',
            verticalalignment='center')

        ax.add_patch(
            Rectangle(xy=(swatch_start_x, y-9), width=swatch_width,
                height=18, facecolor=colors[name])
        )

    return fig

#색상 출력 함수 호출(base colors, tableau colors, css4 colors)
plot_colortable(mcolors.BASE_COLORS, "Base Colors",
        sort_colors=False, emptycols=1)
plot_colortable(mcolors.TABLEAU_COLORS, "Tableau Palette",
        sort_colors=False, emptycols=2)
plot_colortable(mcolors.CSS4_COLORS, "CSS Colors")

#색상 화면 출력
plt.show()
```

〈matplotlib 패키지에서 지원하는 색상표 확인 코드〉

코드 출처 : https://matplotlib.org/stable/gallery/color/named_colors.html

- 앞의 코드는 빅데이터분석기사 실기시험 유형과 직접적인 연관은 없는 코드 이므로 색상 확인을 위한 참고용으로 활용할 수 있도록 한다.
- 아래의 사이트에서 다양한 헥스 컬러 코드를 확인할 수 있다.
- 다음은 헥스 컬러 코드 확인 사이트 주소 및 사이트 화면을 나타낸 것이다.

https://www.color-hex.com/color/ffe599

〈헥스 컬러 코드 확인 사이트 주소〉

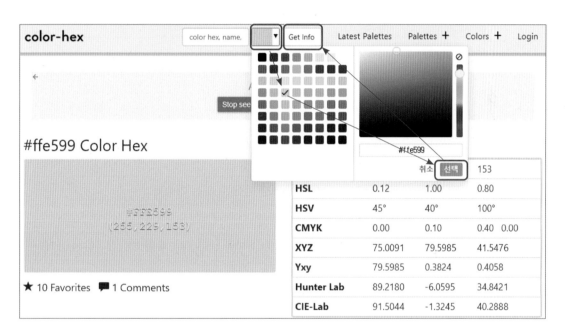

〈헥스 컬러 코드 확인 사이트 주소〉

- 그림과 같이 원하는 색상을 선택하고, Get Info 버튼을 누르면 해당 색상에 대한 정보와 헥스 컬러 코드를 확인할 수 있다.

(3) 서포트 벡터 머신(SVM) (회귀)

- SVM 모델은 분류뿐만 아니라 회귀 분석에서도 사용할 수 있다. 다만 분류 모델과 다른 구조의 모델이기 때문에 import해야 하는 모듈의 이름이 다르 다는 것을 기억해둔다.

- SVM 회귀 모델은 마진 내부에 데이터가 최대한 많이 포함될 수 있도록 학습하는 방법으로 마진(Margin)의 외부에 있는 데이터들의 오차값을 최소화할 수 있는 회귀선을 만든다.
- 자동차 정보 데이터를 활용하여 연비(mpg)를 예측하는 SVM 회귀 모델을 생성해본다.
- 다음은 자동차 정보 데이터에 대한 설명을 나타낸 것이다.

〈자동차 정보 데이터 설명〉

순서	칼럼명	설명
1	mpg	연비(miles per gallon)
2	cylinders	실린더 개수
3	displacement	배기량
4	horsepower	마력
5	weight	무게
6	acceleration	엔진이 초당 얻을 수 있는 가속력
7	model year	출시 연도
8	origin	제조 장소(1 : 미국 USA, 2 : 유럽 EU, 3 : 일본 JPN)
9	car name	자동차 이름

- 다음은 SVM 회귀 모델의 전체 코드 및 결과를 나타낸 것이다.

```
import pandas as pd

#데이터 탐색
df=pd.read_csv('https://raw.githubusercontent.com/JEunJin/BigData_
python/master/bigdata_csvfile/auto_mpg_full.csv')
#print(df.info())
#print(df.head())
```

```
#데이터 전처리
from sklearn.preprocessing import LabelEncoder
le = LabelEncoder( )
df['horsepower'] = le.fit_transform(df['horsepower'])

#학습, 테스트 데이터 분할
from sklearn.model_selection import train_test_split

X = df[df.columns[1:6]]
y = df['mpg']

X_train, X_test, y_train, y_test = train_test_split(X, y, test_size=0.2, random_
state=123)

#SVM (회귀) 모델 로드
from sklearn.svm import SVR

svr = SVR(kernel='poly') #kernel:커널 함수 선택('linear', 'sigmoid', 'rbf',
'poly')
svr.fit(X_train, y_train)
pred = svr.predict(X_test)

#모델 성능 평가
from sklearn.metrics import mean_squared_error
import numpy as np

mse = mean_squared_error(y_test, pred)
print('mse :',mse)
rmse=np.sqrt(mse)
print('rmse :', rmse)
```

```
mse : 26.234222658348568
rmse : 5.12193544066582
```

〈SVM 회귀 모델의 전체 코드 및 결과〉

- 자동차 연비 데이터를 로드하여 df 변수에 저장하고, info( ) 함수와 head( ) 함수를 사용하여 데이터의 구조 및 형태를 확인한다.
- 전체 데이터 중 독립변수로 cylinders(실린더 개수), displacement(배기량), horsepower(마력), weight(무게), acceleration(엔진이 초당 얻을 수 있는 가속력)을 사용하고, 독립변수로 mpg(연비)를 사용한다.
- df.columns[1:6]의 경우 칼럼 번호가 1에서 6까지가 아닌 마지막 값 6에서 -1이 된 5까지라는 것을 기억할 수 있도록 한다.
- 회귀 모델을 로드하고, 커널 함수를 poly로 설정한다. kernel은 커널 함수를 선택하는 매개변수로 'linear', 'sigmoid', 'rbf', 'poly' 중 하나를 선택하여 사용할 수 있다.
- linear은 선형 함수이고, sigmoid는 시그모이드 함수를 나타낸다. rbf는 방사기저 함수(가우시안 커널)를 나타내고, poly는 다항식 함수를 나타낸다.
- 모델의 성능을 확인해본 결과 평균제곱오차(MSE)와 평균제곱근오차(RMSE)의 값이 각각 26, 5로 높은 회귀 예측 정확도를 갖는 것으로 확인되었다.

(4) 의사결정나무(회귀)

- 의사결정나무 모델은 분류뿐만 아니라 회귀 분석에서도 사용할 수 있다. 다만 분류 모델과 다른 구조의 모델이기 때문에 import해야 하는 모듈의 이름이 다르다는 것을 기억해둔다.
- 보스턴 집값 데이터를 사용하여 보스턴 집값에 영향을 주는 독립변수들을 확인하고, 해당 독립변수들을 활용하여 집값을 예측해본다.
- 의사결정나무 회귀 모델의 성능 평가지표는 MSE(평균제곱오차)와 RMSE(평균제곱근오차)로 한다.
- 의사결정나무 회귀 모델에서는 다음과 같은 파라미터 값을 설정할 수 있다.
- 다음은 의사결정나무 회귀 모델의 주요 파라미터를 나타낸 것이다.

〈의사결정나무 회귀 모델의 파라미터〉

순시	파라미터 이름	설명
1	criterion	결정 나무의 노드를 분지(split)할 때 사용하는 불순도 측정 방식(squared_error, absolute_error, frideman_mse, poisson)

순서	파라미터 이름	설명
2	min_samples_split	노드를 분할하기 위한 최소한의 샘플 데이터 수
3	min_samples_leaf	잎(leaf) 노드가 되기 위해 필요한 최소한의 샘플 데이터 수
4	max_features	최적의 분할을 위해 고려할 최대의 속성 개수
5	max_depth	트리의 최대 깊이
6	max_leaf_nodes	잎(leaf) 노드의 최대 개수
7	random_state	난수 생성 인자

● 다음은 보스턴 집값 데이터에 대한 설명이다. 가장 마지막의 주택 가격 (MEDV) 칼럼이 목표변수가 된다.

〈보스턴 집값 데이터 설명〉

순서	칼럼명	설명
1	CRIM	자치 시(town)별 1인당 범죄율
2	ZN	25,000평방 피트를 초과하는 거주지역의 비율
3	INDUS	비소매 상업지역이 점유하고 있는 토지 비율
4	CHAS	찰스강에 대한 변수(강의 경계에 위치하는 경우 1, 그렇지 않으면 0)
5	NOX	10ppm당 농축 일산화질소(ppm : 1/1,000,000)
6	RM	주택 1가구당 평균 방의 개수
7	AGE	1940년 이전에 건축된 소유주택의 비율
8	DIS	5개의 보스턴 직업센터까지의 접근성 지수
9	RAD	방사형 도로까지의 접근성 지수
10	TAX	10,000달러당 재산세율
11	PTRATIO	자치 시(town)별 학생/교사 비율
12	B	$1,000(Bk-0.63)^2$ (Bk : 자치 시별 흑인의 비율)
13	LSTAT	모집단의 하위계층 비율
14	MEDV	주택 가격(목표변수)

- 의사결정나무 회귀 모델을 활용하여 보스턴 집값 데이터를 로드하고, 상관계수를 확인한다.

- display( ) 함수는 print( ) 함수와 비슷하지만, 주피터 노트북과 같은 환경에서 여러 개의 데이터프레임을 동시에 출력할 때 사용된다.

- 다음은 데이터 로드 및 상관계수 확인 예제를 나타낸 것이다. 데이터 탐색결과 결측값은 포함되지 않았고, 상관계수는 다음과 같이 확인되었다.

- 상관계수를 확인한 결과 여러 개의 독립변수 중 RM 칼럼은 양(+)의 상관관계를 나타냈고, PTRATIO, LSTAT 칼럼은 음(−)의 상관관계를 나타내는 것을 확인할 수 있었다.

- 따라서 의사결정나무 회귀 분석에서는 상관관계가 높은 칼럼(RM, PTRATIO, LSTAT)을 활용하여 분석하도록 한다.

```python
import pandas as pd

#데이터 탐색
df = pd.read_csv('https://raw.githubusercontent.com/JEunJin/BigData_python/master/bigdata_csvfile/boston_housing_data.csv')
#print(df.info())
#print(df.head())

#상관계수 확인
corr = df.corr(method='pearson')
display(corr) #상관관계 높은 컬럼(RM,PTRATIO,LSTAT)
```

	CRIM	ZN	INDUS	CHAS	NOX	RM	AGE	DIS	RAD	TAX	PTRATIO	B	LSTAT	MEDV
CRIM	1.000000	-0.200469	0.406583	-0.055892	0.420972	-0.219247	0.352734	-0.379670	0.625505	0.582764	0.289946	-0.385064	0.455621	-0.388305
ZN	-0.200469	1.000000	-0.533828	-0.042697	-0.516604	0.311991	-0.569537	0.664408	-0.311948	-0.314563	-0.391679	0.175520	-0.412995	0.360445
INDUS	0.406583	-0.533828	1.000000	0.062938	0.763651	-0.391676	0.644779	-0.708027	0.595129	0.720760	0.383248	-0.356977	0.603800	-0.483725
CHAS	-0.055892	-0.042697	0.062938	1.000000	0.091203	0.091251	0.086518	-0.099176	-0.007368	-0.035587	-0.121515	0.048788	-0.053929	0.175260
NOX	0.420972	-0.516604	0.763651	0.091203	1.000000	-0.302188	0.731470	-0.769230	0.611441	0.668023	0.188933	-0.380051	0.590879	-0.427321
RM	-0.219247	0.311991	-0.391676	0.091251	-0.302188	1.000000	-0.240265	0.205246	-0.209847	-0.292048	-0.355501	0.128069	-0.613808	0.695360
AGE	0.352734	-0.569537	0.644779	0.086518	0.731470	-0.240265	1.000000	-0.747881	0.456022	0.506456	0.261515	-0.273534	0.602339	-0.376955
DIS	-0.379670	0.664408	-0.708027	-0.099176	-0.769230	0.205246	-0.747881	1.000000	-0.494588	-0.534432	-0.232471	0.291512	-0.496996	0.249929
RAD	0.625505	-0.311948	0.595129	-0.007368	0.611441	-0.209847	0.456022	-0.494588	1.000000	0.910228	0.464741	-0.444413	0.488676	-0.381626
TAX	0.582764	-0.314563	0.720760	-0.035587	0.668023	-0.292048	0.506456	-0.534432	0.910228	1.000000	0.460853	-0.441808	0.543993	-0.468536
PTRATIO	0.289946	-0.391679	0.383248	-0.121515	0.188933	-0.355501	0.261515	-0.232471	0.464741	0.460853	1.000000	-0.177383	0.374044	-0.507787
B	-0.385064	0.175520	-0.356977	0.048788	-0.380051	0.128069	-0.273534	0.291512	-0.444413	-0.441808	-0.177383	1.000000	-0.366087	0.333461
LSTAT	0.455621	-0.412995	0.603800	-0.053929	0.590879	-0.613808	0.602339	-0.496996	0.488676	0.543993	0.374044	-0.366087	1.000000	-0.737663
MEDV	-0.388305	0.360445	-0.483725	0.175260	-0.427321	0.695360	-0.376955	0.249929	-0.381626	-0.468536	0.507787	0.333461	-0.737663	1.000000

〈데이터 로드 및 상관계수 확인 예제〉

● 다음은 데이터 분할 및 의사결정나무 회귀 분석 예제를 나타낸 것이다. 의사결정나무 회귀 모델을 활용하여 데이터를 분석하여 예측하고, 예측된 결과의 성능을 MSE와 RMSE 수치를 활용하여 평가한다. MSE의 경우 sklearn 패키지에서 해당 모듈을 활용하여 분석 가능하고, RMSE 수치는 MSE에 제곱근을 취한 값이므로 numpy 패키지의 sqrt( ) 함수를 사용하여 연산한다.

● MSE와 RMSE 모두 오차 정도를 나타내는 지표이기 때문에 그 수치가 작을수록 모델의 정확도가 높다고 해석할 수 있다. 연산된 MSE와 RMSE 수치를 확인하면 각각 28, 5의 값으로 의사결정나무 회귀 모델이 높은 예측 정확도를 보이고 있다고 해석할 수 있다.

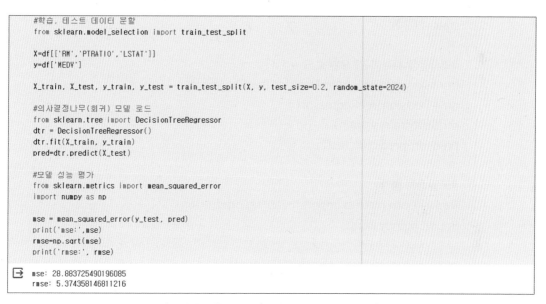

```python
#학습, 테스트 데이터 분할
from sklearn.model_selection import train_test_split

X=df[['RM','PTRATIO','LSTAT']]
y=df['MEDV']

X_train, X_test, y_train, y_test = train_test_split(X, y, test_size=0.2, random_state=2024)

#의사결정나무(회귀) 모델 로드
from sklearn.tree import DecisionTreeRegressor
dtr = DecisionTreeRegressor()
dtr.fit(X_train, y_train)
pred=dtr.predict(X_test)

#모델 성능 평가
from sklearn.metrics import mean_squared_error
import numpy as np

mse = mean_squared_error(y_test, pred)
print('mse:',mse)
rmse=np.sqrt(mse)
print('rmse:', rmse)
```

```
mse: 28.883725490196085
rmse: 5.374358146811216
```

〈데이터 분할 및 의사결정나무 회귀 분석 예제〉

● 다음은 의사결정나무 회귀 모델의 전체 코드를 나타낸 것이다.

```python
import pandas as pd

#데이터 탐색
df=pd.read_csv('https://raw.githubusercontent.com/JEunJin/BigData_
python/master/bigdata_csvfile/boston_housing_data.csv')
#print(df.info())
#print(df.head())
```

```
#상관계수 확인
corr = df.corr(method='pearson')
#display(corr) #상관관계 높은 칼럼(RM,PTRATIO,LSTAT)

#학습, 테스트 데이터 분할
from sklearn.model_selection import train_test_split

X=df[['RM','PTRATIO','LSTAT']]
y=df['MEDV']

X_train, X_test, y_train, y_test = train_test_split(X, y, test_size=0.2, random_
state=2024)

#의사결정나무(회귀) 모델 로드
from sklearn.tree import DecisionTreeRegressor
dtr = DecisionTreeRegressor()
dtr.fit(X_train, y_train)
pred=dtr.predict(X_test)

#모델 성능 평가
from sklearn.metrics import mean_squared_error
import numpy as np

mse = mean_squared_error(y_test, pred)
print('mse:',mse)
rmse=np.sqrt(mse)
print('rmse:', rmse)
```

〈의사결정나무 회귀 모델의 전체 코드〉

(5) 랜덤 포레스트(회귀)

● 랜덤 포레스트 모델은 분류뿐만 아니라 회귀 분석에서도 사용할 수 있다. 다
만 분류 모델과 다른 구조의 모델이기 때문에 import해야 하는 모듈의 이름
이 다르다는 것을 기억해둔다.

- 랜덤 포레스트 모델 역시 의사결정나무 회귀 모델과 동일하게 보스턴 집값 데이터를 사용하여 보스턴 집값에 많은 영향을 주는 독립변수들을 활용하여 집값을 예측해본다.
- 랜덤 포레스트 회귀 모델의 성능 평가지표 또한 MSE(평균제곱오차)와 RMSE(평균제곱근오차)로 한다.
- 랜덤 포레스트 회귀 모델에서는 다음과 같은 파라미터 값을 설정할 수 있다. 다음은 랜덤 포레스트 회귀 모델의 주요 파라미터를 나타낸 것이다.

〈랜덤 포레스트 회귀 모델의 파라미터〉

순서	파라미터 이름	설명
1	n_estimators	트리의 개수
2	criterion	결정 나무의 노드를 분지(split)할 때 사용하는 불순도 측정 방식(squared_error 또는 absolute_error)
3	max_depth	트리의 최대 깊이
4	max_features	최적의 분할을 위해 고려할 최대의 속성 개수
5	min_samples	학습에 사용할 샘플의 최대 개수
6	random_state	난수 생성 인자

- 다음은 랜덤 포레스트 회귀 모델의 전체 코드 및 결과를 나타낸 것이다.

```python
import pandas as pd

#데이터 탐색
df=pd.read_csv('https://raw.githubusercontent.com/JEunJin/BigData_
python/master/bigdata_csvfile/boston_housing_data.csv')
#print(df.info())
#print(df.head())

#상관계수 확인
corr = df.corr(method='pearson')
#display(corr) #상관관계 높은 칼럼(RM,PTRATIO,LSTAT)
```

```
#학습, 테스트 데이터 분할
from sklearn.model_selection import train_test_split

X=df[['RM','PTRATIO','LSTAT']]
y=df['MEDV']

X_train, X_test, y_train, y_test = train_test_split(X, y, test_size=0.2, random_
state=2024)

#랜덤 포레스트(회귀) 모델 로드
from sklearn.ensemble import RandomForestRegressor
rfr = RandomForestRegressor(n_estimators=170, max_depth=20, random_
state=2024)
rfr.fit(X_train, y_train)
pred=rfr.predict(X_test)

#모델 성능 평가
from sklearn.metrics import mean_squared_error
import numpy as np

mse = mean_squared_error(y_test, pred)
print('mse:',mse)
rmse=np.sqrt(mse)
print('rmse:', rmse)
```

```
mse: 17.04624998185544
rmse: 4.128710450232062
```

〈랜덤 포레스트 회귀 모델의 전체 코드 및 결과〉

● 모델 검증 결과를 보면 평균제곱오차(MSE)가 17이고, 평균제곱근오차
(RMSE)가 4로 의사결정나무 회귀 모델(MSE : 28, RMSE : 5)과 비교하였
을 때 모델의 예측 정확도가 높아진 것을 확인할 수 있다.

2-3 비지도 학습 모델

● 비지도 학습 방법에는 군집 분석과 연관성 분석이 있다.

(1) 군집 분석

● 군집 분석은 각 객체의 유사성을 측정하여 유사성이 높은 대상 집단을 분류하는 비지도 학습 방법이다.

● 군집 분석에서 활용할 수 있는 대표적인 모델은 K-평균 군집 분석 알고리즘이 있다.

● K-평균 군집 분석(K-Means Clustering)은 주어진 데이터를 K개의 군집으로 묶는 알고리즘으로 군집 수인 K개를 초깃값으로 지정하고, 각 객체를 가까운 초깃값에 할당하여 군집을 형성하는 분석 방법이다.

● K값 선정 기법에는 엘보 기법, 실루엣 기법, 덴드로그램이 있다.

● 다음은 K값 선정 기법을 나타낸 것이다.

〈K값 선정 기법〉

순서	기법	설명
1	엘보 기법 (Elbow)	기울기가 완만한 부분에 해당하는 클러스터 선택하는 방법
2	실루엣 기법 (Silhouette)	각 군집 간의 거리가 얼마나 분리되어 있는지 나타내는 기법
3	덴드로그램 (Dendrogram)	트리 구조를 갖는 다이어그램인 덴드로그램을 활용한 시각화로 군집의 개수 결정

● K-평균 군집 분석을 활용하여 붓꽃 데이터를 비슷한 속성을 갖는 그룹끼리 그룹화하고, 그 성능을 확인해본다.

● 다음은 sklearn 패키지의 KMeans 모듈의 주요 파라미터를 나타낸 것이다.

〈KMeans 모듈의 파라미터〉

순서	파라미터 이름	설명
1	n_clusters	클러스터(그룹) 개수
2	n_init	초기 중심점(centroid) 설정 횟수
3	max_iter	K-means 알고리즘 반복 횟수
4	random_state	난수 생성 인자
5	algorithm	사용할 알고리즘 (보통의 경우 'auto' 사용)

- 붓꽃 데이터를 로드하고, K-평균 군집 분석 모델을 활용하여 비슷한 속성을 갖는 그룹끼리 그룹한 결과를 예측하고, 실제 그룹과 비교해본다.
- 다음은 붓꽃 데이터 로드 및 K-평균 군집 분석 군집화 예제를 나타낸 것이다.

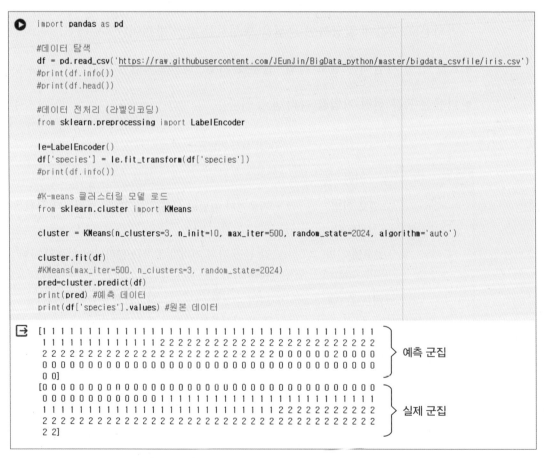

〈붓꽃 데이터 로드 및 K-평균 군집 분석 군집화 예제〉

- 예측 결과를 확인해 보면 수치가 실제와 다른 것을 볼 수 있다. 하지만 군집화 모델의 경우 수치가 아닌 동일한 군집으로 군집화하였는지가 중요한 척도이기 때문에 비슷한 군집으로 군집화된 정도를 확인해 보면 대부분 실제 군집과 유사하게 예측하고 있는 것을 확인할 수 있다.
- 비지도 학습 모델인 군집화의 경우 정해진 정답이 없기 때문에 모델의 성능을 평가할 때, 적절한 K값을 설정했는지를 확인한다.
- inertia는 군집 내 거리제곱합의 합으로 오차 정도를 나타낸다. 따라서 inertia가 급격하게 감소하는 시점을 적합한 K값으로 확인할 수 있다. K값 선정 기법 중 엘보 기법을 활용하여 적절한 K값을 확인할 수 있다.

용어 설명

거리제곱합의 합
- 군집화 혹은 데이터 분석에서 많이 사용되는 용어로 데이터 포인트들 사이의 거리를 측정하고, 이 거리를 제곱한 후 합산한 값을 의미한다.
- 보통 거리를 측정할 때는 유클리드 거리(Euclidean distance)나 맨해튼 거리(Manhattan distance) 등을 활용한다.

- 다음은 K개수에 따른 inertia의 관계를 시각화한 예제이다.
- 그래프를 확인해보면 K개수가 3인 지점에서 inertia(오차) 수치가 가장 많이 줄어든 것을 확인할 수 있고, 이를 통해서 붓꽃 품종의 적합한 군집의 개수는 3인 것을 확인할 수 있다.

```
#모델 성능 평가 및 시각화
import matplotlib.pyplot as plt

scope = range(1,15)
inertias=[]

for i in scope:
  model=KMeans(n_clusters=i)
  model.fit(df)
  inertias.append(model.inertia_)

plt.figure(figsize=(5,5))
plt.plot(scope, inertias, '-s')
plt.xlabel('number of K')
plt.ylabel('inertia')
plt.show()
```

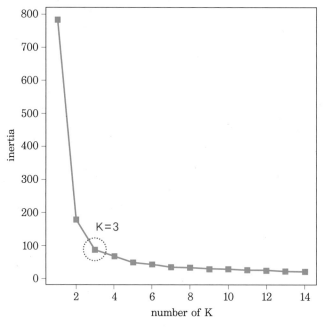

〈K개수에 따른 inertia의 관계를 시각화한 예제〉

● 다음은 K-평균 군집 분석 모델의 전체 코드를 나타낸 것이다.

```
import pandas as pd

#데이터 탐색
df=pd.read_csv('https://raw.githubusercontent.com/JEunJin/BigData_
python/master/bigdata_csvfile/iris.csv')
#print(df.info())
#print(df.head())

#데이터 전처리 (라벨인코딩)
from sklearn.preprocessing import LabelEncoder

le=LabelEncoder()
df['species'] = le.fit_transform(df['species'])
```

```
#print(df.info())

#K-means 클러스터링 모델 로드
from sklearn.cluster import KMeans

cluster = KMeans(n_clusters=3, n_init=10, max_iter=500, random_
state=2024, algorithm='auto')

cluster.fit(df)
#KMeans(max_iter=500, n_clusters=3, random_state=2024)
pred=cluster.predict(df)
#print(pred) #예측 데이터
#print(df['species'].values) #원본 데이터

#모델 성능 평가 및 시각화
import matplotlib.pyplot as plt

scope = range(1,15)
inertias=[]

for i in scope:
  model=KMeans(n_clusters=i)
  model.fit(df)
  inertias.append(model.inertia_)

plt.figure(figsize=(5,5))
plt.plot(scope, inertias, '-s')
plt.xlabel('number of K')
plt.ylabel('inertia')
plt.show()
```

〈K-평균 군집 분석 모델의 전체 코드〉

(2) 연관성 분석

- 연관 분석은 주어지는 데이터에서 동시에 발생하는 사건 혹은 항목 간의 규칙을 수치화하는 분석으로 '장바구니 분석', '서열 분석'이라고도 불린다.
- 연관성 분석의 측정 지표에는 지지도, 신뢰도, 향상도가 있다. 다음은 연관성 측정 지표를 나타낸 것이다.

〈연관성 측정 지표〉

측정 지표	설명
지지도 (Support)	전체 거래 중 항목 A와 B를 동시에 포함하는 거래의 비율 $$\frac{\text{A와 B가 동시에 포함된 거래수 } P(A \cap B)}{\text{전체 거래 수}}$$
신뢰도 (Confidence)	A를 샀을 때, B를 살 조건부 확률에 대한 척도 $$\frac{P(A \cap B)}{P(A)} = \frac{\text{A와 B가 동시에 포함된 거래수}}{\text{A를 포함하는 거래 수}}$$
향상도 (Lift)	규칙이 우연히 발생한 것인지 판단하기 위해 연관성의 정도를 측정하는 척도 <table><tr><td>향상도 = 1</td><td>서로 독립적</td><td rowspan="3">$$\frac{P(A \cap B)}{P(A) \times P(B)}$$</td></tr><tr><td>향상도 > 1</td><td>양(+)의 상관관계</td></tr><tr><td>향상도 < 1</td><td>음(−)의 상관관계</td></tr></table>

- 연관성 분석에서 활용할 수 있는 대표적인 모델은 아프리오리(A-priori) 알고리즘이 있다.
- 아프리오리 알고리즘은 A와 B의 상호관계의 빈출 패턴을 찾아내는 것으로 지지도, 신뢰도, 향상도를 산출하여 연관성을 분석하는 알고리즘이다.
- 임의로 생성된 장바구니 영수증 결과 데이터를 활용하여 항목 간의 연관성을 분석해본다.
- 연관싱 분석을 위해서는 mlxtend 패키시의 apriori, association_rules 모듈을 사용한다.

● 다음은 아프리오리 연관성 분석 전체 코드를 나타낸 것이다.

```python
import pandas as pd
from mlxtend.preprocessing import TransactionEncoder
from mlxtend.frequent_patterns import apriori, association_rules

#분석 데이터 생성 및 전처리
data = [['Coffee', 'Beer', 'Cheese', 'Milk', 'Book'],
        ['Beer', 'Cheese', 'Milk', 'Book'],
        ['Coffee', 'Banana', 'Milk'],
        ['Coffee', 'Apple', 'Cup', 'Book'],
        ['Cup', 'Beer', 'Chair', 'Diaper', 'Milk']]

te = TransactionEncoder()
te_arr = te.fit(data).transform(data)
df = pd.DataFrame(te_arr, columns=te.columns_)
print(df)

#아프리오리 알고리즘 적용
frequent_items = apriori(df, min_support=0.5, use_colnames=True)
print(frequent_items)

#연관성 분석 결과 확인
result = association_rules(frequent_items, metric="confidence", min_threshold=0.6)
display(result)
```

〈아프리오리 연관성 분석 전체 코드〉

- mlxtend 패키지의 TransactionEncoder( ) 모듈은 일반적인 데이터를 배열 형식으로 변환해주는 기능을 갖는다.

- TransactionEncoder( ) 모듈의 fit( ) 함수와 transform( ) 함수를 통해 고유한 라벨을 갖는 data가 원-핫 인코딩되어 numpy 배열로 변환된다.

- 다음은 변환된 배열인 df의 출력 결과를 나타낸 것이다.

```
    Apple  Banana   Beer   Book  Chair  Cheese  Coffee    Cup  Diaper   Milk
0   False   False   True   True  False    True    True  False   False   True
1   False   False   True   True  False    True   False  False   False   True
2   False    True  False  False  False   False    True  False   False   True
3    True   False  False   True  False   False    True   True   False  False
4   False   False   True  False   True   False   False   True    True   True
```

〈변환된 df 배열 출력 결과〉

- 다음은 아프리오리 알고리즘을 적용하여 지지도(support)가 최소 0.5 이상인 항목을 출력한 결과(frequent_items)를 나타낸 것이다.

```
    support       itemsets
0       0.6         (Beer)
1       0.6         (Book)
2       0.6       (Coffee)
3       0.8         (Milk)
4       0.6  (Beer, Milk)
```

〈지지도가 최소 0.5 이상인 항목을 출력한 결과(frequent_items)〉

- 연관성 분석 결과를 확인하기 위해 신뢰도(confidence)의 최소 임계치를 0.6으로 설정하였다. 따라서 신뢰도가 0.6 이상인 연관성 분석 결과가 출력된다.

- 다음은 연관성 분석 결과로 맥주(Beer)와 우유(Milk) 사이의 연관성이 높은 것을 확인할 수 있다.

	antecedents	consequents	antecedent support	consequent support	support	confidence	lift	leverage	conviction	zhangs_metric
0	(Beer)	(Milk)	0.6	0.8	0.6	1.00	1.25	0.12	inf	0.5
1	(Milk)	(Beer)	0.8	0.6	0.6	0.75	1.25	0.12	1.6	1.0

〈연관성 분석 결과〉

## 제 5 편

작업형 3유형

## 제 1 장

가설 검정

1-1 가설 검정 소개

- 가설 검정(Statistical Hypothesis Test)이란 모집단(Population)에 대한 가설을 정의하고, 추출된 표본(Sample)을 통해 얻은 정보를 분석하여 가설의 진위를 판단하는 것을 의미한다.
- 가설 검정의 절차는 다음과 같다.

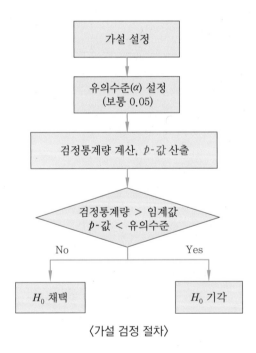

〈가설 검정 절차〉

- 가설 검정 방법에는 단측 검정(one-sided test)과 양측 검정(two-sided test)이 있다.
- 단측 검정은 모수(θ)가 특정 값(θ_0)과 통계적으로 크거나 작은지를 검정하는 방법으로 가설을 검정할 때, 한쪽 측면을 검정 기준으로 기각 영역을 설정하여 검정한다.

- 양측 검정은 모수(θ)가 특정 값(θ_0)과 통계적으로 같은지를 검정하는 방법으로 검정량이 기각치 이하이거나 이상이면 귀무가설을 기각하는 검정 방법이다.

p-값(p-value) : 귀무가설이 참이라는 전제하에 표본에서 사건이 관측된 확률로서 p-값이 작을수록 해당 사건이 발생할 가능성이 작다는 것을 의미한다.

귀무가설(H_0, Null Hypothesis) : 현재까지 주장되어 온 가설 혹은 기존과 비교하여 변화가 없음을 나타내는 가설

대립가설(H_1, Alternative Hypothesis) : 표본을 통해 확실한 근거를 가지고 입증하고자 하는 가설로서 연구가설이라고도 한다.

1-2

가설 검정 기법 소개

- 가설 검정 기법에는 카이제곱 검정, 회귀 분석(로지스틱 회귀, 선형 회귀), T-검정, F-검정이 있다.

- 카이제곱 검정(Chi-Squared Test)은 관찰된 빈도가 기대되는 빈도와 유의하게 다른지 검정하는 방법으로 범주형 자료 간의 차이를 분석하는 모수적 통계 방법이다.

모수적 통계 방법(Parametric Statistical Methods) : 정규성을 갖는다는 모수적 특성을 이용하는 통계 방법

비모수적 통계 방법(Nonparametric Statistical Methods) : 모집단의 형태에 관계 없이 주어진 데이터에서 직접 확률을 계산하여 검정하는 통계 방법

- 카이제곱 검정의 종류에는 일원 카이제곱 검정과 이원 카이제곱 검정이 있다.

- 일원 카이제곱 검정은 하나의 범주를 대상으로 하고, 이원 카이제곱은 두 개 이상의 범주를 대상으로 한다.

- 카이제곱 검정 방법에는 적합도 검정, 독립성 검정, 동질성 검정이 있다.

● 다음은 카이제곱 검정 방법을 나타낸 것이다.

〈카이제곱 검정 방법〉

검정 방법	설명	종류
적합도 검정 (Goodness of Fit Test)	표본 집단의 분포가 주어진 기준의 특정 분포를 따르고 있는지 검정하는 방법	일원 카이제곱 검정
독립성 검정 (Test of Independence)	각 범주가 서로 독립적인지 연관성이 있는지 검정하는 방법	이원 카이제곱 검정
동질성 검정 (Test of Homogeneity)	하나의 범주형 변수를 기준으로 각 그룹이 서로 비슷한지(확률분포가 동일한지) 알아보는 방법	

〈카이제곱 검정 방법 예시〉

검정 방법	예시
적합도 검정	A 공장의 일별 불량률이 4%로 알려져 있다. 3일 동안 제품을 임의로 일별 100개씩 추출하여 검사한 결과 불량품이 6개, 2개, 4개로 확인되었다. 유의수준 5%에서 적합도를 검정하시오. • 귀무가설 : 관찰된 비율이 기댓값과 같다. • 대립가설 : 관찰된 비율이 기댓값과 다르다.
독립성 검정	A 대학의 입학생을 대상으로 성별과 성적이 연관이 있는지 검정하시오. • 귀무가설 : 변수 X1과 X2는 서로 독립적이다. (관련이 없다.) • 대립가설 : 변수 X1과 X2는 서로 독립적이지 않다. (관련이 있다.)
동질성 검정	임의로 추출된 일본인, 미국인 100명 중에서 국적에 따른 한국 음식에 대한 선호도가 관련성이 있는지 유의수준 5%에서 검정하시오. • 귀무가설 : 그룹별 확률분포가 동일하다. • 대립가설 : 그룹별 확률분포가 동일하지 않다.

- 회귀 분석(Regression Analysis)은 하나 이상의 독립변수(X)가 종속변수(y)에 끼치는 영향을 분석하는 통계 기법이다.
- 회귀 분석은 선형성, 독립성, 등분산성, 정상성(정규성)의 4가지 가정을 만족해야 한다. 다음은 회귀 분석의 가정을 나타낸 것이다.

〈회귀 분석의 가정〉

가정	설명
선형성	독립변수 변화에 따라 종속변수도 선형적인 일정 크기로 변화한다.
독립성	잔차와 독립변수의 값이 서로 독립적이어야 한다.
등분산성	잔차의 분산이 독립변수와 무관하게 일정해야 한다.
정상성(정규성)	잔차 항이 평균 0인 정규분포 형태를 가져야 한다.

용어
설명

잔차(residual) : 표본으로 추정한 회귀식과 실제 관측값의 차이
오차(error) : 모집단으로부터 추정한 회귀식으로 얻은 예측값과 실제 관측값의 차이

- 회귀 분석 방법에는 로지스틱 회귀 분석, 단순 선형 회귀 분석, 다중 선형 회귀 분석이 있다.
- 로지스틱 회귀 분석(Logistic Regression Analysis)은 어떤 사건이 발생할지에 대한 직접적인 예측이 아닌 그 사건이 발생할 확률을 예측하는 방법이다.
- 단순 선형 회귀 분석은 독립변수와 종속변수가 각각 하나씩 존재하고, 오차 항이 있는 선형 관계로 이루어져 있다.
- 단순 선형 회귀 분석 검정 방법으로는 회귀계수 검정, 결정계수(R^2) 활용 등이 있다.
- 다중 선형 회귀 분석은 독립변수가 K개이고, 종속변수와의 관계가 선형인 분석 모형이다.
- 다중 선형 회귀 분석 검정 방법으로는 회귀계수 검정, F-통계량을 활용한 모형의 통계적 유의성 검정, 결정계수(R^2) 활용, 분산팽창지수(VIF : Variance Inflation Factor) 활용 등이 있다.

- T-검정(T-test)은 모집단의 분산이나 표준편차를 알지 못할 때, 표본으로부터 추정된 분산이나 표준편차를 이용하여 두 모집단의 평균의 차이를 알아보는 검정 방법이다.

- T-검정은 표본이 정규성, 등분산성, 독립성을 만족할 때 사용 가능하다.

- 다음은 T-검정 방법을 나타낸 것이다.

〈T-검정 방법〉

검정 방법	설명
단일표본 T-검정	하나로 구성된 모집단의 평균값을 기준값과 비교할 때 사용하는 방법
대응표본 T-검정	동일한 표본의 A시점과 B시점을 비교할 때 사용하는 방법
독립표본 T-검정	독립된 두 집단의 평균 차이를 검정하는 분석 방법

- F-검정(F-test)은 두 모집단의 분산의 차이가 있는지를 검정하는 방법으로 F-값이 클수록 두 집단 간의 분산 차이가 존재하는 것을 의미한다.

- F-검정으로 등분산 여부를 검정할 수 있고, 등분산 검정에서 귀무가설(H_0)은 모집단 간의 분산이 같다고 가정하고, 대립가설(H_1)은 모집단 간의 분산이 다르다고 가정한다.

## 제 2 장

가설 검정 실습

2-1 카이제곱 검정

- 카이제곱 검정은 scipy 패키지의 chi2_contingency 모듈과 chisquare 모듈을 활용하여 분석 가능하다.
- chi2_contingency 모듈은 카이제곱 독립성, 동질성 검정에서 사용된다.
- chi2_contingency 모듈은 교차표 형태의 데이터를 대상으로 검정하고, 검정 결과 카이제곱 통계량, p_value, 자유도, 기댓값을 확인할 수 있다.
- chisquare 모듈은 카이제곱 적합도 검정에서 사용된다.
- chisquare 모듈은 배열 형태의 관측빈도와 기대빈도를 대상으로 검정하고, 검정 결과 카이제곱 통계량과 p_value를 확인할 수 있다.

- 카이제곱 독립성, 동질성 검정 순서는 다음과 같다.

> 1. 데이터를 table로 만들기
>   ∟ 범주형 : pandas의 crosstab, 수치형 : numpy의 array
> 2. 카이제곱 검정(chi2_contingency)
>   ∟ chi2 : 카이제곱 통계량, p_val : p_value, dof : 자유도, exp : 기댓값

- 카이제곱 적합도 검정 순서는 다음과 같다.

> 1. 관측빈도 데이터를 배열로 만들기
> 2. 기대빈도 데이터를 배열로 만들기
> 3. 카이제곱 검정(chisquare)
>   ∟ chi2 : 카이제곱 통계량, p_val : p_value

- 30대 직장인 2,600명 대상 가전제품 구입 여부 조사에서 4가지 품목(노트북, TV, 에어컨, 냉장고)의 구매 인원은 각각 540, 370, 310, 120이었고, 비구매 인원은 각각 160, 230, 490, 380이었다.

- 이 경우 제품별 구매와 비구매 인원의 비율이 동일한지 카이제곱 동질성 검정을 통해 분석하여 카이제곱 통계량 및 p_value를 확인하고, 귀무가설 기각 여부를 확인해 본다. (단, 유의수준은 0.05로 한다.)

- 귀무가설의 경우 제품별 구매와 비구매 인원의 비율이 동일하다는 것이고, 대립가설의 경우 제품별 구매와 비구매 인원의 비율이 동일하지 않다는 것이다.

- 다음은 카이제곱 동질성 검정 전체 코드 및 분석 결과를 나타낸 것이다.

〈카이제곱 동질성 검정 전체 코드 및 분석 결과〉

```
import pandas as pd

#데이터 생성
purchase = pd.DataFrame({'purchase': [540,370,310,120]},
            index=['laptop','TV','air conditioner','refrigerator'])

non_purchase = pd.DataFrame({'non_purchase':[160,230,490,380]},
            index=['laptop','TV','air conditioner','refrigerator'])

df = pd.concat([purchase, non_purchase], axis=1) #axis=1 열 기준으로 데이터
합치기
#print(df)

#카이제곱 동질성 검정
from scipy.stats import chi2_contingency

chi2, p_val, dof, exp = chi2_contingency(df)
print('chi2_stats : ', chi2)
print('p_value : ', p_val)
```

```
chi2_stats : 412.5814521496824
p_value : 4.166963882580208e-89
```

- purchase 변수에 laptop, TV, air conditioner, refrigerator 인덱스를 갖고, 칼럼 이름은 purchase이며, 값은 540, 370, 310, 120을 갖는 데이터프레임을 생성하여 저장한다.

- non_purchase 변수에 laptop, TV, air conditioner, refrigerator 인덱스를 갖고, 칼럼 이름은 non_purchase이며, 값은 160, 230, 490, 380을 갖는 데이터프레임을 생성하여 저장한다.

- purchase와 non_purchase 데이터를 열(column) 기준으로 병합하여 df 변수에 저장한다.

- scipy 패키지의 chi2_contingency 모듈을 포함하고, df 데이터를 카이제곱 검정한 뒤, 검정 결과를 각각 chi2, p_val, dof, exp에 저장한다.

- 카이제곱 검정 결과를 확인하면 p_value가 유의수준 0.05를 넘지 않으므로 귀무가설을 기각하고 대립가설을 채택한다. 즉, 제품별 구매와 비구매 인원의 비율이 동일하지 않다고 분석할 수 있다.

- 4.166963882580208e-89의 경우 지수(e) 표기법에 의해 $4.166963882580208 \times 10^{-89}$로 연산 된다.

- 추가로 카이제곱 적합도 검정을 해본다.

- A 아이스크림 가게에서 주중에 판매된 아이스크림 개수가 아래와 같을 경우 요일별 아이스크림의 판매율이 다른지 카이제곱 적합도 검정을 해본다.

- 이 경우 귀무가설은 요일별 아이스크림 판매율이 동일하다는 것이고, 대립가설은 요일별 아이스크림 판매율이 다르다는 것이다. (단, 유의수준은 0.05로 한다.)

〈요일별 아이스크림 판매량〉

요일	월	화	수	목	금
판매량	90	72	43	52	88

● 다음은 카이제곱 적합도 검정 전체 코드 및 분석 결과를 나타낸 것이다.

```
import pandas as pd

#데이터 생성
real_data = [90, 72, 43, 52, 88]
exp = int(sum(real_data) / len(real_data))
#print(exp) #기대빈도 확인 : 69

expected = [69, 69, 69, 69, 69]

#카이제곱 적합도 검정
from scipy.stats import chisquare
chi, p_val = chisquare(real_data, expected) #real_data : 관측빈도, expected :
기대빈도
print('chi:', chi)
print('p_value :' , p_val)
```

chi: 25.73913043478261
p_value : 3.571755224300709e-05

〈카이제곱 적합도 검정 전체 코드 및 분석 결과〉

● real_data 변수에 실제 관측된 아이스크림 판매량 데이터를 배열로 저장한다.
● exp 변수에 기대빈도를 연산하여 저장하고, expected 변수에 기대빈도를 배열로 저장한다.
● scipy 패키지의 chisquare 모듈을 포함하여 관측빈도와 기대빈도를 활용한 카이제곱 검정을 하고, 그 결과를 chi, p_val에 저장한다.
● 카이제곱 검정 결과를 확인하면 p_value가 유의수준인 0.05를 넘지 않으므로 귀무가설을 기각하고 대립가설을 채택한다. 즉, 요일별 아이스크림 판매율은 다르다고 분석할 수 있다.
● 기대빈도(expected frequency)는 주어진 수치를 기반으로 통계적으로 기대할 수 있는 기댓값을 의미한다.

- 일원 카이제곱 검정 중 확률적 개념이 없는 경우에 기대빈도는 일반적인 산술평균과 같이 연산된다.

- 예를 들어 위의 예제와 같이 월요일부터 금요일까지 아이스크림 판매량이 90, 72, 43, 52, 88개라고만 주어진 경우 기대빈도는 일반적인 산술평균과 같이 연산되어 $\dfrac{90+72+43+52+88}{5} = \dfrac{345}{5} = 69$가 된다.

〈일원 카이제곱 검정에서 확률적 개념이 없는 경우의 기대빈도〉

구분	월	화	수	목	금	합계
관찰빈도	90	72	43	52	88	345
기대빈도	69	69	69	69	69	345

- 일원 카이제곱 검정 중 확률적 개념이 있는 경우에 기대빈도는 전체 데이터 합계에서 각 데이터에 해당하는 확률을 곱해서 연산한다.

- 예를 들어 제품 판매량의 비율이 A 제품 53%, B 제품 17%, C 제품 30%이고, S공장의 A, B, C 제품 보유 대수가 각각 350대, 420대, 270대라고 할 때 관찰빈도와 기대빈도를 계산하면 다음과 같다.

〈일원 카이제곱 검정에서 확률적 개념이 있는 경우 기대빈도〉

구분	A	B	C	합계
관찰빈도	350	420	270	1,040
기대빈도	551(1,040×0.53)	177(1,040×0.17)	312(1,040×0.3)	1,040

- 이원 카이제곱 검정의 경우 기대빈도는 $\dfrac{\text{행의 합계} \times \text{열의 합계}}{\text{전체 합계}}$와 같이 연산된다.

- 예를 들어 C 도시의 남성과 여성이 각각 600명, 400명 있고, 이들 중 남성 흡연자의 비율이 30%이고, 여성 흡연자의 비율이 25%라고 했을 때 관찰빈도는 다음과 같다.

〈C도시의 성별에 따른 흡연자 관찰빈도〉

구분	남자	여자	합계
흡연	180	100	280
비흡연	420	300	720
합계	600	400	1,000

● 관찰빈도를 기준으로 기대빈도를 연산할 경우 결과는 다음과 같다.

〈C 도시의 성별에 따른 흡연자 기대빈도〉

	남자	여자	합계
흡연	$168\left(\dfrac{280 \times 600}{1,000}\right)$	$112\left(\dfrac{280 \times 400}{1,000}\right)$	280
비흡연	$432\left(\dfrac{720 \times 600}{1,000}\right)$	$288\left(\dfrac{720 \times 400}{1,000}\right)$	720
합계	600	400	1,000

2-2 회귀 분석

● 로지스틱 회귀 분석은 statsmodels 패키지의 logit 모듈을 활용하여 분석 가능하다.
● 와인 데이터를 활용하여 와인의 종류를 종속변수로 예측할 때, alcohol, ash, magnesium, hue를 독립변수로 활용하여 로지스틱 회귀 모형을 실시하였을 때, alcohol 변수의 회귀계수값을 구해본다.
● 다음은 로지스틱 회귀 분석의 코드 구조를 나타낸 것이다.

```
from statsmodels.formula.api import logit

logit('종속변수명 ~ 독립변수명1+독립변수명2+독립변수명3', data=df 이름).fit
( ).summary( )
```

〈로지스틱 회귀 분식 코드 구조〉

● 다음은 로지스틱 회귀 분석의 전체 코드 및 분석 결과를 나타낸 것이다.

```
import pandas as pd

#데이터 로드
df=pd.read_csv('https://raw.githubusercontent.com/JEunJin/BigData_
python/master/bigdata_csvfile/wine_data.csv')
df=df.iloc[:100,:]
df.rename(columns={'class':'type'}, inplace=True)
#print(df.info())

#로지스틱 회귀 분석
from statsmodels.formula.api import logit

result=logit('type~alcohol + ash + magnesium + hue', data=df).fit(
).summary()
print(result)
```

```
Optimization terminated successfully.
         Current function value: 0.189737
         Iterations 8
                        Logit Regression Results
==============================================================================
Dep. Variable:                   type   No. Observations:                  100
Model:                          Logit   Df Residuals:                       95
Method:                           MLE   Df Model:                            4
Date:                Mon, 15 Jan 2024   Pseudo R-squ.:                  0.7197
Time:                        11:03:17   Log-Likelihood:                -18.974
converged:                       True   LL-Null:                       -67.686
Covariance Type:            nonrobust   LLR p-value:                 3.476e-20
==============================================================================
                 coef    std err          z      P>|z|      [0.025      0.975]
------------------------------------------------------------------------------
Intercept     57.5700     12.919      4.456      0.000      32.250      82.890
alcohol       -4.3059      0.970     -4.439      0.000      -6.207      -2.405
ash           -2.9079      1.650     -1.763      0.078      -6.141       0.326
magnesium     -0.0286      0.029     -0.975      0.330      -0.086       0.029
hue            7.6654      3.703      2.070      0.038       0.407      14.924
==============================================================================
```

〈로지스틱 회귀 분석 전체 코드 및 분석 결과〉

- 와인 데이터를 로드하고, 로지스틱 회귀 분석의 경우 종속변수 값이 0 또는 1일 때 분석이 가능하므로, 종속변수 값을 0~1로 슬라이싱한다.
- 종속변수인 class 칼럼 명칭의 혼동을 피하기 위해 칼럼명을 type으로 바꾸고, 로지스틱 회귀 분석을 한다.
- 분석 결과를 확인하면 상단의 Dep. Variable에서 목표변수로 type을 사용하였고, Model 부분에서 로지스틱 회귀 모형을 사용하여 분석했다는 사실을 알 수 있다.
- 분석 결과의 하단 내용을 보면 통계량을 확인할 수 있다.
- coef는 각 독립변수들의 logit 함수 계수(오즈비에 자연상수 e에 대한 로그 씌운 값)로서 0에 가까울수록 종속변수에 미치는 영향이 적고, 0에서 멀어질수록 종속변수에 대한 영향이 크다고 해석할 수 있다.
- std err는 표준오차를 나타내고, z는 z-score를 나타내며, p>|z|는 p-value를 나타낸 것이다.
- 0.025와 0.975는 각각 유의수준 0.05일 때 회귀계수의 신뢰구간의 하한값과 상한값을 나타낸 것이다.
- 로지스틱 회귀 분석 결과를 통해 독립변수 alcohol의 회귀계수는 -4.3059인 것을 확인할 수 있다.

 용어 설명 **로짓(logit)** : 승산비(Odds, 오즈비)에 로그값을 취한 함수로 Odds + Log의 합성어이다.

- 다음은 로지스틱 회귀 분석 결과표에 대한 해석을 나타낸 것이다.

〈로지스틱 회귀 분석 결과표 해석〉

순서	이름	설명
1	Dep. Variable	종속변수(Dependent variable)
2	Model	회귀 분석 모델링 방법(Logit : 로지스틱 회귀 분석)
3	Method	회귀 분석에 사용된 메서드(MLE : 최대 우도법)
4	No. Observations	총 표본의 수

순서	이름	설명
5	Df Residuals	• 잔차의 자유도(전체 표본 개수에서 측정되는 변수들의 개수를 뺀 것) • 잔차 자유도 = 표본 수 – 종속변수 개수 – 독립변수 개수
6	Df Model	독립변수 개수
7	Pseudo R-squ	• 맥파든 의사결정계수(McFadden pseudo R square) • 로지스틱 회귀 모형의 성능을 나타낸다. • 0~1의 범위로 1에 가까울수록 모델의 성능이 좋다.
8	Log-Likelihood	로그 우도함수
9	Intercept	• 회귀식의 절편 • 모든 독립변수가 0일 때의 종속변수의 로그 오즈비로 독립변수의 영향을 고려하지 않았을 때 종속변수의 기본 수준을 나타낸다.
10	coef	로지스틱 회귀계수
11	std err	• 계수 추정치의 표준오차 • 값이 작을수록 모델의 성능이 좋다고 해석
12	z	• z-값(z-score) • $z\text{-score} = \dfrac{\text{회귀계수 추정치(coef)}}{\text{회귀계수 표준오차(stderr)}}$ • 회귀계수가 표준편차에 몇 배 정도 떨어져 있는지 나타낸다.
13	P⟩|z|	• p_value • 독립변수들의 유의확률로 이 수치가 0.05보다 작아야 해당 모델이 유의미하다고 해석
14	[0.025 0.975]	• 유의수준 0.05일 때 해당 회귀계수의 신뢰구간 • 신뢰구간이 넓은 경우 해당 회귀계수 추정치의 불확실성이 높다는 것을 의미한다. • 즉, 신뢰구간이 넓다는 것은 해당 회귀계수의 추정치가 정확하게 결정되지 못하고 더 많은 범위의 값들의 가능성으로 고려되고 있는 것을 의미한다.

- 선형 회귀 분석은 statsmodels 패키지의 OLS 함수를 활용하여 분석 가능하다.
- 심혈관계 질환 데이터를 활용하여 몸무게(weight), 콜레스테롤 수치(cholesterol), 흡연 여부(smoke)를 활용하여 심혈관 질환 유무(cardio)를 예측하는 다중 선형 회귀 모델을 만들려고 한다. 이때, cholesterol의 회귀계수를 구해본다. (단, 반올림하여 소수점 3자리까지 표시)
- 다음은 심혈관계 질환 데이터에 대한 설명을 나타낸 것이다.

〈심혈관계 질환 데이터 설명〉

순서	칼럼명	설명
1	id	건강검진 대상자 ID
2	age	나이
3	gender	성별(1 : 여성, 2 : 남성)
4	height	키
5	weight	몸무게
6	ap_hi	수축기 혈압
7	ap_lo	확장기 혈압
8	cholesterol	콜레스테롤 수치(1 : 정상, 2 : 위험, 3 : 고위험)
9	gluc	포도당 수치(1 : 정상, 2 : 위험, 3 : 고위험)
10	smoke	흡연 여부(0 : 비흡연, 1 : 흡연)
11	alco	알코올 섭취 여부(0 : 미섭취, 1 : 섭취)
12	active	신체 활동 여부(0 : 비활동, 1 : 활동)
13	cardio	심혈관 질환 유무(목표변수)

- 다음은 다중 선형 회귀 분석의 전체 코드 및 분석 결과를 나타낸 것이다.

```
import pandas as pd

#데이터 로드
df=pd.read_csv('https://raw.githubusercontent.com/JEunJin/BigData_
python/master/bigdata_csvfile/cardiovascular_disease_dataset.csv',
delimiter=';')
```

```
#print(df.info( ))
#print(df.head( ))

#다중 선형 회귀 분석
import statsmodels.api as sm

X = sm.add_constant(df[['weight','cholesterol','smoke']])
model = sm.OLS(df['cardio'],X)
result = model.fit( )

#다중 선형 회귀 분석 결과 출력
print(result.summary( )) #전체 결과
print(round(result.params['cholesterol'], 3)) #cholesterol' 회귀계수
```

```
                          OLS Regression Results
==============================================================================
Dep. Variable:               cardio   R-squared:                   0.073
Model:                          OLS   Adj. R-squared:              0.073
Method:               Least Squares   F-statistic:                 1830.
Date:              Mon, 15 Jan 2024   Prob (F-statistic):           0.00
Time:                      12:16:53   Log-Likelihood:             -48162.
No. Observations:             70000   AIC:                       9.633e+04
Df Residuals:                 69996   BIC:                       9.637e+04
Df Model:                         3
Covariance Type:          nonrobust
==============================================================================
                 coef    std err          t      P>|t|      [0.025      0.975]
------------------------------------------------------------------------------
const         -0.0965      0.010     -9.810      0.000      -0.116      -0.077
weight         0.0054      0.000     42.140      0.000       0.005       0.006
cholesterol    0.1466      0.003     54.238      0.000       0.141       0.152
smoke         -0.0495      0.006     -7.696      0.000      -0.062      -0.037
==============================================================================
Omnibus:                 292868.519   Durbin-Watson:               1.986
Prob(Omnibus):                0.000   Jarque-Bera (JB):         8705.864
Skew:                         0.037   Prob(JB):                     0.00
Kurtosis:                     1.274   Cond. No.                     410.
==============================================================================

Notes:
[1] Standard Errors assume that the covariance matrix of the errors is correctly specified.
0.147
```

〈다중 선형 회귀 분석의 전체 코드 및 분석 결과〉

- df 변수에 심혈관계 질환 데이터를 로드하여 저장한다. read_csv( ) 함수의 매개변수 delimiter는 데이터의 구분자를 의미한다.
- 따라서 delimiter=';'의 경우 데이터가 ;기호를 구분자로 작성된 것을 의미한다.
- X변수 분석에 사용되는 독립변수인 weight, cholesterol, smoke를 추가하여 저장한다.
- statsmodels 패키지의 OLS( ) 함수를 사용하여 독립변수와 종속변수를 지정하고, 이에 대한 선형 회귀 분석을 한 결과를 model 변수에 저장한다.
- fit( ) 함수를 사용하여 모델을 학습하고, summary( ) 함수를 사용하여 분석 결과를 확인할 수 있다.
- 분석 결과를 확인해보면 cholesterol의 회귀계수는 0.1466이고, 이를 반올림하여 소수점 3자리까지 표현할 경우 0.147로 표시할 수 있다.
- 다음은 다중 선형 회귀 분석 결과표에 대한 해석을 나타낸 것이다.

〈다중 선형 회귀 분석 결과표 해석〉

순서	이름	설명
1	Dep. Variable	종속변수(Dependent variable)
2	Model	회귀 분석 모델링 방법(OLS : 최소제곱법)
3	Method	회귀 분석에 사용된 메서드(Least Squared : 최소제곱법)
4	No. Observations	총 표본의 수
5	Df Residuals	• 잔차의 자유도(전체 표본 개수에서 측정되는 변수들의 개수를 뺀 것) • 잔차 자유도=표본 수−종속변수 개수−독립변수 개수
6	Df Model	독립변수 개수
7	R-Squared	결정계수(0~1의 범위로 1에 가까울수록 모델의 성능이 좋다.)
8	Adj.R-Squared	데이터에 따라 조정된 결정계수
9	F-statistics	• F-통계량$\left(\dfrac{\text{MSR(회귀제곱평균)}}{\text{MSE(잔차제곱평균)}}\right)$ • 0에 가까울수록 모델의 성능이 좋다.

순서	이름	설명
10	Prob	회귀식의 유의미한 정도로 0.05 이하인 경우 회귀식이 유의미함을 의미한다.
11	AIC	• Akaike Information Criterion의 약자 • 회귀 모델 성능지표 중 하나로 AIC가 작을수록 모형이 실제 자료의 분포와 유사하다고 해석
12	BIC	• Bayesian Information Criterion의 약자 • 회귀 모델 성능지표 중 하나로 BIC가 작을수록 모델의 예측력이 좋다고 해석
13	const	• 상수항(Constant term) • 회귀식의 y절편
14	coef	회귀계수
15	std err	• 계수 추정치의 표준오차 • 값이 작을수록 모델의 성능이 좋다고 해석
16	t	• T 검정 통계량 • 독립변수와 종속변수 사이의 상관관계로 값이 클수록 상관관계가 크다고 해석
17	P>|t|	• p_value • 독립변수들의 유의확률로 이 수치가 0.05보다 작아야 해당 모델이 유의미하다고 해석
18	[0.025 0.975]	• 유의수준 0.05일 때 해당 회귀계수의 신뢰구간 • 신뢰구간이 넓은 경우 해당 회귀계수 추정치의 불확실성이 높다는 것을 의미한다. • 즉, 신뢰구간이 넓다는 것은 해당 회귀계수의 추정치가 정확하게 결정되지 못하고 더 많은 범위의 값들의 가능성으로 고려되고 있는 것을 의미한다.
19	Omnibus	• 디아고스티노 검정(D'Angostino's Test) • 첨도와 왜도를 결합한 정규성 테스트로 값이 클수록 데이터가 정규분포를 따른다는 것을 의미한다.
20	Prob(Omnibus)	• 디아고스티노 검정이 유의한지 판단하는 척도 • 이 수치가 0.05 이하일 경우 디아고스티노 검정이 유의하다고 판단

순서	이름	설명
21	Durbin-Watson	• 더빈 왓슨 정규성 검정 • 잔차의 독립성 여부 확인 • 1.5~2.5일 때, 잔차들이 독립적이고 회귀 모델에 적합하다고 판단, 0 또는 4에 가까울수록 잔차들이 자기상관을 갖고 있어 회귀 모델에 부적합하다고 판단
22	Jarque-Bera(JB)	• 자크 베라 정규성 검정 • 값이 클수록 정규분포의 데이터를 사용했다는 것을 의미한다.
23	Cond. No	• 다중공선성(Multicollinearity) 검정 • 독립변수 사이에 상관관계가 있는지 검정 • 10 이상일 경우 다중 공선성 문제가 있다고 판단
24	skew	• 왜도 • 평균 주위의 잔차들의 대칭 여부로 0에 가까울수록 대칭이고, 음수일 경우 오른쪽으로 기울고, 양수일 경우 왼쪽으로 기운 형태
25	kurtosis	• 첨도 • 잔차들의 분포 모양으로 0에 가까울수록 정규분포이고, 음수일 경우 평평한 형태, 양수일 경우 뾰족한 형태

 용어 설명

상수항

• 선형 회귀 모델에서는 종속변수(Y)와 독립변수(X) 간의 관계를 설명하는 선형 방정식을 만든다. 이때 상수항은 회귀식의 y절편을 의미한다.

• 예를 들어, 다음과 같은 단순 선형 회귀식이 있다고 가정해 보자.

$$Y = \beta_0 + \beta_1 X + \varepsilon$$

여기서, β_0는 상수항이고, X는 독립변수, Y는 종속변수이다. β_1은 독립변수 X의 계수, ε은 오차를 의미한다. 이때 상수항은 독립변수 X가 0일 때의 Y값을 나타낸다.

• 결과표에서 const는 상수항으로 회귀 분석 모델을 적합(Fit)할 때, 절편의 값이 얼마인지를 나타낸다.

• 즉, 상수항은 회귀 분석 결과에 있어서 모든 독립변수가 0일 때의 종속변수의 예측값을 나타내며, 회귀선의 Y절편을 의미한다.

참고 • 정규분포 첨도 값 3은 무엇인가요?
  – 첨도(Kurtosis)의 기본적인 정의에 의하면 첨도 값이 3에 가까울수록 정규분포의 구조를 가지지만, 일반적으로 정규분포의 첨도를 0으로 만들기 위해 3을 빼서 정의하는 경우가 많다.
  – 이렇게 정규분포가 0이 되게 정의하는 첨도를 초과 첨도(Excess Kurtosis)라고 한다.

• **첨도와 왜도**
  – 첨도(Kurtosis) : 데이터 분포의 뾰족한 정도를 나타내는 통계량
  – 왜도(Skewness) : 데이터 분포의 기울어진 정도를 나타내는 통계량

• **첨도와 왜도 그래프**

첨도 = 0

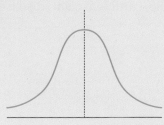

왜도 = 0

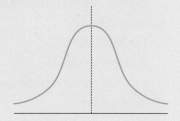

첨도 > 0
(= 첨용)

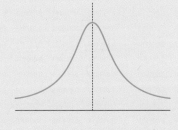

왜도 > 0 (우측꼬리)

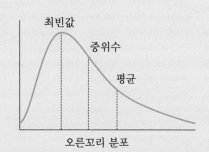

오른꼬리 분포

첨도 < 0
(= 평용)

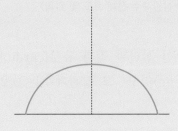

왜도 < 0 (좌측꼬리)

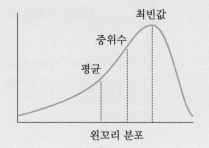

왼꼬리 분포

- 동일한 심혈관계 질환 데이터를 활용하여 목표변수(cardio, 심혈관 질환 유무)와 가장 큰 상관계수를 갖는 변수의 이름과 그 상관계수를 구해본다.

- 다음은 심혈관계 질환 데이터의 상관계수 전체 코드 및 결과를 나타낸 것이다.

```python
import pandas as pd

#데이터 로드
df=pd.read_csv('https://raw.githubusercontent.com/JEunJin/BigData_
python/master/bigdata_csvfile/cardiovascular_disease_dataset.csv',
delimiter=';')
#print(df.info())
#print(df.head())
corr = df.corr(method='pearson')
display(corr)
```

	id	age	gender	height	weight	ap_hi	ap_lo	cholesterol	gluc	smoke	alco	active	cardio
id	1.000000	0.003457	0.003502	-0.003038	-0.001830	0.003356	-0.002529	0.006106	0.002467	-0.003699	0.001210	0.003755	0.003799
age	0.003457	1.000000	-0.022811	-0.081515	0.053684	0.020764	0.017647	0.154424	0.098703	-0.047633	-0.029723	-0.009927	0.238159
gender	0.003502	-0.022811	1.000000	0.499033	0.155406	0.006005	0.015254	-0.035821	-0.020491	0.338135	0.170966	0.005866	0.008109
height	-0.003038	-0.081515	0.499033	1.000000	0.290968	0.005488	0.006150	-0.050226	-0.018595	0.187989	0.094419	-0.006570	-0.010821
weight	-0.001830	0.053684	0.155406	0.290968	1.000000	0.030702	0.043710	0.141768	0.106857	0.067780	0.067113	-0.016867	0.181660
ap_hi	0.003356	0.020764	0.006005	0.005488	0.030702	1.000000	0.016086	0.023778	0.011841	-0.000922	0.001408	-0.000033	0.054475
ap_lo	-0.002529	0.017647	0.015254	0.006150	0.043710	0.016086	1.000000	0.024019	0.010806	0.005186	0.010601	0.004780	0.065719
cholesterol	0.006106	0.154424	-0.035821	-0.050226	0.141768	0.023778	0.024019	1.000000	0.451578	0.010354	0.035760	0.009911	0.221147
gluc	0.002467	0.098703	-0.020491	-0.018595	0.106857	0.011841	0.010806	0.451578	1.000000	-0.004756	0.011246	-0.006770	0.089307
smoke	-0.003699	-0.047633	0.338135	0.187989	0.067780	-0.000922	0.005186	0.010354	-0.004756	1.000000	0.340094	0.025858	-0.015486
alco	0.001210	-0.029723	0.170966	0.094419	0.067113	0.001408	0.010601	0.035760	0.011246	0.340094	1.000000	0.025476	-0.007330
active	0.003755	-0.009927	0.005866	-0.006570	-0.016867	-0.000033	0.004780	0.009911	-0.006770	0.025858	0.025476	1.000000	-0.035653
cardio	0.003799	0.238159	0.008109	-0.010821	0.181660	0.054475	0.065719	0.221147	0.089307	-0.015486	-0.007330	-0.035653	1.000000

〈심혈관계 질환 데이터의 상관계수 전체 코드 및 결과〉

- 상관계수 분석 결과 목표변수인 심혈관 질환 유무(cardio)와 가장 높은 상관관계를 갖는 변수는 나이(age)였고, 그 상관계수는 0.238159로 확인되었다.

2-3   T-검정

- T-검정 통계량인 T-값은 두 집단이 평균적으로 얼마나 차이가 나는지를 표현한 수치로서 T-값이 클수록 두 대상의 평균 차이가 크다고 해석할 수 있다.
- 단일표본 T-검정의 경우 stats 모듈의 ttest_1samp( ) 함수를 사용하고, 독립표본 T-검정의 경우 stats 모듈의 ttest_ind( ) 함수를 사용한다. 대응표본 T-검정의 경우 stats 모듈의 ttest_rel( ) 함수를 사용한다.
- 당뇨약 복용 전과 후의 혈당 데이터가 주어진 상태에서 당뇨약의 치료 효과가 있는지 대응(쌍체)표본 T-검정을 통해 검정 통계량을 확인하고, p-value를 구해본다. (단, 유의수준은 0.05로 한다.)
- 이 경우 귀무가설은 당뇨약 복용 전과 후의 혈당의 차이가 없다는 것이고, 대립가설은 당뇨약 복용 전과 후의 혈당 차이가 있다는 것을 의미한다.
- 즉, 귀무가설(H_0)은 $\mu \geq 0$이고, 대립가설(H_1)은 $\mu < 0$이다. (μ : 약 복용 후- 약 복용 전 혈당의 평균)
- 약 복용 후 수치가 낮고, 약 복용 전 수치가 높으면 약 효과가 있다는 것을 의미하고, 이 경우 평균(μ) 값이 음수가 된다. 반면, 약 복용 후 수치가 높고, 약 복용 전 수치가 낮으면 약 효과가 없다는 것을 의미하고, 이 경우 평균값이 0 또는 양수가 된다.
- 다음은 T-검정 전체 코드 및 분석 결과를 나타낸 것이다.

```
import pandas as pd

#데이터 로드
before = pd.DataFrame({'before': [130, 140, 170, 200, 190, 135, 158, 167,
188, 179]},
           index=[1,2,3,4,5,6,7,8,9,10])

after = pd.DataFrame({'after':[105, 120, 145, 179, 182, 122, 132, 158, 162,
155]},
           index=[1,2,3,4,5,6,7,8,9,10])
```

```
df = pd.concat([before, after], axis=1)
#print(df)

#T-검정
from scipy import stats
t_stats, p_val = stats.ttest_rel(df['after'], df['before'], alternative='less')
print('t_stats : ', t_stats)
print('p_value : ', p_val)
```

```
t_stats : -8.78962258362523
p_value : 5.178217802151093e-06
```

〈T-검정 전체 코드 및 분석 결과〉

- T-검정 결과 검정 통계량은 약 −8.799로 확인되었고, p_value는 유의수준 0.05보다 작은 것으로 확인되어 귀무가설을 기각하고, 대립가설을 채택할 수 있다.

- 즉, T-검정 결과를 통해 해당 당뇨약의 약 효과가 있다고 해석할 수 있다.

- 단측 검정(one-sided test)의 경우 alternative 인수를 'greater' 또는 'less'로 설정하고, 양측 검정(two-sided-test)의 경우 alternative 인수를 'two-sided'로 설정한다.

- 대립가설이 특정 수치보다 크다고 설정하고 싶은 경우에는 alternative 인수를 'greater'로 설정하고, 특정 수치보다 작다고 설정하고 싶은 경우에는 alternative 인수를 'less'라고 설정한다.

2-4 F-검정

- F-검정(F-test)은 두 모집단의 분산 차이가 있는지를 검정하는 방법으로 F-값(검정 통계량)이 클수록 두 집단 간의 분산 차이가 존재하는 것을 의미한다.

- F-검정은 scipy 패키지의 f_oneway 모듈을 활용하여 분석 가능하다.
- 귀무가설(H_0)은 $\sigma_1^2 = \sigma_2^2$이고, 대립가설(H_1)은 $\sigma_1^2 \neq \sigma_2^2$이다. ($\sigma_1^2$: 첫 번째 집단의 모분산, σ_2^2 : 두 번째 집단의 모분산)
- 1년 동안 두 지점에 대한 자동차 판매 대수 데이터를 활용하여 F-검정을 하고, 검정 통계량과 p_value를 확인해본다. (단, 유의수준은 0.05로 하고, 검정 통계량은 반올림하여 소수점 3자리까지 표시한다.)
- 다음은 F-검정 전체 코드 및 결과를 나타낸 것이다.

```
#자동차 판매 데이터 생성
car_store1 = [40,30,75,13,15,20,55,28,37,45,72,100]
car_store2 = [22,45,32,11,20,33,80,72,68,55,80,90]

#F-검정
from scipy.stats import f_oneway

f_stats, p_val = f_oneway(car_store1, car_store2)
print('F_stats : ', round(f_stats, 3))
print('p_value : ', p_val)
```

```
F_stats : 0.349
p_value : 0.5605591324549977
```

〈F-검정 전체 코드 및 결과〉

- 분석 결과 F-통계량은 0.349로 확인되었고, p_value는 약 0.56으로 유의수준인 0.05보다 크기 때문에 귀무가설을 채택하게 된다.

부록

- 모의고사
- 기출 복원문제

한국데이터산업진흥원 공개 예시 문제

- 한국데이터산업진흥원에서 공개한 예시 문제를 활용하여 출제 경향을 파악할 수 있도록 한다.
- 예시 문제는 한국데이터산업진흥원에서 공개한 시험 환경(구름, goorm)에서 확인할 수 있고, 예시 문제는 유형별로 한 문제씩 제공된다.
- 다음은 시험 환경 체험 사이트 주소이다.

> https://dataq.goorm.io/exam/3/%EC%B2%B4%ED%97%98%ED%95%98%EA%B8%B0/quiz/1

〈시험 환경 체험 사이트 주소〉

- 시험 환경 체험 사이트는 위의 주소를 활용하거나 한국데이터산업진흥원 홈페이지의 공지사항의 글을 통해서도 접근할 수 있다.
- 다음은 한국데이터산업진흥원 홈페이지(https://www.dataq.or.kr/www/main.do)를 통한 시험 환경 체험 사이트 접근 방법을 나타낸 것이다.

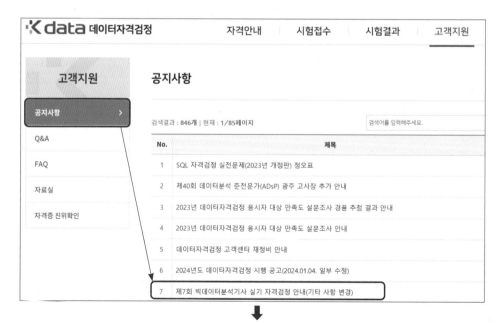

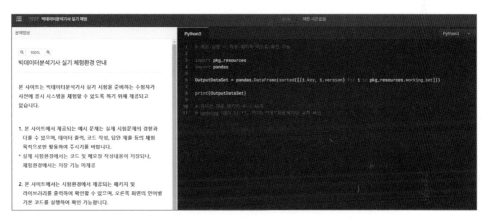

〈한국데이터산업진흥원 홈페이지를 통한 시험 환경 체험 사이트 접근 방법〉

● 시험 환경에서는 자동완성 기능이 지원되지 않으니 시험에 자주 사용되는 패키지 및 알고리즘 구조를 반드시 암기할 수 있도록 한다.

작업형 1유형

● 다음은 한국데이터산업진흥원에서 제공하는 작업형 1유형 예시 문제이다.

(체험) 제1유형 (풀이용)

제공된 데이터(**data/mtcars.csv**)의 **qsec** 칼럼을 최소-최대 척도 (**Min-Max Scale**)로 변환한 후 **0.5**보다 큰 값을 가지는 레코드 수를 【제출 형식】에 맞춰 답안 작성 페이지에 입력하시오.

【제출 형식】
　㉠ 정수(**integer**)로 입력
　　(단, 소수점을 포함한 경우 소수점 첫째 자리에서 반올림하여 계산)
　㉡ 정수 답안만 입력

〈작업형 1유형 예시 문제〉

● 작업형 1유형의 주요 작업은 qsec 칼럼을 대상으로 최소−최대 정규화로 변환하고, 변환된 데이터 값이 0.5보다 큰 값의 데이터 수를 출력하는 것이다.

● 다음은 작업형 1유형 문제의 답안 코드 및 결과를 나타낸 것이다.

```
import pandas as pd

df = pd.read_csv("data/mtcars.csv")
#print(df.info())

from sklearn.preprocessing import MinMaxScaler

mm=MinMaxScaler()
df['qsec'] = mm.fit_transform(df[['qsec']])
#print(df['qsec'])

result = df['qsec'] > 0.5
#print(result) #result 전체 데이터
print(result.sum()) #0.5 보다 큰 값의 개수

9
```

〈작업형 1유형 문제의 답안 코드 및 결과〉

- df 변수에 전체 데이터를 불러온 뒤, info( ) 함수를 사용하여 데이터 구조를 출력하여 확인한다.
- sklearn 패키지의 MinMaxScaler 모듈을 활용하여 문제에서 주어진 qsec 칼럼을 대상으로 최소-최대 정규화를 진행한 뒤, 그 정규화 값이 0.5보다 큰 데이터의 수치를 출력한다.
- 작업형 1유형과 3유형은 풀이용 공간에서 코드를 작성하고, 반드시 답안 작성 페이지에서 결괏값을 입력한 후에 제출해야 한다.
- 다음은 작업형 1유형 답안 제출 화면을 나타낸 것이다. 제출 형식을 반드시 준수하고, 정답을 입력한 뒤 제출할 수 있도록 한다.

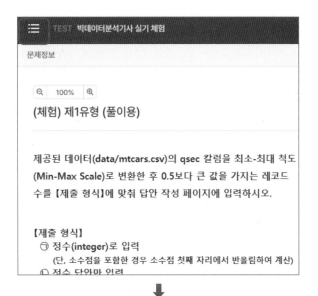

(체험) 제1유형 (답안제출)

(체험) 제1유형 (답안제출) ⓔ주관식

제공된 데이터(data/mtcars.csv)의 qsec 칼럼을 최소-최대 척도(Min-Max Scale)로 변환한 후 0.5보다 큰 값을 가지는 레코드 수를 【제출 형식】에 맞춰 입력하시오.

【제출 형식】
 ㉠ 정수(integer)로 입력
   (단, 소수점을 포함한 경우 소수점 첫째 자리에서 반올림하여 계산)

 ㉡ 정수 답안만 입력

■ 빅데이터분석기사 체험환경 가이드 링크

※ 입력 형식 오류 메세지는 숫자 외의 답안을 입력했을 때만 표시됩니다.

답안 9   제출

⬇

(체험) 제1유형 (답안제출) 제출완료

(체험) 제1유형 (답안제출) ⓔ주관식

제공된 데이터(data/mtcars.csv)의 qsec 칼럼을 최소-최대 척도(Min-Max Scale)로 변환한 후 0.5보다 큰 값을 가지는 레코드 수를 【제출 형식】에 맞춰 입력하시오.

【제출 형식】
 ㉠ 정수(integer)로 입력
   (단, 소수점을 포함한 경우 소수점 첫째 자리에서 반올림하여 계산)

 ㉡ 정수 답안만 입력

■ 빅데이터분석기사 체험환경 가이드 링크

※ 입력 형식 오류 메세지는 숫자 외의 답안을 입력했을 때만 표시됩니다.

답안 9   제출

〈작업형 1유형 답안 제출 화면〉

작업형 2유형

● 다음은 한국데이터산업진흥원에서 제공하는 작업형 2유형 예시 문제이다.

(체험) 제2유형

제공된 데이터는 백화점 고객이 1년간 상품을 구매한 속성 데이터이다. 제공된 학습용 데이터(data/customer_train.csv)를 이용하여 백화점 구매 고객의 성별을 예측하는 모델을 개발하고, 개발한 모델에 기반하여 평가용 데이터(data/customer_test.csv)에 적용하여 얻은 성별 예측 결과를 아래 【제출 형식】에 따라 CSV 파일로 생성하여 제출하시오.

* 예측 결과는 <u>ROC-AUC</u> 평가지표에 따라 평가함

* 성능이 우수한 예측 모델을 구축하기 위해서는 데이터 정제, Feature Engineering, 하이퍼 파라미터(hyper parameter) 최적화, 모델 비교 등이 필요할 수 있음. 다만, 과적합에 유의하여야 함.

【제출 형식】

㉠ CSV 파일명 : result.csv (파일명에 디렉토리·폴더 지정불가)
㉡ 예측 성별 칼럼명 : pred
㉢ 제출 칼럼 개수 : pred 칼럼 1개
㉣ 평가용 데이터 개수와 예측 결과 데이터 개수 일치 : **2,482개**

제공 데이터

■ 데이터 목록
① data/customer_train.csv : 학습용 데이터, 3,500개
② data/customer_test.csv : 평가용 데이터, 2,482개
 ☞ 평가용 데이터는 '성별' 칼럼 미제공

■ 데이터 설명

칼럼명	칼럼 설명
회원ID	회원고유번호
총구매액	총 구매금액(원)
최대구매액	구매건당 최대구매금액(원)
환불금액	환불금액(원)
주구매상품	주로 구매한 품목(42개 품목 범주)
주구매지점	주로 구매한 지점명(24개 지점 범주)
방문일수	고객이 방문한 일수(일)
방문당구매건수	총구매건수/방문일수
주말방문비율	주말에 방문한 비율
구매주기	구매 주기(일)
성별	고객 성별(0:여자, 1:남자)

CSV 파일 제출 방법

- CSV 파일명 : result.csv
- 고객 성별 예측 결과 칼럼명 : pred

칼럼명	칼럼 설명
pred	고객의 예측 성별(0:여자, 1:남자)

- 제출 CSV 파일 형식 예시

CSV 파일 예시

```
pred
0
0
0
1
0
1
1
......
0
```

* **pred 칼럼 데이터 개수는 2,482개**

- CSV 파일 확인 방법 : 생성된 파일을 아래 예시에 따라 출력하여 확인

Python 예시	R 예시
import pandas as pd result = pd.read_csv("result.csv") print(result)	result = read.csv("result.csv") print(result)

〈작업형 2유형 예시 문제〉

- 작업형 2유형의 주요 작업은 데이터 전처리 작업 후에 적합한 분석 모델을 모델링하여 목표변수인 성별을 분류하는 것이다.
- 모델 성능 평가 기준을 잘 확인하여 학습 데이터로 모델링한 모델의 성능을 확인하면서 모델을 리모델링한다.
- 대부분의 경우 작업형 2유형의 학습 데이터와 테스트 데이터가 구분되어 제공되고, 테스트 데이터에는 목표변수가 포함되어있지 않다.
- 작업형 2유형의 경우 작업 예측 결과를 csv 파일 형태로 저장하고, 제출해야 한다.
- 제출 파일 형태 및 이름에 대한 규정이 주어지고, 이에 대한 부분 점수가 있으므로 제출 형식을 주의 깊게 살펴보고, 작업할 수 있도록 한다.

● 다음은 작업형 2유형 문제의 답안 코드 및 결과를 나타낸 것이다. 작업 완료
후 반드시 우측 상단의 제출 버튼을 눌러 결과를 제출할 수 있도록 한다.

```python
import pandas as pd

#데이터 로드
train = pd.read_csv("data/customer_train.csv")
test = pd.read_csv("data/customer_test.csv")
#print(train.info())
#print(test.info())

#데이터 전처리 (결측값 처리-최빈값, 라벨인코딩)
train['환불금액'].fillna(train['환불금액'].mode()[0], inplace=True)
test['환불금액'].fillna(test['환불금액'].mode()[0], inplace=True)
#print(train.info())
#print(test.info())

from sklearn.preprocessing import LabelEncoder
le = LabelEncoder()

train['주구매상품'] = le.fit_transform(train['주구매상품'])
train['주구매지점'] = le.fit_transform(train['주구매지점'])

test['주구매상품'] = le.fit_transform(test['주구매상품'])
test['주구매지점'] = le.fit_transform(test['주구매지점'])

#데이터 분할
from sklearn.model_selection import train_test_split

X = train.drop(columns=['성별','회원ID'])
y = train['성별']
#print(X)
#print(y)

X_train, X_test, y_train, y_test = train_test_split(X, y, test_size=0.2, random_state=2024)
```

```
#모델링(랜덤 포레스트 분류)
from sklearn.ensemble import RandomForestClassifier

rfc = RandomForestClassifier(n_estimators=150, max_depth=20, random_
state=2024)
rfc.fit(X_train, y_train)
pred = rfc.predict(X_test)

#성능 평가
from sklearn.metrics import roc_auc_score, accuracy_score

roc = roc_auc_score(y_test, pred)
#print('roc:', roc) #0.6023
acc = accuracy_score(y_test, pred)
#print('acc:', acc) #0.6642

#데스트 데이터 활용 예측
test = test.drop(columns=['회원ID'])
pred2 = rfc.predict(test)
#print(pred2.size) #테이스 데이터 개수 2482

#예측 결과 제출 및 확인
pd.DataFrame({'pred': pred2}).to_csv('result.csv', index=False)
print(pd.read_csv('result.csv')) #실제 제출 시에는 주석 처리
```

```
프로세스가 시작되었습니다.(입력값을 직접 입력해 주세요)
>      pred
0        1
1        0
2        0
3        0
4        0
...     ...
2477     1
2478     0
2479     0
2480     0
2481     0

[2482 rows x 1 columns]
프로세스가 종료되었습니다.
```

〈작업형 2유형 문제의 답안 코드 및 결과〉

- train과 test 변수에 각각 train 데이터와 test 데이터를 불러온 뒤, info( ) 함수를 활용하여 데이터의 전체적인 구조를 파악한다.
- info( ) 함수로 확인된 결측값을 최빈값으로 대체하고, 다시 한번 info( ) 함수를 활용하여 결측값 처리 여부를 확인한다.
- inplace=True의 경우 실제 원본 데이터에 수정 내용을 반영하는 것을 의미한다.
- sklearn 패키지의 LabelEncoder 모듈을 활용하여 텍스트 데이터를 대상으로 수치화하는 라벨인코딩 작업을 한다.
- 학습용 train 데이터를 대상으로 모델링 작업을 하기 위해 데이터를 분할한다.
- 학습용 train 데이터의 테스트 데이터 비율을 0.2로 설정하고, 랜덤하게 데이터를 가져오는 random seed 값인 random_state는 2024로 설정한다.
- 랜덤 포레스트 분류 모델을 활용하여 모델링 작업을 하고, 모델을 학습시킨다.
- 학습된 모델에 학습용 train 데이터의 테스트 데이터(X_test)를 입력하여 분류 결괏값을 예측한 뒤, pred 변수에 분류 결과 내용을 저장한다.
- sklearn 패키지의 roc_auc_score 모듈과 accuracy_score 모듈을 활용하여 train 데이터를 기반으로 학습한 모델의 성능을 평가한다.
- 이때 성능이 좋지 않을 경우 파라미터 최적화, 데이터 전처리 추가 작업, 모델 변경 등의 방법으로 모델의 성능을 높일 수 있는 리모델링 작업을 진행한다.
- test 데이터를 학습한 모델에 적용하여 분류 결과를 예측하고, 그 결과를 pred2 변수에 저장한다.
- test 데이터의 분류 결과를 인덱스를 포함하지 않는 result 이름의 csv 파일 형태로 저장하고, 저장된 데이터를 확인해본다.
- 가장 마지막의 제출 파일 확인 코드(print(pd.read_csv('result.csv')))는 제출 전 최종 확인용으로 사용하고, 실제 제출할 때는 주석 처리 후 제출하도록 한다.

작업형 3유형

● 다음은 한국데이터산업진흥원에서 제공하는 작업형 3유형 예시 문제이다.

(체험) 제3유형 (풀이용)

제공된 데이터(data/Titanic.csv)는 타이타닉호의 침몰 사건에서 생존한 승객 및 사망한 승객의 정보를 포함한 자료이다. 아래 데이터를 이용하여 생존 여부(Survived)를 예측하고자 한다. 각 문항의 답을 【제출 형식】에 맞춰 답안 작성 페이지에 입력하시오. (단, 벌점화(penalty)는 부여하지 않는다.)

제 공 데 이 터

- PassengerId : 승객 번호
- Survived : 생존 여부 (0:사망, 1:생존)
- Pclass : 좌석 클래스 (1: 1등석, 2: 2등석, 3: 3등석)
- Name : 승객 이름
- Gender : 성별 (male: 남성, female: 여성)
- Age : 연령
- SibSp : 동반한 형제/자매 및 배우자 수
- Parch : 동반한 부모 및 자녀 수
- Ticket : 티켓번호
- Fare : 티켓의 요금(달러)
- Cabin : 객실 번호
- Embarked : 탑승지 위치 (C: Cherbourg, Q: Queenstown, S: Southampton)

① Gender와 Survived 변수 간의 독립성 검정을 실시하였을 때, 카이제곱 통계량은? (반올림하여 소수 셋째 자리까지 계산)

② Gender, SibSp, Parch, Fare를 독립변수로 사용하여 로지스틱 회귀모형을 실시하였을 때, Parch 변수의 계수값은? (반올림하여 소수 셋째 자리까지 계산)

③ 위 ②번 문제에서 추정된 로지스틱 회귀모형에서 SibSp 변수가 한 단위 증가할 때 생존할 오즈비(Odds ratio) 값은? (반올림하여 소수 셋째 자리까지 계산)

【제출 형식】
㉠ 소수 넷째 자리에서 반올림하여 소수 셋째 자리까지만 계산

〈작업형 3유형 예시 문제〉

● 작업형 3유형은 1문제당 3개의 소문제로 이루어져 있다. 즉, 출제되는 문제는 크게 2문제이고, 총 6개의 소문제가 출제된다.

● 3유형 역시 작업형 1유형과 같이 풀이용 공간에서 코드를 작성하고, 결괏값을 반드시 답안 작성 페이지에서 입력 후 제출해야 한다.

● ①번 소문제의 경우 카이제곱 검정을 하는 것이 주된 작업이다. ②번 소문제의 경우 로지스틱 회귀 분석을 하는 것이 주된 작업이라고 할 수 있고, ③번 소문제의 경우 ②번 소문제에서 분석한 로지스틱 회귀 분석 모형을 활용하여 오즈비(Odds ratio, 승산비)를 구하는 것이 주된 작업이다.

● 다음은 작업형 3유형 문제의 답안 코드 및 결과를 나타낸 것이다.

```python
import pandas as pd

df = pd.read_csv("data/Titanic.csv")
#print(df.info())

#1번 문제
data = pd.crosstab(df.Gender, df.Survived)
#print(data)

from scipy.stats import chi2_contingency
chi2, p_val, dof, exp = chi2_contingency(data)
print(round(chi2,3)) #260.717

#2번 문제
from statsmodels.formula.api import logit

result1 = logit('Survived ~ Gender + SibSp + Parch + Fare', data = df).fit()
#print(result1.summary()) #전체 summary
print(round(result1.params['Parch'],3)) #-0.201

#3번 문제
import numpy as np
result2=logit('Survived~ Gender + SibSp + Parch + Fare', data=df).fit(
).params
print(np.exp(result2)) #0.702
```

```
260.717
-0.201
Intercept       2.577024
Gender[T.male]  0.071203
SibSp       0.701951
Parch       0.818139
Fare        1.014794
```

〈작업형 3유형 문제의 답안 코드 및 결과〉

- 1번 문제의 경우 분석 대상이 되는 Gender와 Survived 변수를 대상으로 데이터 테이블을 만들고, scipy 패키지의 chi2_contingency 모듈을 활용하여 카이제곱 검정을 실시한다.
- chi2는 카이제곱 통계량을 의미하고, p_val은 p_value를 의미한다. dof는 자유도를 의미하고, exp는 기댓값을 의미한다.
- 2번 문제의 경우 statsmodels 패키지의 logit 모듈을 활용하여 로지스틱 회귀 분석을 실시한다.
- 문제에서 주어진 독립변수 Gender, SibSp, Parch, Fare와 종속변수 Survived를 입력하여 분석하고, Parch 변수의 회귀계수를 확인한다.
- 3번 문제의 경우 로지스틱 회귀 분석 결과를 활용하여 오즈비를 연산할 수 있다.
- 로지스틱 회귀 분석에서 확인되는 회귀계수는 해당 변수가 1 증가함에 따른 로그 승산(Odds)의 변화량을 의미한다.
- 다만 summary( )에서 확인되는 결과는 오즈(Odds)비에 로그를 취한 값이기 때문에 numpy 패키지의 exp( ) 함수를 활용하여 밑이 자연상수 e인 지수 함수로 변환하여 결과를 확인한다.
- 다음은 작업형 3유형 답안 제출 화면을 나타낸 것이다.
- 제출 형식을 반드시 준수하고, 정답을 입력한 뒤 제출할 수 있도록 한다.

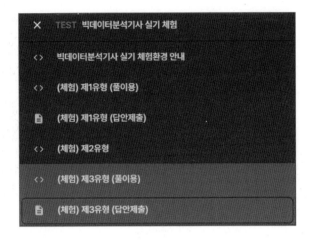

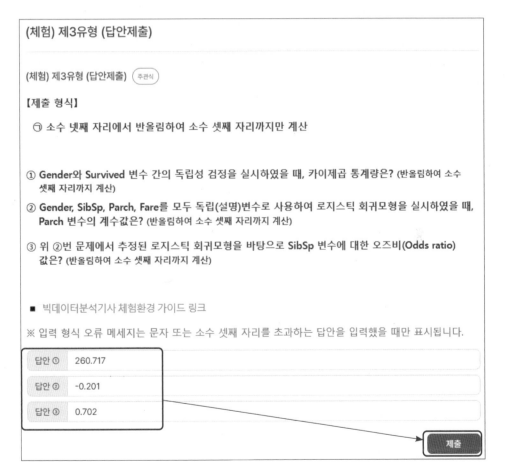

(체험) 제3유형 (답안제출)

(체험) 제3유형 (답안제출) (주관식)

【제출 형식】

　⊙ 소수 넷째 자리에서 반올림하여 소수 셋째 자리까지만 계산

① Gender와 Survived 변수 간의 독립성 검정을 실시하였을 때, 카이제곱 통계량은? (반올림하여 소수 셋째 자리까지 계산)

② Gender, SibSp, Parch, Fare를 모두 독립(설명)변수로 사용하여 로지스틱 회귀모형을 실시하였을 때, Parch 변수의 계수값은? (반올림하여 소수 셋째 자리까지 계산)

③ 위 ②번 문제에서 추정된 로지스틱 회귀모형을 바탕으로 SibSp 변수에 대한 오즈비(Odds ratio) 값은? (반올림하여 소수 셋째 자리까지 계산)

■ 빅데이터분석기사 체험환경 가이드 링크

※ 입력 형식 오류 메세지는 문자 또는 소수 셋째 자리를 초과하는 답안을 입력했을 때만 표시됩니다.

답안 ⓘ	260.717
답안 ⓘ	-0.201
답안 ⓘ	0.702

제출

(체험) 제3유형 (답안제출) 제출완료

(체험) 제3유형 (답안제출) 주관식

【제출 형식】

　㉠ 소수 넷째 자리에서 반올림하여 소수 셋째 자리까지만 계산

① **Gender와 Survived** 변수 간의 독립성 검정을 실시하였을 때, 카이제곱 통계량은? (반올림하여 소수 셋째 자리까지 계산)

② **Gender, SibSp, Parch, Fare**를 모두 독립(설명)변수로 사용하여 로지스틱 회귀모형을 실시하였을 때, **Parch** 변수의 계수값은? (반올림하여 소수 셋째 자리까지 계산)

③ 위 ②번 문제에서 추정된 로지스틱 회귀모형을 바탕으로 **SibSp** 변수에 대한 오즈비(**Odds ratio**) 값은? (반올림하여 소수 셋째 자리까지 계산)

■　빅데이터분석기사 체험환경 가이드 링크

※ 입력 형식 오류 메세지는 문자 또는 소수 셋째 자리를 초과하는 답안을 입력했을 때만 표시됩니다.

답안 ①	260.717
답안 ②	-0.201
답안 ③	0.702

제출

〈작업형 3유형 답안 제출 화면〉

제1회 모의고사

작업형 1유형

문제 1

주어진 공기질(airquality) 데이터를 활용하여 결측값이 가장 많은 칼럼명을 확인하고, 결측값을 최빈값으로 대체한 뒤, 결측값을 대체하기 전 칼럼의 평균과 결측값을 대체하고 난 후의 칼럼 평균의 차이를 구하시오. (단, 연산 결과는 반올림 후 소수점 3자리까지 출력한다.)

데이터
https://raw.githubusercontent.com/JEunJin/BigData_python/master/ bigdata_csvfile/airquality.csv

● 다음은 주어진 공기질 데이터에 대한 설명을 나타낸 것이다.

〈공기질 데이터 설명〉

순서	칼럼명	설명
1	Ozone	오존 지수
2	Solar. R	태양 복사량
3	Wind	풍량
4	Temp	온도
5	Month	월
6	Day	일

● 다음은 작업형 1유형 [문제 1]의 정답 코드 및 결과를 나타낸 것이다.

〈작업형 1유형 [문제 1]의 정답 코드 및 결과〉

```
import pandas as pd

df=pd.read_csv('https://raw.githubusercontent.com/JEunJin/BigData_
python/master/bigdata_csvfile/airquality.csv')
#print(df.info( )) #가장 많은 결측값의 칼럼 : Ozone

#결측값 처리 전 Ozone 평균
before = df['Ozone'].mean( )
#print(before)

#결측값 처리
df['Ozone'].fillna(df['Ozone'].mode( )[0], inplace=True)
#print(df.info( ))

#결측값 처리 후 Ozone 평균
after = df['Ozone'].mean( )
#print(after)

#결과 연산
result = before - after
print(round(result,3))
```

4.626

● df 변수에 원본 데이터를 로드하고, info( ) 함수를 활용하여 원본 데이터의 구조를 확인한다.

● 원본 데이터에서 확인된 결측값을 처리하기 전 Ozone 칼럼의 평균을 연산하여 before 변수에 저장하고, Ozone 칼럼의 결측값을 최빈값으로 대체한다.

● Ozone 칼럼의 결측값을 처리한 뒤의 평균을 연산하여 after 변수에 저장하고, 결측값 처리 전과 후의 평균의 차이를 연산한 뒤 result 변수에 저장한다.

● 저장된 result 결과를 round 함수를 활용하여 반올림 후 소수점 3자리까지 출력한다.

문제 **2** 주어진 와인 데이터의 alcohol 칼럼의 데이터를 최소-최대 정규화한 뒤, alcohol 칼럼의 표준편차를 구하시오. (단, 자유도는 0으로 하고, 연산 결과는 반올림 후 소수점 3자리까지 출력한다.)

데이터
https://raw.githubusercontent.com/JEunJin/BigData_python/master/bigdata_csvfile/wine_data.csv

● 다음은 작업형 1유형 [문제 2]의 정답 코드 및 결과를 나타낸 것이다.

```
import pandas as pd

df=pd.read_csv('https://raw.githubusercontent.com/JEunJin/BigData_
python/master/bigdata_csvfile/wine_data.csv')
#print(df.head())

#최소 최대 정규화
from sklearn.preprocessing import MinMaxScaler
mm=MinMaxScaler()
df['alcohol']=mm.fit_transform(df[['alcohol']])
#print(df.head())

#자유도 0인 표준편차 연산
result = df['alcohol'].std(ddof=0)
print(round(result,3))

0.213
```

〈작업형 1유형 [문제 2]의 정답 코드 및 결과〉

● df 변수에 원본 데이터를 로드하고, head() 함수를 활용하여 원본 데이터의 형태를 확인한다.
● sklearn 패키지의 MinMaxScaler 모듈을 활용하여 alcohol 칼럼의 데이터를 최소-최대 정규화한 뒤, alcohol 칼럼의 표준편차를 구한다. 단, 표준편차의 자유도는 0으로 되어 있으므로 ddof=0으로 설정한다.

- pandas 패키지의 std( ) 함수의 경우 기본값이 표본 표준편차로 자유도가 1 이고(ddof=1), numpy 패키지의 std( ) 함수의 경우 기본값이 모 표준편차로 자유도가 0(ddof=0)이기 때문에 분석 목적에 알맞은 설정값을 사용할 수 있도록 한다.
- 연산된 alcohol 칼럼의 표준편차의 값을 round 함수를 활용하여 반올림 후 소수점 3자리까지 출력한다.

문제 **3**   주어진 심장병 데이터의 chol 칼럼의 이상치 개수를 구하시오. (단, 이상치 범위는 $Q_1 - 1.5 \times IQR$ 이하 또는 $Q_3 + 1.5 \times IQR$ 이상으로 하고, IQR은 $IQR = Q_3 - Q_1$ 과 같이 연산한다. Q_1 : 1사분위 수, Q_3 : 3사분위 수)

데이터
https://raw.githubusercontent.com/JEunJin/BigData_python/master/ bigdata_csvfile/heart_disease_data.csv'

- 다음은 작업형 1유형 [문제 3]의 정답 코드 및 결과를 나타낸 것이다.

```python
import pandas as pd

df=pd.read_csv('https://raw.githubusercontent.com/JEunJin/BigData_
python/master/bigdata_csvfile/heart_disease_data.csv')
#print(df.info( ))
#print(df.head( ))

#이상값 연산 및 출력
Q1 = df['chol'].quantile(.25)
Q3 = df['chol'].quantile(.75)
IQR = Q3-Q1
```

```
lower = df['chol'].values <= Q1-1.5*IQR
#print(lower.sum())
upper = df['chol'].values >= Q3+1.5*IQR
#print(upper.sum())

result = lower | upper
print(result.sum())
```

16

〈작업형 1유형 [문제 3]의 정답 코드 및 결과〉

- df 변수에 원본 데이터를 로드하고, info() 함수와 head() 함수를 활용하여 원본 데이터의 구조 및 형태를 확인한다.

- Q1 변수에 chol 칼럼의 1사분위 값을 저장하고, Q3 변수에 chol 칼럼의 3사분위 값을 저장한다.

- IQR 변수에 Q3값에서 Q1값을 뺀 IQR(사분위 수) 값을 저장한다.

- lower 변수에 이상값 하위 범위의 데이터를 저장하고, upper 변수에 이상값 상위 범위의 데이터를 저장한다.

- result 변수에 이상값 하위 범위 또는 상위 범위에 해당하는 값을 입력하고, sum() 함수를 사용하여 전체 이상값의 개수를 연산한 후에 출력한다.

다음은 심장병 발생에 관련된 데이터셋이다. 다음과 같은 주의사항을 확인하고,
결과를 제출하도록 한다.

데이터
https://raw.githubusercontent.com/JEunJin/BigData_python/master/ bigdata_csvfile/heart_disease_data.csv

〈주의사항〉

1. 전체 데이터 목록 1,025행 중 80%인 820행을 학습용 데이터로 사용하고, 나머지를 테스트 데이터로 사용할 수 있도록 데이터를 슬라이싱한다.
2. 학습용 데이터를 활용하여 분류 모델을 모델링하고, 테스트 데이터에 적용하여 목표 변수를(target) 분류하고, 분류 결과를 제출한다. (단, 제출 결과는 테스트 데이터의 개수인 205행이 될 수 있도록 한다.)
3. 분류 모델 평가지표는 f1-score macro와 roc_auc_score로 한다.
4. 분류 결과는 pred 칼럼을 갖고, 분류 결과를 0 또는 1로 나타내며, index는 표시하지 않는다.
5. 분류 결과 파일명은 다음과 같이 제출한다. (파일명 : result.csv)

● 다음은 작업형 2유형 문제의 정답 코드 및 결과를 나타낸 것이다.

```
import pandas as pd

df=pd.read_csv('https://raw.githubusercontent.com/JEunJin/BigData_
python/master/bigdata_csvfile/heart_disease_data.csv')
#print(df.info())
#print(df.head())

#데이터 슬라이싱
train = df.iloc[:820,:]
test = df.iloc[-205:,:]
#print(train.info())
#print(train.tail())
#print(test.info())
#print(test.head())
```

```
#데이터 분할
from sklearn.model_selection import train_test_split
X = train.drop(columns='target')
y = train['target']

X_train, X_test, y_train, y_test = train_test_split(X, y, test_size=0.2, random_state=123)

#모델링 및 학습
from sklearn.linear_model import LogisticRegression
lr = LogisticRegression()
lr.fit(X_train, y_train)
pred = lr.predict(X_test)
#print(pred)

#모델 성능 평가
from sklearn.metrics import f1_score, roc_auc_score
f1 = f1_score(y_test, pred, average='macro')
print('f1:', f1)
roc = roc_auc_score(y_test, pred)
print('roc:', roc)

#최종 결과 예측
test_X_data = test.drop(columns='target')
#print(test_X_data)
pred2 = lr.predict(test_X_data)
#print(pred2.size)

#결과 제출 및 확인
pd.DataFrame({'pred':pred2}).to_csv('result.csv', index=False)
result = pd.read_csv('result.csv')
print(result)
```

```
f1: 0.876207729468599
roc: 0.8755952380952381
   pred
0     0
1     0
```

```
2      0
3      1
4      0
..    ...
200    1
201    0
202    0
203    1
204    0

[205 rows x 1 columns]
```

〈작업형 2유형 문제의 정답 코드 및 결과〉

- df 변수에 원본 데이터를 로드하고, info( ) 함수와 head( ) 함수를 활용하여 원본 데이터의 구조 및 형태를 확인한다.
- 본 예제의 경우 train 데이터와 test 데이터가 분리되어 있지 않기 때문에 슬라이싱 작업을 통해 train 데이터와 test 데이터를 구분하여 저장한다.
- train 데이터의 독립변수(X)와 종속변수(y)를 지정하고, sklearn 패키지의 train_test_split 모듈을 활용하여 데이터를 분할한다.
- sklearn 패키지의 LogisticRegression 모듈을 활용하여 로지스틱 회귀 분석 모델을 모델링하고, train 데이터를 학습시킨다.
- 학습된 모델에 train 데이터의 테스트 데이터(X_test)를 적용시켜 분류 결괏값을 예측한 뒤, 예측 결과를 pred 변수에 저장한다.
- sklearn 패키지의 f1_score, roc_auc_score 모듈을 활용하여 모델의 성능을 평가한다.
- 단, 모델 성능 평가에 macro f1 score를 사용하기로 되어 있으므로 average='macro'로 설정해준다.
- test 데이터의 독립변수(test_X_data)를 지정하고, 최종 분류 결과를 예측하여 prcd2 변수에 저장한다.
- test 데이터의 예측 결과를 인덱스를 포함하지 않는 result 이름의 csv 파일 형태로 저장하여 제출한다.

문제 1 작업형 3유형 [문제 1]은 신유형으로 처음 변경되었던 6회 실기시험 이전에 한국 데이터산업진흥원에서 작업형 3유형 예시 문제로 최초에 공개했었던 문제이다.

● 제공되는 데이터는 고혈압 환자의 치료 전과 후의 혈압이다. 이러한 치료가 고혈압에 효과가 있는지 대응표본 T−검정을 수행하도록 한다.

데이터
https://raw.githubusercontent.com/JEunJin/BigData_python/master/ bigdata_csvfile/blood_pressure.csv

귀무가설(H_0) : $\mu \geq 0$ 대립가설(H_1) : $\mu < 0$ μ : (치료 후 혈압−치료 전 혈압)의 평균
1. μ의 표본평균을 구하시오. (단, 소수점 둘째 자리까지 반올림한다.)   2. 검정 통계량의 값을 구하시오. (단, 소수점 넷째 자리까지 반올림한다.)   3. p−value 값을 구하시오. (단, 소수점 넷째 자리까지 반올림한다.)   4. 유의수준 5%에서 가설 검정 결과를 구하시오. (대립가설 채택 또는 대립가설 기각)

● 다음은 작업형 3유형 [문제 1]의 정답 코드 및 결과를 나타낸 것이다.

```
import pandas as pd

df=pd.read_csv('https://raw.githubusercontent.com/JEunJin/BigData_
python/master/bigdata_csvfile/blood_pressure.csv')
#print(df.info())
#print(df.head())

from scipy.stats import ttest_rel
df['diff'] = df['bp_after'] - df['bp_before']

#1번 문제
sample_mean = df['diff'].mean()
```

```
print(round(sample_mean, 2))

#2번 문제
t_stats, p_val = ttest_rel(df['bp_after'],df['bp_before'], alternative='less')
print(round(t_stats, 4))

#3번 문제
print(round(p_val, 4))

#4번 문제
print('대립가설 채택') #p_value가 유의수준(0.05)보다 작기 때문에 대립가설 채택
```

```
-5.09
-3.3372
0.0006
대립가설 채택
```

〈작업형 3유형 [문제 1]의 정답 코드 및 결과〉

- T-검정은 두 집단의 평균을 비교하는 검정 방법이다.
- 대응 표본 T-검정의 경우 동일한 표본의 A시점과 B시점을 비교할 때 사용하는 방법으로 주로 특정 약물 혹은 치료 방법에 대해 치료 효과가 있는지 여부를 확인하는 데 사용된다.
- 이 경우 귀무가설은 고혈압 치료 전과 후의 혈압 차이가 없다는 것이고, 대립가설은 고혈압 치료 전과 후의 혈압 차이가 있다는 것을 의미한다.
- 즉, 귀무가설은 해당 치료 방법이 고혈압 치료에 효과적이지 않다는 것을 의미하고, 대립가설은 해당 치료 방법이 고혈압 치료에 효과적이라는 것을 의미하게 된다.
- df 변수에 원본 데이터를 로드하고, info( ) 함수와 head( ) 함수를 활용하여 원본 데이터의 구조 및 형태를 확인한다.
- 1번 문제의 경우 치료 후 혈압 'bp_after' 칼럼의 값과 치료 전 혈압 'bp_before' 칼럼의 값의 차이를 diff 변수에 저장하고, diff 변수의 평균값을 sample_mean 변수에 저장하여 표본평균값을 구한다. 단, 표본평균은 round 함수를 활용하여 반올림 후 소수점 2자리까지 출력한다.

- 2번 문제의 경우 scipy 패키지의 ttest_rel 모듈을 활용하여 대응표본 T-검정을 진행한다. T-검정 결과 T-검정 통계량과 p_value를 확인할 수 있다. 본 예제의 경우 대립가설이 $\mu < 0$이므로 alternative='less'로 설정한다.
- 3번 문제의 경우 T-검정 결과의 p_value를 확인하고, 반올림하여 소수점 넷째 자리까지 연산한 결과이다.
- 4번 문제의 경우 대립가설 기각 혹은 채택 여부를 확인하는 것인데 p_value가 0.0006으로 유의수준인 0.05를 넘지 않았으므로 귀무가설을 기각하고, 대립가설을 채택한다고 해석할 수 있다.

문제 2 제공된 데이터는 타이타닉 생존자 정보 데이터이고, 이 데이터를 활용하여 생존 여부(Survived)를 예측하고자 한다. 각 문항의 답을 제출 형식에 맞춰 제출하시오.

데이터
https://raw.githubusercontent.com/JEunJin/BigData_python/master/bigdata_csvfile/titanic.csv

1. 칼럼 Survived와 가장 큰 상관관계를 갖는 변수의 상관계수를 구하시오. (단, 피어슨 상관계수를 사용한다.) 2. 칼럼 Survived와 가장 큰 상관계수를 갖는 변수 2개를 활용하여 다중 선형 회귀 모형으로 생존 여부(Survived)를 예측할 때, 가장 작은 값을 갖는 회귀계수를 구하시오. 3. 문제 2의 모델에서 확인되는 가장 큰 값의 p_value를 구하시오. (단, 모든 문제의 정답은 반올림하여 소수점 셋째 자리까지 출력한다.)

- 다음은 작업형 3유형 [문제 2]의 정답 코드 및 결과를 나타낸 것이다.

```
import pandas as pd

df=pd.read_csv('https://raw.githubusercontent.com/JEunJin/BigData_
python/master/bigdata_csvfile/titanic.csv')
#print(df.info())
```

```
#print(df.head( ))

#문제 1
corr = df.corr(method='pearson')
#display(corr) #Pclass
result = corr.Pclass.Survived
print(round(result,3))

#문제 2
import statsmodels.api as sm
X = sm.add_constant(df[['Pclass','Fare']])
model = sm.OLS(df['Survived'], X)
result = model.fit( )

print(result.summary( ))
print(round(result.params['Pclass'], 3)) #Pclass 회귀계수

#문제 3
print(0.007) #Fare의 p_value
```

```
-0.338
-0.164
0.007
```

	PassengerId	Survived	Pclass	Age	SibSp	Parch	Fare
PassengerId	1.000000	-0.005007	-0.035144	0.036847	-0.057527	-0.001652	0.012658
Survived	-0.005007	1.000000	-0.338481	-0.077221	-0.035322	0.081629	0.257307
Pclass	-0.035144	-0.338481	1.000000	-0.369226	0.083081	0.018443	-0.549500
Age	0.036847	-0.077221	-0.369226	1.000000	-0.308247	-0.189119	0.096067
SibSp	-0.057527	-0.035322	0.083081	-0.308247	1.000000	0.414838	0.159651
Parch	-0.001652	0.081629	0.018443	-0.189119	0.414838	1.000000	0.216225
Fare	0.012658	0.257307	-0.549500	0.096067	0.159651	0.216225	1.000000

```
                         OLS Regression Results
==============================================================================
Dep. Variable:              Survived   R-squared:                       0.122
Model:                           OLS   Adj. R-squared:                  0.120
Method:                Least Squares   F-statistic:                     61.61
Date:               Tue, 23 Jan 2024   Prob (F-statistic):           8.78e-26
Time:                       10:19:17   Log-Likelihood:                -564.07
No. Observations:                891   AIC:                             1134.
Df Residuals:                    888   BIC:                             1149.
Df Model:                          2
Covariance Type:           nonrobust
==============================================================================
                 coef    std err          t      P>|t|      [0.025      0.975]
------------------------------------------------------------------------------
const          0.7310      0.060     12.197      0.000       0.613       0.849
Pclass        -0.1643      0.022     -7.501      0.000      -0.207      -0.121
Fare           0.0010      0.000      2.714      0.007       0.000       0.002
==============================================================================
Omnibus:                    1030.575   Durbin-Watson:                   1.966
Prob(Omnibus):                 0.000   Jarque-Bera (JB):               88.979
Skew:                          0.456   Prob(JB):                     4.77e-20
Kurtosis:                      1.750   Cond. No.                         246.
==============================================================================
```

〈작업형 3유형 [문제 2]의 정답 코드 및 결과〉

- df 변수에 원본 데이터를 로드하고, info( ) 함수와 head( ) 함수를 활용하여 원본 데이터의 구조 및 형태를 확인한다.
- 1번 문제의 경우 corr 함수를 사용하여 데이터의 상관계수를 확인한다.
- 분석 결과 가장 큰 상관관계를 갖는 변수는 Pclass로 확인되었고, Pclass의 상관계수를 round 함수를 활용하여 반올림 후 소수점 3자리까지 출력한다.
- 2번 문제의 경우 1번 문제에서 확인된 가장 큰 상관관계를 갖는 2개의 변수 (Pclass, Fare)를 활용하여 독립변수 상수항을 만들고, statsmodels 패키지의 OLS( ) 함수를 사용하여 다중 선형 회귀 분석을 진행한 뒤, 그 결과를 확인한다.
- 2개의 변수(Pclass, Fare) 중 작은 값을 갖는 Pclass의 회귀계수를 round 함수를 활용하여 반올림 후 소수점 3자리까지 출력한다.
- 3번 문제의 경우 2번 문제의 다중 선형 회귀 분석 결과 두 변수 중 p_value 값이 큰 변수의 p_vlaue를 구하는 것으로 Fare의 p_value 값을 출력할 수 있다.

제2회 모의고사

작업형 1유형

문제 1

주어진 코로나19 데이터를 활용하여 코로나19 사망자가 가장 많이 발생한 나라의 수치와 사망자가 5번째로 적게 발생한 나라의 수치의 차이를 출력하시오. (단, 중복값은 고려하지 않는다.)

데이터
https://raw.githubusercontent.com/JEunJin/BigData_python/master/bigdata_csvfile/covid_death_bycountry.csv

● 다음은 작업형 1유형 [문제 1]의 정답 코드 및 결과를 나타낸 것이다.

```
import pandas as pd
import numpy as np

df=pd.read_csv('https://raw.githubusercontent.com/JEunJin/BigData_
python/master/bigdata_csvfile/covid_death_bycountry.csv')
#print(df.info())
#print(df.head())

from sklearn.preprocessing import LabelEncoder
le = LabelEncoder()
df['Deaths'] = le.fit_transform(df['Deaths'])

df=df.sort_values('Deaths', ascending=False) #ascending=False 내림차순 정렬
#print(df)
#print(df.tail(10))
max = df['Deaths'].iloc[0]
#print(max) #206 : Marshall Islands
min = df['Deaths'].iloc[-5]
```

```
#print(min) #2 : Mauritius

result = max - min
print(result)
```

```
204
```

〈작업형 1유형 [문제 1]의 정답 코드 및 결과〉

- df 변수에 원본 데이터를 로드하고, info( ) 함수와 head( ) 함수를 활용하여 원본 데이터의 구조 및 형태를 확인한다.
- sklearn 패키지의 LabelEncoder 모듈을 활용하여 Deaths 칼럼의 값을 라벨인코딩하고, Deaths 칼럼 값을 기준으로 내림차순 정렬한다.
- max 변수에 사망자 수가 가장 많이 발생한 수치를 입력하고, min 변수에 사망자 수가 5번째로 적게 발생한 나라의 수치를 입력한다.
- 현재 데이터는 내림차순 정렬이 되어 있으므로 가장 앞쪽의 데이터가 높은 수치를 나타내고, 가장 뒤쪽의 데이터가 낮은 수치를 나타낸다.
- iloc 함수를 활용해서 데이터를 인덱싱할 경우 0은 가장 첫 번째 데이터를 나타내고, -5는 뒤에서 5번째 데이터를 나타낸다.
- 중복되는 데이터는 고려하지 않는다고 하였으니 별도의 데이터 처리 없이 0 혹은 -5 값을 입력하여 데이터를 인덱싱한다.
- result 변수에 최댓값(max)과 최솟값(min)의 차이를 입력하고, 그 결과를 출력한다.

문제 2

다음은 2000년부터 2022년까지 국내의 지역별 출생률, 사망률, 이혼율, 혼인율, 자연 성장률에 대한 데이터이다. 2008년 7월 1일 데이터 중 출생률이 가장 높은 지역의 이름을 출력하시오. (단, 결측값이 포함된 경우 결측값은 해당 칼럼의 중앙값으로 대체한다.)

데이터
https://raw.githubusercontent.com/JEunJin/BigData_python/master/bigdata_csvfile/Korean_demographics_2000-2022.csv

● 다음은 작업형 1유형 [문제 2]의 정답 코드 및 결과를 나타낸 것이다.

```python
import pandas as pd
import numpy as np

df=pd.read_csv('https://raw.githubusercontent.com/JEunJin/BigData_
python/master/bigdata_csvfile/Korean_demographics_2000-2022.csv')
#print(df.info())
#print(df.head())

df['Birth_rate'].fillna(df['Birth_rate'].median(), inplace=True)
#print(df.info())
df['Date']=pd.to_datetime(df['Date'])
#print(df.head())
date = df.loc[df['Date']=='2008-07-01']
#display(date)

result = date.sort_values('Birth_rate', ascending=False)
print(result['Region'].iloc[0])
```

```
Gyeonggi-do
```

〈작업형 1유형 [문제 2]의 정답 코드 및 결과〉

● df 변수에 원본 데이터를 로드하고, info() 함수와 head() 함수를 활용하여 원본 데이터의 구조 및 형태를 확인한다.
● 결측값이 확인된 Birth_rate 칼럼의 값을 해당 칼럼의 중앙값으로 대체하고, 원본 데이터 역시 수정한다.
● 날짜 데이터 분석을 위해서 Date 칼럼의 값을 datatime 형식으로 변환시킨 뒤, 2008년 7월 1일에 해당하는 데이터를 슬라이싱하여 date 변수에 저장한다.
● 출생률인 Birth_rate 칼럼의 값을 기준으로 내림차순 정렬한 결과를 result 변수에 저장한다. result 데이터 중 가장 큰 Birth_rate 값을 갖는 지역 (Region)의 이름을 출력해야 하므로 iloc[0]으로 데이터를 인덱싱하여 결과를 출력한다.

문제 **3** 주어진 수면 데이터에서 수면장애(Sleep Disorder) 칼럼과 가장 높은 상관계수를 갖는 변수의 최빈값을 출력하시오.

데이터
https://raw.githubusercontent.com/JEunJin/BigData_python/master/ bigdata_csvfile/Sleep_health_and_lifestyle_dataset.csv

● 다음은 작업형 1유형 [문제 3]의 정답 코드 및 결과를 나타낸 것이다.

```
import pandas as pd

df=pd.read_csv('https://raw.githubusercontent.com/JEunJin/BigData_
python/master/bigdata_csvfile/Sleep_health_and_lifestyle_dataset.csv')
#print(df.info())
#print(df.head())

from sklearn.preprocessing import LabelEncoder

le = LabelEncoder()
df['Gender']=le.fit_transform(df['Gender'])
df['Occupation']=le.fit_transform(df['Occupation'])
df['BMI Category']=le.fit_transform(df['BMI Category'])
df['Blood Pressure']=le.fit_transform(df['Blood Pressure'])
df['Sleep Disorder']=le.fit_transform(df['Sleep Disorder'])

corr = df.corr()
#print(corr) #가장 높은 상관계수 변수(Physical Activity Level : 0.433214)
result = df['Physical Activity Level'].mode()[0]
print(result)

60
```

〈작업형 1유형 [문제 3]의 정답 코드 및 결과〉

- df 변수에 원본 데이터를 로드하고, info( ) 함수와 head( ) 함수를 활용하여 원본 데이터의 구조 및 형태를 확인한다.
- sklearn 패키지의 LabelEncoder 모듈을 활용하여 문자열 형태의 데이터를 숫자 형태로 바꿔주는 라벨인코딩 작업을 한다.
- corr 변수에 데이터의 상관계수를 연산하여 저장하고, 가장 높은 상관관계를 갖는 변수의 이름과 수치를 확인한다.
- result 변수에 가장 높은 상관관계를 갖는 변수인 Physical Activity Level 의 최빈값을 입력한 뒤, 그 결과를 출력한다.

작업형 2유형

다음은 중고차 가격 관련 데이터셋이다. 다음과 같은 주의사항을 확인하고, 결과를 제출하도록 한다.

데이터
https://raw.githubusercontent.com/JEunJin/BigData_python/master/ bigdata_csvfile/used_cars_price_data.csv

〈주의사항〉

1. 전체 데이터 목록 4,009행 중 3,800행을 학습용 데이터로 사용하고, 나머지를 테스트 데이터로 사용할 수 있도록 데이터를 슬라이싱한다.
2. 학습용 데이터를 활용하여 회귀 모델을 모델링하고, 테스트 데이터를 적용하여 목표변수를(price) 예측하고, 예측 결과를 제출한다. (단, 제출 결과는 테스트 데이터의 개수인 209행이 될 수 있도록 한다.)
3. 회귀 모델 평가지표는 RMSE로 한다.
4. 회귀 예측 결과는 price 칼럼을 갖고, 예측 결과를 나타내며, index는 표시하지 않는다.
5. 회귀 예측 결과 파일명은 다음과 같이 하여 제출한다. (파일명 : result.csv)

● 다음은 작업형 2유형 문제의 정답 코드 및 결과를 나타낸 것이다.

```python
import pandas as pd
import numpy as np

df=pd.read_csv('https://raw.githubusercontent.com/JEunJin/BigData_
python/master/bigdata_csvfile/used_cars_price_data.csv')
#print(df.info())
#print(df.head())

#데이터 전처리(라벨인코딩 및 결측값 처리)
from sklearn.preprocessing import LabelEncoder
le = LabelEncoder()
```

```python
df['brand'] = le.fit_transform(df['brand'])
df['model'] = le.fit_transform(df['model'])
df['milage'] = le.fit_transform(df['milage'])
df['fuel_type'] = le.fit_transform(df['fuel_type'])
df['engine'] = le.fit_transform(df['engine'])
df['transmission'] = le.fit_transform(df['transmission'])
df['ext_col'] = le.fit_transform(df['ext_col'])
df['int_col'] = le.fit_transform(df['int_col'])
df['accident'] = le.fit_transform(df['accident'])
df['clean_title'] = le.fit_transform(df['clean_title'])
df['price'] = le.fit_transform(df['price'])
#print(df.info())

df['fuel_type'].fillna(df['fuel_type'].mode()[0], inplace=True)
df['accident'].fillna(df['accident'].mode()[0], inplace=True)
df['clean_title'].fillna(df['clean_title'].mode()[0], inplace=True)
#print(df.info())

#데이터 슬라이싱
train = df.iloc[:3800,:]
test = df.iloc[-209:,:]
#print(train.tail())
#print(test.head())

#데이터 분할
from sklearn.model_selection import train_test_split
X = train.drop(columns='price')
y = train['price']

X_train, X_test, y_train, y_test = train_test_split(X, y, test_size=0.2, random_state=123)

#모델링 및 학습
from sklearn.ensemble import RandomForestRegressor
rfr = RandomForestRegressor(n_estimators=150, max_depth=20, random_state=123)
```

```
rfr.fit(X_train, y_train)
pred = rfr.predict(X_test)

#모델 성능 평가
from sklearn.metrics import mean_squared_error
mse = mean_squared_error(y_test, pred)
print('mse:', mse) #mse: 131261.7538516893
rmse = np.sqrt(mse)
print('rmse:', rmse) #rmse: 362.30064014805345

#최종 결과 예측
test_X_data = test.drop(columns='price')
pred2=rfr.predict(test_X_data)

#결과 제출 및 확인
pd.DataFrame({'price' : pred2}).to_csv('result.csv', index=False)
print(pd.read_csv('result.csv'))
```

```
mse: 131261.7538516893
rmse: 362.30064014805345
      price
0   1022.980000
1    256.120991
2    370.493333
3    929.026667
4    615.763532
..        ...
204  630.873333
205 1073.737294
206 1045.988889
207 1177.634724
208  661.748000

[209 rows x 1 columns]
```

〈작업형 2유형 문제의 정답 코드 및 결과〉

참고 코드 작성 시 불필요한 경고 문구를 출력 결과에 출력하고 싶지 않은 경우 코드 상단에 아래와 같은 코드를 작성한다.

```
import warnings
warnings.filterwarnings(action='ignore')
```

〈경고 미출력 코드〉

- df 변수에 원본 데이터를 로드하고, info( ) 함수와 head( ) 함수를 활용하여 원본 데이터의 구조 및 형태를 확인한다.
- sklearn 패키지의 LabelEncoder 모듈을 활용하여 문자열 형태의 데이터를 숫자 형태로 바꿔주는 라벨인코딩 작업을 한다.
- 원본 데이터가 train 데이터와 test 데이터가 분리되어 있지 않기 때문에 슬라이싱 작업을 통해 train 데이터와 test 데이터를 구분하여 저장한다.
- train 데이터의 독립변수(X)와 종속변수(y)를 지정하고, sklearn 패키지의 train_test_split 모듈을 활용하여 데이터를 분할한다.
- sklearn 패키지의 RandomForestRegressor 모듈을 활용하여 랜덤 포레스트 회귀 모델을 모델링하고, train 데이터를 학습시킨다.
- 학습된 랜덤 포레스트 회귀 모델을 활용하여 train 데이터의 테스트 데이터(X_test)의 회귀 결과를 예측하고, 그 결과를 pred 변수에 저장한다.
- sklearn 패키지의 mean_squared_error 모듈을 활용하여 train 모델의 회귀 예측 결과를 확인한다.
- mse는 평균제곱오차를 나타내고, rmse 평균제곱근오차를 나타내는데, 이 두 수치가 모두 작을수록 해당 모델의 예측력이 좋다고 해석할 수 있다.
- test 데이터의 독립변수(test_X_data)를 지정하고, 생성한 랜덤 포레스트 모델에 적용하여 회귀 결괏값을 예측하고, 그 결과를 pred2에 저장한다.
- 저장된 pred2 결과를 인덱스를 포함하지 않는 result 이름의 csv 파일 형태로 저장한 뒤 결과를 제출한다.

작업형 3유형

문제 1 제공되는 데이터는 심혈관 질환 발생에 관련된 데이터이고, 다음은 심혈관 질환 데이터에 대한 설명을 나타낸 것이다.

〈심혈관 질환 데이터 설명〉

순서	칼럼명	설명
1	id	측정자 id
2	age	나이
3	gender	성별
4	height	키
5	weight	몸무게
6	ap_hi	수축 혈압
7	ap_lo	이완 혈압
8	cholesterol	콜레스테롤 (1 : 평균, 2 : 높음, 3 : 매우 높음)
9	gluc	포도당 (1 : 평균, 2 : 높음, 3 : 매우 높음)
10	smoke	흡연 여부
11	alco	음주 여부
12	active	신체 활동
13	cardio	심혈관 질환 여부 (목표변수)

제공되는 심혈관 질환 데이터를 활용하여 심혈관 질환 발생 여부(cardio)를 예측하고자 한다. 각 문항의 답을 제출 형식에 맞게 제출하시오.

데이터
https://raw.githubusercontent.com/JEunJin/BigData_python/master/ bigdata_csvfile/cardiovascular_heart_disease_data.csv

1. alco, cardio 변수 간의 독립성 검정을 실시할 때, 카이제곱 통계량을 구하시오.
2. gender, weight, smoke, cholesterol을 독립변수로 사용하여 로지스틱 회귀 모형으로 분석할 때, smoke 변수의 계수 값을 구하시오.
3. 2번 문제에서 생성한 로지스틱 회귀 모형에서 gender 변수가 한 단위 증가할 때 심혈관 질환이 발생할 오즈비의 값을 구하시오. (단, 모든 문제의 정답은 반올림하여 소수점 넷째 자리까지 출력한다.)

● 다음은 작업형 3유형 [문제 1]의 정답 코드 및 결과를 나타낸 것이다.

```
import numpy as np

df=pd.read_csv('https://raw.githubusercontent.com/JEunJin/BigData_
python/master/bigdata_csvfile/cardiovascular_heart_disease_data.csv')
#print(df.info())
#print(df.head())

#1번 문제
from scipy.stats import chi2_contingency
data = pd.crosstab(df.alco, df.cardio)
#print(data)
chi2, p_val, dof, exp = chi2_contingency(data)
print(round(chi2,4)) #3.6965

#2번 문제
from statsmodels.formula.api import logit
result=logit('cardio~ gender+weight+smoke+cholesterol', data=df).
fit().params
#print(result)
print(round(result.smoke,4)) #-0.2174

#3번 문제
answer = np.exp(result)
print(round(answer.gender,4)) #1.0002
```

```
3.6965
Optimization terminated successfully.
    Current function value: 0.654936
    Iterations 5
-0.2174
1.0002
```

〈작업형 3유형 [문제 1]의 정답 코드 및 결과〉

- df 변수에 원본 데이터를 로드하고, info( ) 함수와 head( ) 함수를 활용하여 원본 데이터의 구조 및 형태를 확인한다.
- 1번 문제의 경우 alco, cardio 두 변수 간의 카이제곱 검정 결과를 확인하는 것이다.
- 카이제곱 검정을 위해 crosstab( ) 함수로 분석에 활용되는 alco 변수와 cardio 변수를 사용하여 교차 테이블을 만들고, chi2_contingency 모듈을 활용하여 카이제곱 검정을 한 뒤, 그 결과를 확인한다.
- 2번 문제의 경우 statsmodels 패키지의 logit 모듈을 활용하여 로지스틱 회귀 분석을 하고, 그 결과를 확인해 보는 것이다.
- 문제에서 주어진 것과 같이 gender, weight, smoke, cholesterol을 독립변수로 지정하고, cardio를 종속변수로 지정하여 로지스틱 회귀 분석 결과를 확인한 뒤, smoke 변수의 계수 값을 추출한다. 단, smoke 변수의 계수 값은 round 함수를 활용하여 반올림 후 소수점 4자리까지 출력한다.
- 3번 문제의 경우 2번 문제에서 생성한 로지스틱 회귀 모형의 gender 변수가 한 단위 증가할 때 심혈관 질환이 발생할 오즈비를 구하는 것이다.
- 이는 2번 문제에서 확인된 분석 결괏값을 밑이 자연상수 e인 지수함수로 변환하여 그 결과를 확인할 수 있다.
- 이 결과를 answer 변수에 저장하고, answer 결괏값을 반올림하여 소수점 4자리까지 출력한다.

문제 2 제공되는 심장 질환 데이터를 활용하여 심장 질환 발생 여부(target)를 예측하고자 한다. 각 문항의 답을 제출 형식에 맞게 제출하시오.

데이터
https://raw.githubusercontent.com/JEunJin/BigData_python/master/ bigdata_csvfile/heart_disease_data.csv

1. 독립변수를 exang, trestbps, ca로 하고, 목표변수를 target으로 하는 로지스틱 회귀 분석을 진행했을 때, ca 변수의 표준오차를 구하시오.
2. fbs, thalach, chol, sex를 독립변수로 target을 분류하는 로지스틱 회귀 분석 모형을 생성했을 때, 학습(train) 데이터의 오분류율을 구하시오. (단, 전체 데이터 중 800행을 학습(train) 데이터로 사용하고, train_test_split의 test_size는 0.2로 하며, random_state는 123으로 한다.)
3. 2번 문제 모델의 심장 질환 발생(1)에 대한 정밀도를 구하시오. (단, 모든 문제의 정답은 반올림하여 소수점 둘째 자리까지 출력한다.)

● 제공되는 데이터는 심장 질환 발생에 관련된 데이터이고, 다음은 제공되는 심장 질환 데이터에 대한 설명을 나타낸 것이다.

〈심장 질환 데이터 설명〉

순서	칼럼명	설명
1	age	나이
2	sex	성별 (1 : 남성, 0 : 여성)
3	cp	흉통 유형 (4개 값)
4	trestbps	평상시 혈압
5	chol	혈청 콜레스테롤
6	fbs	공복 혈당
7	restecg	평상시 심전도 값
8	thalach	최대 심박수
9	exang	협심증 여부
10	oldpeak	휴식 대비 운동으로 인한 ST 분절 감소
11	slope	활동 시 ST 분절 피크 기울기
12	ca	착색된 주요 혈관 수
13	thal	지중해 빈혈 여부
14	target	심장병 발생 여부

● 다음은 작업형 3유형 [문제 2]의 정답 코드 및 결과를 나타낸 것이다.

```python
import pandas as pd
import numpy as np

df=pd.read_csv('https://raw.githubusercontent.com/JEunJin/BigData_
python/master/bigdata_csvfile/heart_disease_data.csv')
#print(df.info())
#print(df.head())

#1번 문제
from statsmodels.formula.api import logit
result = logit('target~exang+trestbps+ca', data=df).fit().summary()
print(result) #ca의 표준오차(std err) 0.08

#2번 문제
train = df.iloc[:800, :]
test = df.iloc[-225:,:]
#print(train.info())
#print(test.info())
X = train[['fbs', 'thalach', 'chol','sex']]
y = train['target']

from sklearn.model_selection import train_test_split
from sklearn.linear_model import LogisticRegression
from sklearn, classification_report

X_train, X_test, y_train, y_test = train_test_split(X, y, test_size=0.2, random_
state=123)

lr = LogisticRegression()
lr.fit(X_train, y_train)
pred = lr.predict(X_test)

confussion = confusion_matrix(y_test, pred)
#print(confussion)
```

```
accuracy = (confussion[0,0] + confussion[1,1]) / np.sum(confussion)
#print(accuracy) #정분류율(accuracy) : 0.70625
err_rate = 1-accuracy
print(round(err_rate,2)) #오분류율(error rate) : 0.29

#3번 문제
cla_re = classification_report(y_test, pred)
print(cla_re) #심장 질환 발생(1)의 정밀도(precision) : 0.74
```

```
                        Logit Regression Results
==============================================================================
Dep. Variable:               target   No. Observations:             1025
Model:                        Logit   Df Residuals:                 1021
Method:                         MLE   Df Model:                        3
Date:              Wed, 24 Jan 2024   Pseudo R-squ.:              0.2552
Time:                      15:12:17   Log-Likelihood:            -528.91
converged:                     True   LL-Null:                   -710.12
Covariance Type:          nonrobust   LLR p-value:             3.046e-78
==============================================================================
                 coef    std err          z      P>|z|      [0.025      0.975]
------------------------------------------------------------------------------
Intercept      3.1733      0.598      5.305      0.000       2.001       4.346
exang         -2.1073      0.167    -12.629      0.000      -2.434      -1.780
trestbps      -0.0138      0.004     -3.095      0.002      -0.023      -0.005
ca            -0.8756      0.083    -10.574      0.000      -1.038      -0.713
==============================================================================

0.29
              precision    recall  f1-score   support

           0       0.68      0.76      0.72        78
           1       0.74      0.66      0.70        82

    accuracy                           0.71       160
   macro avg       0.71      0.71      0.71       160
weighted avg       0.71      0.71      0.71       160
```

〈작업형 3유형 [문제 2]의 정답 코드 및 결과〉

- df 변수에 원본 데이터를 로드하고, info( ) 함수와 head( ) 함수를 활용하여 원본 데이터의 구조 및 형태를 확인한다.
- 1번 문제는 독립변수를 exang, trestbps, ca로 하고, 목표변수를 target으로 하는 로지스틱 회귀 분석에서 ca 변수의 표준오차를 구하는 것이다.
- statsmodels 패키지의 logit 모듈을 활용하여 독립변수와 종속변수를 지정한 뒤 로지스틱 회귀 분석하여 그 결과를 확인하고, ca 변수의 표준오차를 확인한다. 단, 문제에서 정답은 반올림하여 소수점 둘째 자리까지 출력하는 것으로 되어 있으므로 반올림하여 소수점 둘째 자리까지 표기한다.
- 2번 문제는 fbs, thalach, chol, sex를 독립변수로 target을 분류하는 로지스틱 회귀 분석 모형을 생성했을 때, 학습 데이터의 오분류율을 구하는 것이다.
- 다만, 원본 데이터가 trian, test 데이터로 구분되어 있지 않기 때문에 데이터를 슬라이싱하여 train 데이터와 test 데이터로 분류한 뒤, 로지스틱 회귀 분석 모형을 생성한다.
- 오분류율(error rate)은 1-정분류율(accuracy)과 같으므로 sklearn 패키지의 confusion_matrix( ) 함수를 활용하여 정분류율을 연산한 뒤, 오분류율의 결과를 출력한다.
- 혼동행렬의 confussion[0,0]는 TN 값을 의미하고, confussion[1,1] TP 값을 의미한다.
- 3번 문제는 2번 문제 모델의 심장 질환 발생(1)에 대한 정밀도(precision)를 구하는 것이다. 이는 sklearn 패키지의 classification_report( ) 함수를 통해 그 결과를 확인할 수 있다.

제2회 기출 복원문제(2021. 6. 19 시행)

단답형

● 문제에 대한 정답은 영문명 또는 국문명으로 기재하고, 표기가 틀린 경우 오답처리 된다.

문제 1 관측된 데이터 범위에서 많이 벗어난 아주 작은 값이나 큰 값을 적으시오.

정답 이상치

해설 • 이상치(이상값, outlier)는 다른 데이터에 비해 유난히 작거나 큰 값을 의미한다.
• 이상치는 박스플롯 차트에서 수염보다 바깥에 존재하는 데이터로 시각화하여 확인할 수 있다.
• 이상치는 데이터 전처리 작업에서 탐색 후 처리된 뒤 분석에 사용된다.

문제 2 단순 대치법의 통계 기법으로 관측되어 얻어진 자료의 평균값으로 결측값을 대치하는 방법을 적으시오.

정답 평균 대치법

해설 • 데이터 결측값 처리 방법에는 단순 대치법과 다중 대치법이 있다.
• 단순 대치법(Single Imputation)에는 완전 분석법, 평균 대치법, 단순 확률 대치법이 있다.
• 완전 분석법(Completes Analysis)은 불완전 자료는 무시하고, 완전하게 관측된 자료만 사용하는 분석 방법이다.
• 평균 대치법(Mean Imputation)은 관측되어 얻어진 자료의 평균값으로 결측값을 대치하는 방법이다.
• 단순 확률 대치법(Single Stochastic Imputation)은 적절한 확률값을 부여한 후 이를 결측값으로 대치하는 방법으로 그 기법에는 핫 덱 대체, 콜드 덱 대체, 혼합방법이 있다.

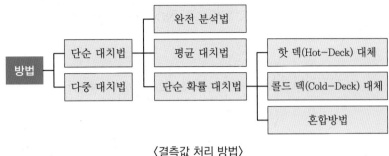

〈결측값 처리 방법〉

문제 **3** 정답인 레이블이 없는 상태에서 컴퓨터를 학습시키는 방법으로 현상에 대한 설명, 특징 도출, 패턴 도출 등에 적합한 학습 방법을 적으시오.

정답 비지도 학습

해설
- 머신러닝 학습 방법은 지도 학습, 비지도 학습, 강화 학습, 준지도 학습, 전이 학습으로 나뉜다.
- 지도 학습(Supervised Learning)은 정답 레이블이 포함된 학습 데이터를 통해 컴퓨터를 학습시키는 방법이다.
- 비지도 학습(Unsupervised Learning)은 정답 레이블이 없는 상태에서 컴퓨터를 학습시키는 방법이다.
- 강화 학습(Reinforcement Learning)은 컴퓨터가 선택 가능한 행동 중 보상을 최대화할 수 있는 행동을 선택하도록 하는 학습 방법이다.
- 준지도 학습(Semi-Supervised Learning)은 정답이 포함된 데이터와 정답이 없는 데이터를 모두 훈련에 사용하는 학습 방법이다.
- 전이 학습(Transfer Learning)은 학습된 모형을 기반으로 최종 출력층을 바꾸어 재학습하는 방법이다.

문제 **4** 앙상블 분석 방법 중 하나로 예측력이 약한 모형들을 결합하여 예측력이 강한 모형을 만드는 알고리즘으로 분류가 잘못된 데이터에 가중치를 적용하여 표본을 추출하는 기법을 적으시오.

정답 부스팅(Boosting)

해설
- 앙상블 분석 방법에는 배깅, 부스팅, 랜덤 포레스트, 보팅, 스태킹이 있다.
- 배깅(Bagging)은 부트스트랩 샘플링으로 추출한 여러 개의 표본에 각 모형을 병렬적으로 학습하고 추출된 결과는 집계하는 기법이다.
- 부스팅(Boosting)은 예측력이 약한 모형들을 결합하여 예측력이 강한 모델을 만드는 알고리즘으로 분류가 잘못된 데이터에 가중치를 적용하여 표본을 추출하는 기법이다.
- 랜덤 포레스트(Random Forest)는 의사결정나무 기반 앙상블 알고리즘으로 모든 속성들 중 임의로 일부를 선택하고, 그 중 정보 획득량이 가장 높은 것을 기준으로 데이터를 분할하는 기법이다.
- 보팅(Voting)은 여러 개의 분석 모형 결과를 조합하는 방법으로 그 기법에는 직접 투표와 간접 투표가 있다.
- 스태킹(Stacking)은 여러 분석 모형의 예측값을 최종 모델의 학습 데이터로 사용하는 예측 방법이다.

문제 **5**   부스팅 알고리즘으로 AdaBoost와 유사하나 가중치 업데이트 시에 경사 하강법을 사용하는 알고리즘으로 과적합의 위험이 있는 알고리즘을 적으시오.

정답   그래디언트 부스팅(GBM)

해설
- 부스팅(Boosting)의 알고리즘에는 AdaBoost, GBM, XGBoost가 있다.
- AdaBoost(Adaptive Boosting)는 초기 모형을 약한 모형으로 설정하고, 매 과정마다 가중치를 적용하여 이전 모형의 약점을 보완하는 새로운 모형을 적합(fitting)하여 최종 모델을 생성하는 알고리즘이다.
- GBM(Gradient Boosting Machine)은 AdaBoost와 유사하나 가중치 업데이트 시에 경사하강법을 사용하는 알고리즘으로 과적합의 위험이 있다.
- XGBoost(Extreme Gradient Boosting)는 GBM의 단점인 과적합을 방지하기 위해 파라미터가 추가되어 병렬 학습이 가능한 알고리즘으로 회귀, 분류 문제에서 모두 사용 가능하다.

문제 **6** 모델 외부 요소로 사용자가 직접 수작업으로 설정해주는 값으로 학습 과정과 학습 결과에 영향을 미치는 변수를 적으시오.

> **정답** 초매개변수(Hyperparameter)
>
> **해설** • 매개변수(Parameter)는 모델 내부에서 확인 가능한 변수로 데이터를 통해 자동으로 산출되는 값을 의미한다. 매개변수는 수작업으로 설정되지 않는다.
> • 초매개변수(Hyper parameter)는 학습 과정과 결과에 영향을 미치는 모델 외부 요소이다. 초매개변수는 사용자가 직접 수작업으로 설정할 수 있다.

문제 **7** 변수 선택을 위한 알고리즘 유형 중 하나로 가장 적은 영향을 주는 변수를 하나씩 제거하는 방법을 적으시오.

> **정답** 후진 소거법(Backward Elimination)
>
> **해설** • 변수 선택 기법에는 필터 기법(Filter Method), 래퍼 기법(Wrapper Method), 임베디드 기법(Embedded Method)이 있다.
> • 래퍼 기법은 변수의 일부분을 모델링에 사용하고, 그 결과를 확인하는 작업을 반복하면서 변수를 선택해가는 기법이다.
> • 래퍼 기법의 변수 선택을 위한 알고리즘에는 전진 선택법, 후진 소거법, 단계적 방법이 있다.
> • 전진 선택법은 가장 큰 영향을 주는 변수를 하나씩 추가하는 방법이다.
> • 후진 소거법은 가장 적은 영향을 주는 변수를 하나씩 제거하는 방법이다.
> • 단계적 방법은 전진 선택법과 후진 소거법을 함께 사용하는 방법이다.

문제 **8** 학습 모델을 지나치게 복잡하게 학습하여 학습 데이터셋에서는 모델 성능이 높지만 새로운 데이터가 주어진 경우 정확도가 낮아지는 경우를 의미하는 용어를 적으시오.

> **정답** 과대 적합(OverFitting)

해설 • 과대 적합(Over-Fitting)이란 학습 모델을 지나치게 복잡하게 학습하여 학습 데이터셋에서의 모델 성능은 높지만 새로운 데이터가 주어진 경우 정확도가 낮은 경우를 의미한다.
• 과소 적합(Under-Fitting)이란 학습된 데이터가 충분하지 않아 모델이 학습 데이터의 구조 및 패턴을 정확하게 확인하지 못하는 경우를 의미한다.

문제 9 분류 모형 평가지표 중 하나로 가로축(x)을 혼동행렬의 거짓 긍정률(FP Rate)로 두고, 세로축(y)을 참 긍정률(TP Rate)로 두어 시각화한 그래프를 적으시오.

정답 ROC 곡선(ROC Curve)

해설 • ROC 곡선은 가로축(x)을 혼동행렬의 거짓 긍정률(FP Rate)로 두고, 세로축(y)을 참 긍정률(TP Rate)로 두어 시각화한 그래프이다.
• ROC 곡선의 그래프가 왼쪽 꼭대기에 가까울수록 분류 성능이 우수하다고 할 수 있다.
• AUC(Area Under the ROC Curve)는 ROC 곡선 아래의 면적을 의미하고, 해당 모형의 성능 평가지표로 사용된다.
• AUC 값은 항상 0.5~1의 값을 가지며, 1에 가까울수록 좋은 모형이라고 평가한다.

문제 10 $x_1=0.2$, $x_2=-0.3$이고, 각각의 가중치가 $w_1=0.3$, $w_2=0.1$이고, 편향이 $b_1=-0.05$일 때, 출력층의 값을 구하시오. (단, $f(x)=x$, if≥0, 그 외 -1)

정답 −1

해설 • 출력층 연산식은 다음과 같다.
출력층 데이터=값×가중치+편향
$(0.2×0.3)+(-0.3×0.1)-0.05=-0.02$
연산된 값(−0.02)이 0보다 작으므로 정답은 −1이 된다.

문제 **1** 주어진 Dataset에서 'CRIM' 값이 가장 큰 10개의 지역을 구하고 10개 지역의 'CRIM' 값을 그 중 가장 작은 값으로 대체한 후, 'AGE' 칼럼값이 80 이상인 행의 'CRIM' 평균값을 구하시오. (단, 출력 결과는 정수 형태로 한다.)

데이터
https://raw.githubusercontent.com/JEunJin/BigData_python/master/ bigdata_csvfile/boston_housing_data.csv

● 다음은 작업형 1유형 [문제 1]의 정답 코드 및 결과를 나타낸 것이다.

```
import pandas as pd

df=pd.read_csv('https://raw.githubusercontent.com/JEunJin/BigData_
python/master/bigdata_csvfile/boston_housing_data.csv')
#print(df.info())
#print(df.head())

df.sort_values('CRIM', ascending=False, inplace=True)
#print(df.iloc[0:10])
min_crim = df.iloc[9]['CRIM']
df.iloc[:10,0] = min_crim
result=df.loc[df['AGE']>=80, 'CRIM'].mean()
print(int(result))

5
```

〈작업형 1유형 [문제 1]의 정답 코드 및 결과〉

● df 변수에 원본 데이터를 로드하고, info( ) 함수와 head( ) 함수를 활용하여 원본 데이터의 구조 및 형태를 확인한다.
● pandas 패키지의 sort_values( ) 함수를 사용하여 CRIM 변수를 기준으로 내림차순 정렬을 한다.

- 내림차순 정렬의 경우 상위 큰 값에서 하위 작은 값 순서로 정렬이 되어 있으므로 df.iloc[9]['CRIM']의 경우 CRIM 값이 가장 큰 10개 지역 중 가장 작은 값을 의미한다.
- 문제에서 주어진 것과 같이 이 가장 작은 값을 min_crim 변수에 저장하고, CRIM 칼럼의 10행까지의 값을 min_crim 값으로 대체한다.
- df.iloc[:10,0]의 :10은 0부터 9까지의 10개의 행(row)을 나타내고, 0은 0번째 열(column)인 CRIM을 나타낸 것이다. 즉, df.iloc[:10,0]=min_crim 는 0번째 칼럼(CRIM)값 10번째 행까지를 min_crim 값으로 대체하는 것을 의미한다.
- AGE 칼럼의 값이 80 이상인 CRIM 칼럼의 평균값을 슬라이싱한 결과를 result 변수에 저장하고, 그 결과를 정수형(int) 형태로 출력한다.

문제 2 주어진 Dataset에서 첫 번째 행부터 순서대로 80%까지의 데이터를 추출 후 'total_bedrooms' 칼럼의 중앙값으로 해당 칼럼의 결측치를 대체하고, 'total_bedrooms' 칼럼의 대치 전후의 표준편차 차이를 구하시오.

데이터
https://raw.githubusercontent.com/JEunJin/BigData_python/master/ bigdata_csvfile/california_housing.csv

- 다음은 작업형 1유형 [문제 2]의 정답 코드 및 결과를 나타낸 것이다.

```
import pandas as pd

df=pd.read_csv('https://raw.githubusercontent.com/JEunJin/BigData_
python/master/bigdata_csvfile/california_housing.csv')
#print(df.info())

#print(20640*0.8) #전체 중 80% 데이터 : 16,512
df = df.iloc[0:16512,:]
#print(df.info())
std1 = df['total_bedrooms'].std()
```

```
median=df['total_bedrooms'].median( )
df['total_bedrooms']=df['total_bedrooms'].fillna(median)

std2=df['total_bedrooms'].std( )
result = std1 - std2
print(result)
```

```
1.9751472916456692
```

〈작업형 1유형 [문제 2]의 정답 코드 및 결과〉

- df 변수에 원본 데이터를 로드하고, info( ) 함수를 활용하여 원본 데이터의 구조를 확인한다.
- 전체 데이터의 행(row) 수를 확인한 뒤, 전체 데이터의 80% 행 수를 확인한다. 확인 결과 전체 데이터 수는 20,640행이고, 전체 데이터의 80%는 16,512행이다.
- 전체 데이터 중 80%에 해당하는 데이터를 슬라이싱하여 df 변수에 다시 저장한다.
- 데이터 전처리 전 total_bedrooms 칼럼의 표준편차를 std1 변수에 저장하고, 중앙값으로 total_bedrooms의 결측값을 대체한다.
- 결측값을 처리한 뒤 total_bedrooms 칼럼의 표준편차를 std2에 저장하고, std1과 std2의 값의 차이를 연산하여 result 변수에 저장한 뒤 출력한다.

문제 3

주어진 데이터의 population 칼럼의 평균으로부터 1.5×표준편차를 벗어나는 영역을 이상치라고 판단하고 이상치들의 합을 구하시오. (단, 출력 결과는 정수 형태로 하고, 이상치는 '평균−1.5×표준편차 미만' 또는 '평균+1.5×표준편차 초과'로 연산한다.)

데이터
https://raw.githubusercontent.com/JEunJin/BigData_python/master/ bigdata_csvfile/california_housing.csv

● 다음은 작업형 1유형 [문제 3]의 정답 코드 및 결과를 나타낸 것이다.

```python
import pandas as pd

df=pd.read_csv('https://raw.githubusercontent.com/JEunJin/BigData_
python/master/bigdata_csvfile/california_housing.csv')
#print(df.info())
#print(df.head())

mean = df['population'].mean()
std = df['population'].std()
a = 1.5*std
out1 = mean-a
out2 = mean+a
#print(out1, out2)

result = df['population'].loc[(df['population']> out2) | (df['population']<
out1)].sum()
print(int(result))
```

```
5607295
```

〈작업형 1유형 [문제 3]의 정답 코드 및 결과〉

● df 변수에 원본 데이터를 로드하고, info() 함수와 head() 함수를 활용하여
  원본 데이터의 구조 및 형태를 확인한다.
● mean 변수에 population 칼럼의 평균값을 저장하고, std 변수에
  population 칼럼의 표준편차 값을 저장한다.
● a 변수에 1.5×표준편차값을 저장하고, out1과 out2에 각각 평균에서 1.5
  ×표준편차만큼 벗어난 하한값과 상한값을 저장한다.
● population 변수의 값이 상한값 혹은 하한값을 넘어서는 데이터의 전체 합
  을 연산하여 result 변수에 저장하고, 그 값을 출력한다.

주어진 E-Commerce_Shipping 데이터를 사용해서 고객이 주문한 물품의 제시간 도착 여부(Reached.on.Time_Y.N)를 예측하는 분류 모델을 생성하여 결과를 제출하시오. (단, 평가 기준은 roc_auc_score이고, 제출 형태는 'cust_id': ID, 'reached_ontime' : value로 하며, 제출 파일 이름은 2nd_test_type2.csv로 한다. 또한, 주어진 데이터의 상위 10,000개의 데이터를 train 데이터로 사용하고, 나머지 999개의 데이터를 test 데이터로 사용할 수 있도록 슬라이싱한다.)

데이터
https://raw.githubusercontent.com/JEunJin/BigData_python/master/bigdata_csvfile/E-Commerce_Shipping.csv

● 다음은 작업형 2유형 문제의 정답 코드 및 결과를 나타낸 것이다.

```
import pandas as pd

df=pd.read_csv('https://raw.githubusercontent.com/JEunJin/BigData_
python/master/bigdata_csvfile/E-Commerce_Shipping.csv')
#print(df.info())
#print(df.head())

#데이터 슬라이싱(train, test 데이터)
train = df.iloc[0:10000]
test = df.iloc[10000:10999]
#print(train.info())
#print(test.info())

#데이터 전처리(라벨인코딩)
from sklearn.preprocessing import LabelEncoder
le = LabelEncoder()
train['Warehouse_block'] = le.fit_transform(train['Warehouse_block'])
train['Mode_of_Shipment'] = le.fit_transform(train['Mode_of_Shipment'])
train['Product_importance'] = le.fit_transform(train['Product_importance'])
train['Gender'] = le.fit_transform(train['Gender'])
#print(train.info())
```

```python
test['Warehouse_block'] = le.fit_transform(test['Warehouse_block'])
test['Mode_of_Shipment'] = le.fit_transform(test['Mode_of_Shipment'])
test['Product_importance'] = le.fit_transform(test['Product_importance'])
test['Gender'] = le.fit_transform(test['Gender'])
#print(test.info())

#데이터 분할
from sklearn.model_selection import train_test_split
X=train.drop(columns=['ID','Reached.on.Time_Y.N'])
y=train['Reached.on.Time_Y.N']
#print(X.info())

X_train, X_test, y_train, y_test = train_test_split(X, y, test_size=0.2, random_
state=123)

#모델링 및 학습, 모델 성능 평가
from sklearn.ensemble import RandomForestClassifier
from sklearn.metrics import roc_auc_score, accuracy_score

rf = RandomForestClassifier(n_estimators=170, max_depth=30, random_
state=123)
rf.fit(X_train, y_train)
pred = rf.predict(X_test)
roc = roc_auc_score(y_test, pred)
acc = accuracy_score(y_test, pred)
print('roc',roc)
print('acc',acc)

#최종 결과 예측
test_data_X = test.drop(columns=['ID','Reached.on.Time_Y.N'])
test_data_y = test['Reached.on.Time_Y.N']
pred2=rf.predict(test_data_X)
#print(pred2)

#결과 제출 및 확인
result = pd.DataFrame({'ID':test['ID'], 'reached_ontime':pred2}).to_
csv('2nd_test_type2.csv', index=False)
print(pd.read_csv('2nd_test_type2.csv'))
```

```
roc 0.6801816070108754
acc 0.681
      ID  reached_ontime
0   10001            1
1   10002            0
2   10003            0
3   10004            1
4   10005            0
..   ...           ...
994 10995            1
995 10996            0
996 10997            1
997 10998            1
998 10999            1

[999 rows x 2 columns]
```

〈작업형 2유형 문제의 정답 코드 및 결과〉

- df 변수에 원본 데이터를 로드하고, info( ) 함수와 head( ) 함수를 활용하여 원본 데이터의 구조 및 형태를 확인한다.

- 본 예제의 경우 train 데이터와 test 데이터가 분리되어 있지 않기 때문에 데이터 슬라이싱 작업을 통해 train 데이터와 test 데이터를 구분하여 저장한다.

- sklearn 패키지의 LabelEncoder 모듈을 활용하여 텍스트 데이터를 대상으로 수치화하는 라벨인코딩 작업을 한다.

- train 데이터의 독립변수(X)와 종속변수(y)를 지정하고, sklearn 패키지의 train_test_split 모듈을 활용하여 데이터를 분할한다.

- sklearn 패키지의 RandomForestClassifier 모듈을 활용하여 랜덤 포레스트 분류 모델을 생성하여 모델링하고, 모델을 학습시킨다.

- 학습된 랜덤 포레스트 분류 모델을 활용하여 train 데이터의 테스트 데이터 (X_test)의 분류 결과를 예측하고, 그 결과를 pred 변수에 저장한다.

- test 데이터의 독립변수(test_data_X)를 지정하고, 생성한 랜덤 포레스트 모델에 적용하여 분류 결괏값을 예측하고, 그 결과를 pred2에 저장한다.

- 저장된 pred2 결과를 인덱스를 포함하지 않는 2nd_test_type2 이름의 csv 파일 형태로 저장 후 제출한다.

제3회   기출 복원문제(2021. 12. 4 시행)

단답형

● 문제에 대한 정답은 영문명 또는 국문명으로 기재하고, 표기가 틀린 경우 오답처리 된다.

문제 1 규칙이 우연히 발생한 것인지 판단하기 위해 연관성의 정도를 측정하는 척도를 적으시오.

> **정답** 향상도(Lift)

> **해설** • 연관성 측정 지표에는 지지도(Support), 신뢰도(Confidence), 향상도(Lift)가 있다.
> • 지지도는 전체 거래 중 항목 A와 B를 동시에 포함하는 거래의 비율이다.
> • 신뢰도는 A를 샀을 때, B를 살 조건부 확률에 대한 척도이다.
> • 향상도는 규칙이 우연히 발생한 것인지 판단하기 위해 연관성의 정도를 측정하는 척도이다.

문제 2 최소-최대 정규화로 A와 B, 두 학교의 영어 성적을 정규화했을 때, A학교 학생의 영어점수 60점과 B학교 학생의 영어점수 60점은 같다고 할 수 없다. 이는 각 학교 영어 성적의 (   )이/가 다르기 때문이다.

> **정답** 분포

> **해설** • A학교와 B학교의 영어 성적 분포가 각각 다르기 때문에 동일한 60점이라고 하여도 각 집단에서의 성적 분포 위치가 동일하다고 할 수 없다.

문제 3 데이터 비식별 조치 방법 중 하나로 특정 정보를 해당 그룹의 대푯값으로 변환하거나 구간값으로 변환하여 특정 개인을 식별할 수 없도록 하는 방법을 적으시오.

> **정답** 데이터 범주화

해설 • 데이터 비식별 조치방법으로는 가명처리, 총계처리, 데이터 삭제, 데이터 범주화, 데이터 마스킹이 있다.
• 가명처리는 개인정보의 일부를 삭제하거나 일부 또는 전부를 대체하는 방법으로 개인을 식별할 수 없도록 처리하는 방법이다.
• 총계처리는 통계값을 적용하여 특정 개인을 식별할 수 없도록 하는 방법이다.
• 데이터 삭제는 민감 데이터 일부 혹은 전체를 삭제하여 개인을 식별할 수 없도록 하는 방법이다.
• 데이터 범주화는 특정 정보를 해당 그룹의 대푯값으로 변환하거나 구간값으로 변환하여 특정 개인을 식별할 수 없도록 하는 방법이다.
• 데이터 마스킹은 민감 정보 일부를 *와 같은 기호로 표기하는 방법이다.

문제 4 주어진 데이터의 최솟값을 0으로, 최댓값을 1로 두고 그 사이의 값을 수식으로 연산하여 결정하는 방법으로 이상값에 민감한 특징을 갖는 정규화 방법을 적으시오.

정답 최소–최대 정규화

해설 • 정규화는 데이터의 값을 0~1 사이의 값으로 변환하는 방법이다.
• 정규화 방법에는 최소–최대 정규화, Z–점수 정규화가 있다.
• 최소–최대 정규화는 주어진 데이터의 최솟값을 0으로, 최댓값을 1로 하고, 그 사이의 값을 아래의 수식으로 연산하여 결정하는 방법이다. 최소–최대 정규화는 이상값에 민감하다는 단점이 있다.

$$X = \frac{X_i - X_{min}}{X_{max} - X_{min}}$$

(X_i : 정규화 대상 i번째 데이터, X_{max} : 정규화 대상 최대 데이터,
X_{min} : 정규화 대상 최소 데이터)

〈최소-최대 정규화 연산식〉

• Z–점수 정규화는 이상값에 민감한 최소–최대 정규화를 보완하기 위한 방법으로 원본 데이터를 표준 정규 분포 형태의 값으로 변환해주는 방법이다.

$$Z = \frac{X_i - X_{mean}}{X_{std}}$$

(X_i : 정규화 대상 i번째 데이터, X_{mean} : 데이터 평균, X_{std} : 데이터 표준편차)

〈Z-점수 정규화 연산식〉

문제 5

분석 결과의 성능을 향상시키기 위해 다수의 모형에서 출력된 결과를 종합하여 하나의 최종 결과를 도출하는 분석 방법을 적으시오.

정답 앙상블 분석

해설
- 앙상블 분석은 분석 결과의 성능을 향상시키기 위해 여러 모형을 종합하여 최종적인 의사결정을 도출하는 분석 방법을 의미한다.
- 앙상블 분석 방법에는 배깅, 부스팅, 랜덤 포레스트, 보팅, 스태킹이 있다.

문제 6

계층적 군집 분석의 군집 간 거리 측정 방법 중 하나로 두 군집의 중심 간의 거리를 측정하는 방법을 적으시오.

정답 중심 연결법

해설
- 계층적 군집은 유사한 데이터를 군집화하는 과정을 반복하여 군집을 형성하는 방법이다.
- 계층적 군집 분석에서 군집 간의 거리를 측정하는 방법에는 최단 연결법, 최장 연결법, 중심 연결법, 평균 연결법, 와드 연결법이 있다.
- 최단 연결법은 두 군집 사이의 데이터 중 가장 짧은 거리의 최솟값을 두 군집 사이의 거리로 측정하는 방법이다.
- 최장 연결법은 두 군집 사이의 데이터 중 가장 먼 거리의 최댓값을 두 군집 사이의 거리로 측정하는 방법이다.
- 중심 연결법은 두 군집의 중심 간의 거리를 측정하는 방법으로 두 군집이 결합할 때 가중 평균을 통해 연결된다.
- 와드 연결법은 다른 군집 내의 오차 제곱합에 기초하여 군집을 연결하는 방법이다.

문제 7 두 집단의 데이터를 분리해주는 가장 적합한 결정경계를 찾아주는 지도 학습 기반의 이진 선형 분류기를 적으시오.

정답 서포트 벡터 머신(SVM)

해설
- 서포트 벡터 머신(SVM : Support Vector Machine)은 두 집단의 데이터를 분리해주는 가장 적합한 결정경계를 찾아주는 지도 학습 기반의 이진 선형 분류기이다.
- 서포트 벡터 머신은 여유 공간인 마진(margin)을 최대화하는 것을 목표로 한다.

문제 8 $x_1 = 0.2$, $x_2 = -0.3$이고, 각각의 가중치가 $w_1 = 0.3$, $w_2 = 0.1$이며, 편향이 $b_1 = 0.1$일 때, 출력층의 값을 구하시오.

정답 0.13

해설
- 출력층 연산식은 다음과 같다.
  출력층 데이터＝값×가중치＋편향
- 연산식에 맞게 주어진 데이터를 입력하면 출력층 데이터의 값은 다음과 같이 연산된다.
  $(0.2×0.3)+(-0.3×0.1)+0.1=0.13$

문제 9 KNN 알고리즘은 (　　) 기반 지도 학습 분류 모델로 새로 입력된 데이터와 인접한 클래스의 데이터 사이의 (　　)를 계산하여 분류하는 알고리즘이다. (　　) 안에 알맞은 내용을 적으시오.

정답 거리

해설
- KNN(k-최근접 알고리즘)은 어떤 새로운 데이터로부터 거리가 가까운 k개의 다른 데이터의 속성을 참고하여 k개의 데이터 중 가장 빈도수가 높게 측정된 데이터를 해당 클래스로 분류하는 알고리즘이다.
- KNN 알고리즘의 거리를 측정하는 방법에는 유클리드 거리, 맨해튼 거리 등이 있다.

문제 10 범주형 변수 중 하나로 명사형으로 이름만 의미를 부여할 수 있는 변수를 적으시오.

정답 명목형

해설
- 변수는 속성에 따라 질적 변수인 범주형 변수와 양적 변수인 수치형 데이터로 나뉜다.
- 범주형 변수는 명사형으로 표시되는 데이터로 명목형 변수와 순서형 변수로 나뉜다.
- 명목형 변수는 데이터가 명사형 이름을 갖는 변수로서 예를 들면 '성별(남, 여)', '혼인 여부(기혼, 미혼)', '혈액형(A, B, O, AB)'과 같은 변수를 의미한다.
- 순서형 변수는 데이터에 순서가 있는 변수로서 예를 들면 '매우 만족-만족-보통-불만족-매우 불만족'과 같은 변수를 의미한다.
- 수치형 데이터는 수치형으로 표시되는 데이터로 이산형 변수와 연속형 변수로 나뉜다.
- 이산형 변수는 변수가 취하는 값을 셀 수 있는 경우로서 예를 들면 '특정 일(2024년 10월 5일)에 제주도에 입도한 관광객 수(3,500명)'와 같다.
- 연속형 변수는 변수가 해당 구간 안에서 모든 값을 가질 수 있는 경우로 예를 들면 자동차 엔진오일 교체 주기(5천km~7천km)와 같다.

문제 **1** 주어진 데이터 중 칼럼들의 결측값을 전부 제거한 후 데이터를 처음부터 순서대로 70%를 추출하여 housing_median_age 칼럼의 1분위수를 산출하시오. (단, 출력 결과는 정수 형태로 한다.)

데이터
https://raw.githubusercontent.com/JEunJin/BigData_python/master/ bigdata_csvfile/california_housing.csv

● 다음은 작업형 1유형 [문제 1]의 정답 코드 및 결과를 나타낸 것이다.

```
import pandas as pd

df=pd.read_csv('https://raw.githubusercontent.com/JEunJin/BigData_
python/master/bigdata_csvfile/california_housing.csv')
#print(df.info()) #결측값 확인 : total_bedrooms 207개 / 원래 데이터 : 20,640개
#print(df.head())

data = df.dropna(axis=0) #결측값 있는 행 전체(axis=0) 삭제
#print(data.info())
#print(20433*0.7) #14,303 : 결측값 제거 후 70%
data1=data.iloc[:14303,]
#print(data1.info())

q1 = data1['housing_median_age'].quantile(.25) #quantile(.25) : 1사분위수
print(int(q1))

19
```

〈작업형 1유형 [문제 1]의 정답 코드 및 결과〉

● df 변수에 원본 데이터를 로드하고, info( ) 함수와 head( ) 함수를 활용하여 원본 데이터의 구조 및 형태를 확인한다.

● pandas 패키지의 dropna( ) 함수를 사용하여 결측값 있는 행 전체(axis=0)

를 삭제한다.

- 결측값 제거 전 데이터는 20,640행이고, 결측값 제거 후 데이터는 20,433행으로 확인되었다.
- 결측값 제거 후 데이터 중 처음부터 70%에 해당하는 데이터를 대상으로 데이터 분석을 해야 하므로 data1 변수에 결측값 제거한 후의 데이터의 70%에 해당하는 데이터 14,303행을 저장한다.
- data1 데이터의 housing_median_age 칼럼의 1사분위수 값을 q1 변수에 저장하고, 정수 형태로 출력한다.

문제 2

4개년도(2000, 2006, 2012, 2021)에 대한 국가별 기아의 수치 데이터에서 2000년 전체 기아 수치의 평균을 구하고, 2000년 데이터를 대상으로 연산된 평균보다 큰 값을 갖는 국가의 수를 산출하시오.

데이터
https://raw.githubusercontent.com/JEunJin/BigData_python/master/bigdata_csvfile/global_hunger_data.csv

- 다음은 작업형 1유형 [문제 2]의 정답 코드 및 결과를 나타낸 것이다.

```
import pandas as pd

df=pd.read_csv('https://raw.githubusercontent.com/JEunJin/BigData_
python/master/bigdata_csvfile/global_hunger_data.csv')
#print(df.info())
#print(df.head())

df.sort_values('Year', ascending=True, inplace=True) #Year 칼럼 기준 데이터
정렬
data_2000 = df.loc[df['Year']==2000] #2000년 데이터만을 대상으로 데이터프레임 재구성
#print(data_2000)

mean = data_2000['Global Hunger Index (2021)'].mean()
```

```
#print(mean) #24.439

result=data_2000['Entity'].loc[data_2000['Global Hunger Index
(2021)'])mean].size
print(result)
```

| 50 |

〈작업형 1유형 [문제 2]의 정답 코드 및 결과〉

- df 변수에 원본 데이터를 로드하고, info( ) 함수와 head( ) 함수를 활용하여 원본 데이터의 구조 및 형태를 확인한다.
- 전체 데이터를 Year 칼럼을 기준으로 오름차순 정렬한다. 오름차순 정렬의 경우 데이터가 뒤로 갈수록 커지는 구조를 갖게 된다.
- data_2000 변수에 Year 칼럼의 값이 2000인 데이터를 슬라이싱하여 저장한다.
- mean 변수에 data_2000 데이터의 Global Hunger Index (2021) 칼럼의 평균값을 저장한다.
- data_2000 데이터의 Global Hunger Index (2021) 칼럼의 값이 평균보다 큰 나라의 데이터 수를 연산하여 result 변수에 저장 후 출력한다.

문제 3 주어진 데이터의 칼럼별로 결측값들의 비율을 확인하여 결측값의 비율이 가장 높은 변수명을 출력하시오.

데이터
https://raw.githubusercontent.com/JEunJin/BigData_python/master/ bigdata_csvfile/titanic.csv

- 다음은 작업형 1유형 [문제 3]의 정답 코드 및 결과를 나타낸 것이다.

```
import pandas as pd

df=pd.read_csv('https://raw.githubusercontent.com/JEunJin/BigData_
python/master/bigdata_csvfile/titanic.csv')
#print(df.info( )) #결측값 확인 Age(714/891), Cabin(204/891),
Embarked(889/891)

age_data = (sum(df['Age'].isna( ))/891)*100
#print(age_data)

cabin_data = (sum(df['Cabin'].isna( ))/891)*100
#print(cabin_data)

embarked_data = (sum(df['Embarked'].isna( ))/891)*100
#print(embarked_data)

print(df.columns[10])
```
```
Cabin
```

〈작업형 1유형 [문제 3]의 정답 코드 및 결과〉

- df 변수에 원본 데이터를 로드하고, info( ) 함수를 활용하여 원본 데이터의 구조를 확인한다.
- 전체 데이터 중 결측값이 있는 칼럼은 Age, Cabin, Embarked로 확인되었다.
- age_data, cabin_data, embarked_data 변수에 각각 Age, Cabin, Embarked 칼럼의 결측값 비율을 연산하여 저장한다.
- 결측값 비율이 가장 높은 것으로 확인된 Cabin 칼럼의 칼럼 이름을 출력한다.
- 전체 데이터 df의 11번째 칼럼이 Cabin이므로 df.columns[10]과 같은 형태로 결과를 출력한다.
- 데이터프레임 인덱스는 0부터 시작하므로 11번째 칼럼은 df.columns[10]과 같이 표현되는 것을 기억할 수 있도록 한다.

다음의 여행객 정보 데이터를 기반으로 여행보험 상품가입 여부 (TravelInsurance)가 1일 확률을 예측하시오. (단, 평가지표는 roc_auc_score 로 하고, 제출 파일의 칼럼은 cust_id(인덱스 번호) insurance(가입 여부) 두 개 만 존재해야 하며, 제출 파일 이름은 3rd_test_type2.csv로 한다.)

데이터
train: https://raw.githubusercontent.com/JEunJin/BigData_python/master/bigdata_csvfile/test3_type2_train.csv test: https://raw.githubusercontent.com/JEunJin/BigData_python/master/bigdata_csvfile/test3_type2_test.csv

● 다음은 작업형 2유형 문제의 정답 코드 및 결과를 나타낸 것이다.

```python
import pandas as pd

train=pd.read_csv('https://raw.githubusercontent.com/JEunJin/BigData_python/master/bigdata_csvfile/test3_type2_train.csv')
test=pd.read_csv('https://raw.githubusercontent.com/JEunJin/BigData_python/master/bigdata_csvfile/test3_type2_test.csv')
#print(train.info()) #1490
#print(test.info()) #497

#데이터 전처리(라벨인코딩)
from sklearn.preprocessing import LabelEncoder

le = LabelEncoder()
train['Employment Type'] = le.fit_transform(train['Employment Type'])
train['GraduateOrNot'] = le.fit_transform(train['GraduateOrNot'])
train['FrequentFlyer'] = le.fit_transform(train['FrequentFlyer'])
train['EverTravelledAbroad'] = le.fit_transform(train['EverTravelledAbroad'])
```

```python
test['Employment Type'] = le.fit_transform(test['Employment Type'])
test['GraduateOrNot'] = le.fit_transform(test['GraduateOrNot'])
test['FrequentFlyer'] = le.fit_transform(test['FrequentFlyer'])
test['EverTravelledAbroad'] = le.fit_transform(test['EverTravelledAbroad'])
#print(train.info())
#print(test.info())

#데이터 분할
X=train.drop(columns='TravelInsurance')
#print(X.info())
y=train['TravelInsurance']
#print(y)

#모델링 및 학습
from sklearn.ensemble import RandomForestClassifier
from sklearn.model_selection import train_test_split
rf = RandomForestClassifier(n_estimators=200, max_depth=25, random_state=123)
X_train, X_test, y_train, y_test = train_test_split(X, y, test_size=0.2, random_state=123)
rf.fit(X_train, y_train)
pred = rf.predict_proba(X_test)[:,1] # [:,1] : 모든 행에 대해서 두 번째 열의 데이터 가져오기
#print(pred) #predict_proba : 예측 확률 연산

#모델 성능 평가
from sklearn.metrics import roc_auc_score
roc = roc_auc_score(y_test, pred)
print('roc:', roc)

#최종 결과 예측
pred2=rf.predict_proba(test)[:,1]
#print(pred2)

#결과 제출 및 확인
pd.DataFrame({'cust_id':test.index, 'insurance': pred2}).to_csv('3rd_test_type2.csv', index=False)
print(pd.read_csv('3rd_test_type2.csv'))
```

```
roc: 0.8137515644555694
    cust_id insurance
0      0   0.240
1      1   0.260
2      2   0.345
3      3   0.135
4      4   0.415
..    ...    ...
492   492  0.485
493   493  0.350
494   494  0.855
495   495  0.315
496   496  0.895

[497 rows x 2 columns]
```

〈작업형 2유형 문제의 정답 코드 및 결과〉

- train 변수와 test 변수에 각각 원본 데이터를 로드하고, info( ) 함수를 활용하여 원본 데이터의 구조를 확인한다.
- sklearn 패키지의 LabelEncoder 모듈을 활용하여 문자열 형태의 데이터를 숫자 형태로 바꿔주는 라벨인코딩 작업을 한다.
- train 데이터의 독립변수(X)와 종속변수(y)를 지정하고, sklearn 패키지의 train_test_split 모듈을 활용하여 데이터를 분할한다.
- sklearn 패키지의 RandomForestClassifier 모듈을 활용하여 랜덤 포레스트 분류 모델을 생성하여 모델링하고, 모델을 학습시킨다.
- 학습된 랜덤 포레스트 분류 모델을 활용하여 train 데이터의 테스트 데이터(X_test)의 분류 결과를 예측하고, 그 결과를 pred 변수에 저장한다.
- 단, 여행보험 상품가입 여부(TravelInsurance)가 1일 확률을 예측하는 것이므로 predict( ) 함수가 아닌 predict_proba( ) 함수를 사용하여 분류한다.
- 분류할 클래스가 2개인 경우 predict_proba( ) 함수의 결과는 클래스가 0인 경우와 클래스가 1인 경우로 확인된다.

- 예제의 경우 여행보험 상품가입 여부(TravelInsurance)가 1일 확률을 예측하는 것이므로 두 번째 열(column)의 모든 행의 데이터를 가져와야 한다.
- [:, 1]은 모든 행에 대해서 두 번째 열의 데이터를 가져오는 것을 의미한다.
- sklearn 패키지의 roc_auc_score 모듈을 활용하여 생성된 랜덤 포레스트 분류 모델의 성능을 확인한다.
- test 데이터를 생성한 랜덤 포레스트 모델에 적용하여 분류 확률값을 예측하고, 그 결과를 pred2 에 저장한다.
- 저장된 pred2 결과를 인덱스를 포함하지 않는 3rd_test_type2 이름의 csv 파일 형태로 저장 후 제출한다.

제4회 기출 복원문제(2022. 6. 25 시행)

단답형

● 문제에 대한 정답은 영문명 또는 국문명으로 기재하고, 표기가 틀린 경우 오답처리 된다.

문제 1 경량의 데이터 교환 형식으로 {key∶value}의 형태를 갖는 데이터 교환 표준을
적으시오.

정답 JSON(JavaScript Object Notation)

해설 • 데이터는 형태에 따라 정형 데이터, 반정형 데이터, 비정형 데이터로
나뉜다.
• 정형 데이터는 정해진 형식과 구조에 따라 저장된 데이터로 그 예로
Excel, 스프레드시트 등이 있다.
• 반정형 데이터는 데이터 구조 정보를 데이터와 함께 제공하는 형식의
데이터로 그 예시로 JSON, XML, HTML 등이 있다.
• JSON(Java Script Object Notation)은 사람이 읽을 수 있는 데이터
교환용으로 설계된 경량 테스트 기반 개방형 표준 포맷으로 '키(key)−
값(value)'으로 구성된다.
• XML(Extensible Markup Language)은 데이터를 정의하는 규칙을
제공하는 마크업 언어이다.
• HTML(Hyper Text Markup Language)은 웹페이지 표시를 위해 개
발된 마크업 언어이다.
• 비정형 데이터는 정해진 데이터 구조가 없는 형태의 데이터로 그 예시
로 동영상 파일, 오디오 파일, 사진 등이 있다.

용어 설명 마크업 언어(Markup Language)
− 문서의 구조와 포맷을 정의하는 언어
− 문서나 데이터의 구조를 명확하게 정의하여 컴퓨터가 이를 이해하고 처리할 수 있
도록 하는 것을 목표로 한다.

문제 **2** 회귀계수 추정에 사용되고, 구하려는 값과 실제 값의 오차를 제곱한 합이 최소가 되는 해를 구하는 방법을 적으시오.

정답 최소제곱법

해설 • 회귀계수는 독립변수가 한 단위 변환함에 따라 종속변수에 미치는 영향력의 크기를 의미하며, 최소제곱법을 사용한다.
• 최소제곱법은 구하려는 값과 실제 값의 오차를 제곱한 합이 최소가 되는 해를 구하는 방법이다.

문제 **3** 변수 변환 기법 중 정규성에 맞지 않는 변수를 정규분포에 가깝게 로그/지수 변환하는 방법으로 데이터의 분산을 안정화하는 기법을 적으시오.

정답 박스-콕스(Box-Cox) 변환

해설 • 변수 변환 방법에는 단순 기능 변환, 비닝, 스케일링, 정규화, 표준화, 박스-콕스 변환이 있다.
• 단순 기능 변환은 한쪽으로 치우진 변수를 변환하여 분석 모형을 적합하게 만드는 방법이다.
• 비닝은 데이터값을 몇 개의 Bin(구간)으로 분할하여 계산하는 방법이다.
• 스케일링은 데이터의 성질은 유지한 채 데이터의 범위를 조정하는 방법이다.
• 정규화는 데이터의 값을 0~1 사이의 값으로 변환하는 방법이다.
• 표준화는 입력된 데이터를 평균이 0이고, 분산이 1인 표준 정규 분포로 변환하는 방법이다.
• 박스-콕스 변환은 정규성에 맞지 않는 변수를 정규분포에 가깝게 로그/지수 변환하는 방법으로 데이터의 분산을 안정화하는 기법이다.

문제 **4** 분석에 활용되는 데이터의 변수 정보는 최대한 유지하면서 데이터셋 변수의 개수를 줄이는 데이터 분석 기법을 적으시오.

정답 차원 축소

해설 • 차원 축소는 분석에 활용되는 데이터의 변수 정보는 최대한 유지하면서 데이터셋 변수의 개수를 줄이는 데이터 분석 기법이다.

• 차원 축소 기법에는 주성분 분석(PCA), 선형 판별 분석(LDA), 특이값 분해(SVD), 요인 분석, 독립 성분 분석(ICA), 다차원 척도법(MDS)이 있다.

문제 5 대뇌피질과 시각피질의 학습 과정을 기반으로 모델화한 인공신경망으로 자율학습 방법에 의한 클러스터링 방법을 적용한 알고리즘을 적으시오.

정답 자기 조직화 지도(SOM)

해설 • 비계층적 군집 분석 방법에는 K-평균 군집 분석(K-means clustering), 밀도 기반 군집 분석(DBSCAN : Density-Based Spatial Clustering of Applications with Noise), 자기 조직화 지도(SOM : Self-Organizing Maps)가 있다.

• K-평균 군집 분석(K-means clustering)은 주어진 데이터를 K개의 군집으로 묶는 알고리즘으로 군집 수를 K만큼 초깃값으로 지정하고, 각 객체를 가까운 초깃값에 할당하여 군집을 형성하는 방법이다.

• 밀도 기반 군집 분석(DBSCAN)은 데이터 포인트들이 밀집되어 밀도가 높은 부분을 군집화하는 방법이다.

• 자기 조직화 지도(코호넨 네트워크, SOM)는 대뇌피질과 시각피질의 학습 과정을 기반으로 모델화한 인공신경망으로 자율학습 방법에 의한 클러스터링 방법을 적용한 알고리즘이다.

문제 6 회귀 모델에서 잔차항이 평균 0인 정규분포 형태를 이뤄야 하는 성질을 적으시오.

정답 정규성

해설 • 회귀 분석은 선형성, 독립성, 등분산성, 정상성(정규성)의 4가지 가정을 만족해야 한다.

• 선형성은 독립변수 변화에 따라 종속변수도 선형적인 일정 크기로 변화해야 한다는 것이다.

• 독립성은 잔차와 독립변수의 값이 서로 독립적이어야 한다는 것이다.

• 등분산성은 잔차의 분산이 독립변수와 무관하게 일정해야 한다는 것이다.

• 정상성(정규성)은 잔차항이 평균 0인 정규분포 형태를 이뤄야 한다는 것이다.

문제 7 두 집단의 데이터를 분리해주는 가장 적합한 결정경계를 찾아주는 지도 학습 기반의 이진 선형 분류기를 적으시오.

정답 서포트 벡터 머신(SVM)

해설 • 서포트 벡터 머신(SVM : Support Vector Machine)은 두 집단의 데이터를 분리해주는 가장 적합한 결정경계를 찾아주는 지도 학습 기반의 이진 선형 분류기이다.
• 서포트 벡터 머신은 여유 공간인 마진(margin)을 최대화하는 것을 목표로 한다.

문제 8 학습 과정에서 신경망 일부를 사용하지 않는 방법으로 서로 연결된 연결망에서 0~1 사이의 확률로 뉴런을 제거하는 방법을 적으시오.

정답 드롭아웃(DropOut)

해설 • 과대 적합(Over fitting) 방지 기법으로는 데이터 증강, 모델 복잡도 감소, 가중치 규제 적용, 드롭아웃이 있다.
• 데이터 증강은 데이터의 양을 증강시켜 데이터 분석을 위한 충분한 데이터셋을 확보하는 것을 의미한다.
• 모델의 복잡도가 높은 경우 과적합의 위험이 있으므로 모델 복잡도와 관련된 인공신경망 은닉층 수 감소, 매개변수의 수 조절 등의 방법으로 모델의 복잡도를 감소시킨다.
• 가중치 규제 적용은 가중치 값을 제한하여 모델의 복잡도를 간단하게 만드는 방법을 의미한다.
• 드롭아웃은 학습 과정에서 신경망의 일부를 사용하지 않는 방법으로 서로 연결된 연결망에서 0~1 사이의 확률로 뉴런을 제거하는 방법이다.

문제 9 대용량 데이터 전송 솔루션으로 HDFS, RDBMS 등 다양한 저장소에 대용량 데이터를 신속하게 전송할 수 있는 방법을 제공하는 정형 데이터 수집 기술을 적으시오.

정답 스쿱(Sqoop)

해설
- 하둡 에코 시스템 기술 중 정형 데이터 수집 방법에는 스쿱(Sqoop)과 히호(Hiho)가 있다.
- 스쿱은 대용량 전송 솔루션으로 HDFS, RDBMS 등 다양한 저장소에 대용량 데이터를 신속하게 전송할 수 있는 방법을 제공한다.
- 히호는 대용량 전송 솔루션으로 하둡에서 데이터를 가져오기 위한 SQL을 지정할 수 있고, JDBC 인터페이스를 지원한다.

문제 10 혼동행렬의 정밀도가 0.8이고, 재현율이 0.6인 경우 F1-score를 구하시오. (단, 반올림하여 소수점 3자리까지 입력한다.)

정답 0.686

해설
- F1-score 공식은 $2 \times \dfrac{\text{Precision(정밀도)} \times \text{Recall(재현율)}}{\text{Presicion(정밀도)} + \text{Recall(재현율)}}$ 이다.
- 공식에 주어진 정밀도와 재현율을 대입하면 F1-score는 다음과 같이 연산된다.

$$\text{F1-score} = 2 \times \frac{0.8 \times 0.6}{0.8 + 0.6} = 2 \times \frac{0.48}{1.4} = \frac{0.96}{1.4} = 0.686$$

문제 **1** 주어진 데이터의 age 칼럼의 3사분위수와 1사분위수의 차를 절댓값으로 구하고, 정수 형태로 출력하시오.

데이터
https://raw.githubusercontent.com/JEunJin/BigData_python/master/ bigdata_csvfile/basic1.csv

● 다음은 작업형 1유형 [문제 1]의 정답 코드 및 결과를 나타낸 것이다.

```
import pandas as pd

df=pd.read_csv('https://raw.githubusercontent.com/JEunJin/BigData_
python/master/bigdata_csvfile/basic1.csv')
#print(df.info())
#print(df.head())

q1 = df.age.quantile(.25)
#print(q1) #26.875
q3 = df.age.quantile(.75)
#print(q3) #77.0

result = abs(q3-q1) #50.125
print(int(result))
```
```
50
```

〈작업형 1유형 [문제 1]의 정답 코드 및 결과〉

● df 변수에 원본 데이터를 로드하고, info() 함수와 head() 함수를 활용하여 원본 데이터의 구조 및 형태를 확인한다.

● q1 변수에 age 칼럼의 1사분위수를 연산하여 저장하고, q3 변수에 age 칼럼의 3사분위수를 연산하여 저장한다.

- result 변수에 3사분위수 값과 1사분위수 값의 차이 절댓값을 연산하여 저장한다.
- 저장된 result 결과를 정수 형태로 변환하여 출력한다.

문제 2 주어진 소셜 데이터에서 (loves 칼럼+wows 칼럼)/(reactions 칼럼) 비율이 0.4 보다 크고 0.5보다 작으면서 type='video'인 데이터의 개수를 구하시오.

데이터
https://raw.githubusercontent.com/JEunJin/BigData_python/master/ bigdata_csvfile/fb.csv

- 다음은 작업형 1유형 [문제 2]의 정답 코드 및 결과를 나타낸 것이다.

```
import pandas as pd

df=pd.read_csv('https://raw.githubusercontent.com/JEunJin/BigData_
python/master/bigdata_csvfile/fb.csv')
#print(df.info())

df['ratio'] = (df.loves + df.wows)/df.reactions
#print(df.head())

result = (df.type =='video') & (df.ratio > 0.4) & (df.ratio < 0.5)
print(result.sum())
```

```
90
```

〈작업형 1유형 [문제 2]의 정답 코드 및 결과〉

- df 변수에 원본 데이터를 로드하고, info() 함수를 활용하여 원본 데이터의 구조를 확인한다.
- (loves + wows) / reactions 값을 연산 후 새로 생성된 ratio 칼럼에 저장한다.
- type 칼럼의 값이 video이면서 ratio 칼럼값이 0.4보다 크고, 0.5보다 작은 데이터를 result 변수에 저장한다.
- result 변수의 전체 개수를 sum() 함수를 활용하여 연산 후 출력한다.

주어진 미디어 데이터에서 date_added가 2018년 1월이면서 country가 United Kingdom 단독 제작인 데이터의 개수를 구하시오.

데이터
https://raw.githubusercontent.com/JEunJin/BigData_python/master/ bigdata_csvfile/nf.csv

● 다음은 작업형 1유형 [문제 3]의 정답 코드 및 결과를 나타낸 것이다.

```
import pandas as pd

df=pd.read_csv('https://raw.githubusercontent.com/JEunJin/BigData_
python/master/bigdata_csvfile/nf.csv')
#print(df.info())
#print(df.head()) #date_added 형태 : September 25, 2021

df.date_added = pd.to_datetime(df.date_added)
#print(df.head())

con1 = df['date_added'].dt.year == 2018
con2 = df['date_added'].dt.month == 1
con3 = df['country'] =='United Kingdom'
#print(con1)
#print(con2)

result = con1 & con2 & con3
print(result.sum())
```

6

〈작업형 1유형 [문제 3]의 정답 코드 및 결과〉

- df 변수에 원본 데이터를 로드하고, info( ) 함수와 head( ) 함수를 활용하여 원본 데이터의 구조 및 형태를 확인한다.
- date_added 칼럼 데이터 형태를 datetime 형태로 변경한다.
- con1 변수에 date_added 칼럼의 연도가 2018년인 데이터를 저장한다.
- con2 변수에 date_added 칼럼의 월이 1인 데이터를 저장한다.
- con3 변수에 country 칼럼의 값이 United Kingdom인 데이터를 저장한다.
- result 변수에 con1, con2, con3의 조건을 모두 만족하는 데이터를 저장한다.
- result 변수의 전체 개수를 sum( ) 함수를 활용하여 연산 후 출력한다.

주어진 데이터를 활용하여 목표 변수 Segmentation에 대해 ID별로 Segmentation의 클래스를 예측해서 저장 후 제출하시오. (단. 제출 데이터 칼럼은 ID와 Segmentation 두 개만 존재해야 하고, index는 포함하지 않는다. 평가지표는 macro f1 score로 하고, 제출 파일 이름은 4th_test_type2.csv로 한다.)

데이터
train: https://raw.githubusercontent.com/JEunJin/BigData_python/master/bigdata_csvfile/test4_type2_train.csv   test: https://raw.githubusercontent.com/JEunJin/BigData_python/master/bigdata_csvfile/test4_type2_test.csv

● 다음은 작업형 2유형 문제의 정답 코드 및 결과를 나타낸 것이다.

```
import pandas as pd

train=pd.read_csv('https://raw.githubusercontent.com/JEunJin/BigData_
python/master/bigdata_csvfile/test4_type2_train.csv')
test=pd.read_csv('https://raw.githubusercontent.com/JEunJin/BigData_
python/master/bigdata_csvfile/test4_type2_test.csv')

#데이터 전처리(결측값 확인 및 제거)
#print(train.info())
#print(train.head())
#print(test.info())
train.dropna(axis=0, inplace=True)
#print(train.info()) #결측값 제거 후 4018행
test.dropna(axis=0, inplace=True)
#print(test.info()) #결측값 제거 후 1288행

#데이터 전처리(라벨인코딩)
```

```
from sklearn.preprocessing import LabelEncoder
le = LabelEncoder( )

train['Gender'] = le.fit_transform(train['Gender'])
train['Ever_Married'] = le.fit_transform(train['Ever_Married'])
train['Graduated'] = le.fit_transform(train['Graduated'])
train['Profession'] = le.fit_transform(train['Profession'])
train['Spending_Score'] = le.fit_transform(train['Spending_Score'])
train['Var_1'] = le.fit_transform(train['Var_1'])
#print(train.info( ))
test['Gender'] = le.fit_transform(test['Gender'])
test['Ever_Married'] = le.fit_transform(test['Ever_Married'])
test['Graduated'] = le.fit_transform(test['Graduated'])
test['Profession'] = le.fit_transform(test['Profession'])
test['Spending_Score'] = le.fit_transform(test['Spending_Score'])
test['Var_1'] = le.fit_transform(test['Var_1'])

#데이터 분할
from sklearn.model_selection import train_test_split
X=train.drop(columns=['Segmentation', 'ID'])
y=train['Segmentation']
#print(X.info( ))

X_train, X_test, y_train, y_test = train_test_split(X, y, test_size=0.2, random_
state=123)

#모델링 및 학습
from sklearn.ensemble import RandomForestClassifier

rf = RandomForestClassifier(n_estimators=95, max_depth=6, random_
state=123)
rf.fit(X_train, y_train)
pred=rf.predict(X_test)

#모델 성능 평가
from sklearn.metrics import f1_score, accuracy_score
```

```
f1=f1_score(y_test, pred, average='macro')
print('f1_score:',f1) #0.505136752530129
acc = accuracy_score(y_test, pred)
print('acc:', acc) #0.5211442786069652
#print(pred)

#최종 결과 예측
data = test.drop(columns='ID')
pred2=rf.predict(data)

#결과 제출 및 확인
pd.DataFrame({'ID':test['ID'], 'Segmentation':pred2}).to_csv('4th_test_
type2.csv', index=False)
print(pd.read_csv('4th_test_type2.csv'))
```

```
f1_score: 0.505136752530129
acc: 0.5211442786069652
      ID Segmentation
0    460406        D
1    466890        C
2    466145        B
3    467572        C
4    460767        B
...     ...        ...
1283 463734        A
1284 466055        B
1285 465689        D
1286 460401        A
1287 465215        B

[1288 rows x 2 columns]
```

〈작업형 2유형 문제의 정답 코드 및 결과〉

- train 변수와 test 변수에 각각 원본 데이터를 로드하고, info( ) 함수와 head( ) 함수를 활용하여 원본 데이터의 구조 및 형태를 확인한다.
- train 데이터와 test 데이터의 결측값이 있는 행 전체를 삭제하여 저장한다.
- sklearn 패키지의 LabelEncoder 모듈을 활용하여 텍스트 데이터를 대상으로 수치화하는 라벨인코딩 작업을 한다.
- train 데이터의 독립변수(X)와 종속변수(y)를 지정하고, sklearn 패키지의 train_test_split 모듈을 활용하여 데이터를 분할한다.
- sklearn 패키지의 RandomForestClassifier 모듈을 활용하여 랜덤 포레스트 분류 모델을 생성하여 모델링하고, 모델을 학습시킨다.
- 학습된 랜덤 포레스트 분류 모델을 활용하여 train 데이터의 테스트 데이터 (X_test)의 분류 결과를 예측하고, 그 결과를 pred 변수에 저장한다.
- sklearn 패키지의 f1_score 모듈과 accuracy_score 모듈을 활용하여 생성된 랜덤 포레스트 분류 모델의 성능을 평가한다.
- test 데이터를 생성한 랜덤 포레스트 모델에 적용하여 분류 결괏값을 예측하고, 그 결과를 pred2에 저장한다.
- 저장된 pred2 결과를 인덱스를 포함하지 않는 4th_test_type2 이름의 csv 파일 형태로 저장 후 제출한다.

제5회 기출 복원문제(2022. 12. 3 시행)

단답형

● 문제에 대한 정답은 영문명 또는 국문명으로 기재하고, 표기가 틀린 경우 오답처리 된다.

문제 1 구글에서 개발하였으며, 대용량 데이터를 신속하게 처리하는 분산 병렬 데이터 처리 기술을 적으시오.

정답 맵리듀스(MapReduce)

해설 • 하둡 에코 시스템 기술 중 분산 데이터 처리 기술에는 맵리듀스(Map Reduce)가 있다.
　　　• 맵리듀스는 구글에서 대용량 데이터 처리를 분산 병렬 컴퓨터에서 처리하기 위한 목적으로 제작하여 2004년 발표한 소프트웨어 프레임워크이다.
　　　• 맵리듀스는 맵(Map) 작업과 리듀스(Reduce) 작업의 결합이다.
　　　• 맵 작업은 여러 데이터를 Key-Value의 형태로 연관성 있는 데이터로 분류하여 묶는 작업을 의미한다.
　　　• 리듀스 작업은 맵 작업한 데이터 중 중복 데이터를 제거하고, 원하는 데이터를 추출하는 작업이다.
　　　• 맵리듀스는 다음과 같은 과정으로 처리된다.
　　　Input → Splitting → Mapping → Shuffling → Reducing → Final Result

---

문제 2 데이터 내부에 데이터 구조에 대한 메타 정보를 가지고 있기 때문에 어떤 형태의 데이터인지 파악하는 것이 중요한 데이터 형식을 적으시오.

정답 반정형 데이터

해설 • 데이터는 형태에 따라 정형 데이터, 반정형 데이터, 비정형 데이터로 나뉜다.
- 정형 데이터는 정해진 형식과 구조에 따라 저장된 데이터로 그 예로 Excel, 스프레드시트 등이 있다.
- 반정형 데이터는 데이터 구조 정보를 데이터와 함께 제공하는 형식의 데이터로 그 예시로 JSON, XML, HTML 등이 있다.
- 비정형 데이터는 정해진 데이터 구조가 없는 형태의 데이터로 그 예시로 동영상 파일, 오디오 파일, 사진 등이 있다.

문제 3

소수 클래스의 데이터를 복제 또는 생성하여 데이터의 비율을 맞추는 방법으로 정보가 손실되지 않는 장점이 있으나 과적합을 초래할 수 있는 기법을 적으시오.

정답 과대 표집(Over Sampling)

해설
- 불균형 데이터 처리 기법으로는 과소 표집(Under Sampling), 과대 표집(Over Sampling), 임곗값 이동(Cut-off Value Moving), 앙상블 기법(Ensemble Technique), 가중치 균형(Weight balancing)이 있다.
- 과소 표집은 다수 클래스의 데이터 중 일부만을 선택하여 데이터의 비율을 맞추는 방법으로 중요 데이터 소실 가능성이 있다.
- 과대 표집은 소스 클래스의 데이터를 복제 또는 생성하여 데이터의 비율을 맞추는 방법으로 과적합의 가능성이 있다.
- 임곗값 이동은 임곗값을 데이터가 많은 쪽으로 이동시키는 방법이다.
- 앙상블 기법은 같거나 서로 다른 여러 가지 모형들의 예측 및 분류 결과를 종합하여 최종적인 의사결정에 활용하는 방법이다.
- 가중치 균형은 학습 데이터셋의 각 데이터에서 손실을 계산할 때 특정 클래스의 데이터에 더 큰 손실을 갖도록 하는 방법이다.

문제 4

데이터의 전부 또는 일부분을 *과 같은 대체 값으로 변환하는 비식별화 방법으로 개인의 사생활 침해를 방지하는 데이터 변환 방법을 적으시오.

정답 데이터 마스킹

해설
- 데이터 비식별 조치방법으로는 가명처리, 총계처리, 데이터 삭제, 데이터 범주화, 데이터 마스킹이 있다.

- 가명처리는 개인정보의 일부를 삭제하거나 일부 또는 전부를 대체하는 방법으로 개인을 식별할 수 없도록 처리하는 방법이다.
- 총계처리는 통계값을 적용하여 특정 개인을 식별할 수 없도록 하는 방법이다.
- 데이터 삭제는 민감 데이터 일부 혹은 전체를 삭제하여 개인을 식별할 수 없도록 하는 방법이다.
- 데이터 범주화는 특정 정보를 해당 그룹의 대푯값으로 변환하거나 구간 값으로 변환하여 특정 개인을 식별할 수 없도록 하는 방법이다.
- 데이터 마스킹은 민감 정보 일부를 *와 같은 기호로 변환하여 표기하는 방법이다.

문제 5

예측값이 10, 20, 30, 40이고, 실젯값이 9, 18, 32, 44인 경우 RMSE를 구하시오.

정답 2.5

해설
- RMSE 공식은 $\sqrt{\dfrac{1}{n}\sum\limits_{i=1}^{n}(y_i - \hat{y_i})^2}$ 이다.

- 주어진 데이터를 연산식에 대입할 경우 다음과 같이 연산할 수 있다.

$$= \sqrt{\frac{(9-10)^2 + (18-20)^2 + (32-30)^2 + (44-40)^2}{4}}$$

$$= \sqrt{\frac{1+4+4+16}{4}} = \sqrt{\frac{25}{4}} = \frac{5}{2} = 2.5$$

문제 6

(   )는 dying ReLU 현상을 해결하기 위해 제시된 활성화 함수로 ReLU에서는 x<0에서 모든 값이 0이지만, (   )는 작은 기울기를 부여한다.

정답 Leaky ReLU

해설
- ReLU 함수는 양수 입력 시 어떠한 값의 변형 없이 입력값 그대로 출력하고, 음수 입력 시 항상 0값을 리턴하는 함수이다.
- ReLU 함수는 뉴런이 죽는 Dying ReLU 현상이 발생한다.
- Dying ReLU는 ReLU 함수에서 음의 값을 가지면 전부 0을 출력하여

일부 가중치들이 업데이트되지 않는 문제를 의미한다.

• Leaky ReLU 함수는 임계치보다 작을 때 0을 곱하는 ReLU 함수와 달리 0.01을 곱하는 함수로서 ReLU 함수의 Dying ReLU 현상을 해결한다.

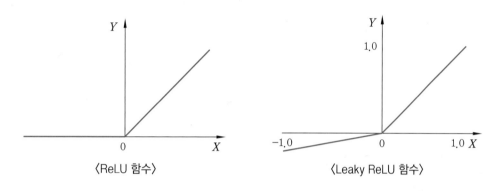

〈ReLU 함수〉 〈Leaky ReLU 함수〉

문제 7

시계열 데이터의 분포를 매끄럽게 함으로써 데이터의 잡음을 제거하고 데이터의 주기적인 패턴이나 추세를 알아내는 기법을 적으시오.

정답 평활화(Smoothing)

해설
• 이동평균(Moving Average)은 특정 구간(window)에 대한 평균을 계산하여 데이터를 부드럽게 만드는 기법이며, 평활화의 한 형태이다.
• 평활화(Smoothing)는 데이터 변환 기술 중 하나로 원래의 데이터를 매끄럽게 만들어 잡음을 제거하고 추세나 주기를 파악하는 데 사용되는 더 넓은 개념이다.

문제 8

개체들의 밀도 계산을 기반으로 밀접하게 분포된 개체들끼리 군집화하는 분석 방법을 적으시오.

정답 밀도 기반 군집 분석(DBSCAN)

해설
• 비계층적 군집 분석 방법에는 K-평균 군집 분석(K-means clustering), 밀도 기반 군집 분석(DBSCAN : Density-Based Spatial Clustering of Applications with Noise), 자기 조직화 지도(SOM : Self-Organizing Maps)가 있다.

- K-평균 군집 분석(K-means clustering)은 주어진 데이터를 K개의 군집으로 묶는 알고리즘으로 군집 수를 K만큼 초깃값으로 지정하고, 각 객체를 가까운 초깃값에 할당하여 군집을 형성하는 방법이다.
- 밀도 기반 군집 분석(DBSCAN)은 데이터 포인트들이 밀집되어 밀도가 높은 부분을 군집화하는 방법이다.
- 자기 조직화 지도(코호넨 네트워크, SOM)는 대뇌피질과 시각피질의 학습 과정을 기반으로 모델화한 인공신경망으로 자율학습 방법에 의한 클러스터링 방법을 적용한 알고리즘이다.

문제 9 Z 분포에서 데이터 99.7% 포함된 범위는 평균을 중심으로 각각 (　　) 표준편차 범위이다.

정답 3

해설
- Z-분포 그래프를 확인하면 약 68%의 값들이 평균에서 양쪽으로 1 표준편차 범위($\mu \pm \sigma$)에 존재하고, 약 95%의 값들이 평균에서 양쪽으로 2 표준편차 범위($\mu \pm 2\sigma$)에 존재한다.
- 그리고 거의 모든 값인 약 99.7%의 값들이 평균에서 양쪽으로 3 표준편차 범위($\mu \pm 3\sigma$)에 존재하는 것을 확인할 수 있다.

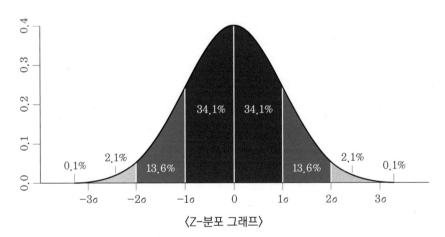

〈Z-분포 그래프〉

문제 **10** 다음과 같은 혼동행렬에서 F1-score를 구하시오.

		실제	
		P	N
예측	P	20	80
	N	40	60

정답 0.25

해설 • F1-score 공식은 $2 \times \dfrac{\text{Precision(정밀도)} \times \text{Recall(재현율)}}{\text{Presicion(정밀도)} + \text{Recall(재현율)}}$이다.

• 정밀도(Precision)는 예측 긍정 중 긍정의 비율이고, 연산할 경우
$\dfrac{20}{20+80} = \dfrac{1}{5}$이 된다.

• 재현율(Recall)은 실제 긍정 중 긍정의 비율이고, 연산할 경우
$\dfrac{20}{20+40} = \dfrac{1}{3}$이 된다.

• 따라서 F1-score는 다음과 같이 연산된다.

$$\text{F1-score} = 2 \times \left(\dfrac{\dfrac{1}{5} \times \dfrac{1}{3}}{\dfrac{1}{5} + \dfrac{1}{3}} \right) = 2 \times \dfrac{\dfrac{1}{15}}{\dfrac{8}{15}} = 0.25$$

작업형 1유형

문제 1

주어지는 종량제 봉투 데이터에서 20L 가격과 5L 가격의 차이를 '가격 차이'라고 한다. 시도명별 가격 차이의 평균가격을 비교할 때 그 값이 가장 큰 금액을 반올림하여 소수점 이하 1자리까지 구하시오. (단, 가격 데이터가 0인 값은 없는 값으로 판단하여 연산에서 제외한다.)

데이터
https://raw.githubusercontent.com/JEunJin/BigData_python/master/ bigdata_csvfile/garbage_bag.csv

● 다음은 작업형 1유형 [문제 1]의 정답 코드 및 결과를 나타낸 것이다.

```
import pandas as pd

df=pd.read_csv('https://raw.githubusercontent.com/JEunJin/BigData_
python/master/bigdata_csvfile/garbage_bag.csv')
#print(df.info()) #0값 제거 전 762행
#print(df.head())


new_data = df[(df['20L 가격']!=0) & (df['5L 가격']!=0)].reset_index() #0값
제거 후 454행
#print(new_data)
new_data['가격 차이'] = new_data['20L 가격'] -new_data['5L 가격']

result = new_data.groupby('시도명')['가격 차이'].mean().sort_
values(ascending=False)
print(round(result[0],1))
```

619.0

〈작업형 1유형 [문제 1]의 정답 코드 및 결과〉

● df 변수에 원본 데이터를 로드하고, info( ) 함수와 head( ) 함수를 활용하여 원본 데이터의 구조 및 형태를 확인한다.

- 가격 데이터가 0인 값은 없는 값으로 판단하여 연산에서 제외되기 때문에 0값 데이터를 제거한 뒤, new_data 이름으로 0값이 제거된 데이터를 저장한다.
- '가격 차이' 칼럼을 새로 생성하여 '20L 가격' 값에서 '5L 가격' 값을 뺀 결과를 저장한다.
- groupby( ) 함수를 사용하여 '시도명'별 '가격 차이'의 평균을 내림차순 정렬하여 result 변수에 저장한다.
- 내림차순 정렬의 경우 데이터가 뒤로 갈수록 작아지므로 가장 큰 금액이 데이터의 가장 앞에 위치하게 된다.
- 따라서 result의 가장 첫 번째 값 [0]을 반올림하여 소수점 첫 번째자리까지 연산한 뒤 출력한다.

문제 2

BMI는 '몸무게(kg) / (키(M)×키(M))'로 정의한다. 초고도 비만은 BMI 25 이상, 고도 비만은 BMI 25 미만~23 이상, 정상은 23 미만~18.5 이상, 저체중은 18.5 미만으로 정의한다. 주어진 데이터에서 (초고도 비만 인원＋저체중 인원)의 숫자를 구하시오.

데이터
https://raw.githubusercontent.com/JEunJin/BigData_python/master/bigdata_csvfile/BMI_data.csv

- 다음은 작업형 1유형 [문제 2]의 정답 코드 및 결과를 나타낸 것이다.

```
import pandas as pd

df=pd.read_csv('https://raw.githubusercontent.com/JEunJin/BigData_
python/master/bigdata_csvfile/BMI_data.csv')
#print(df.head( ))

df['height(cm)'] = df['height(cm)']/100 #키 단위 M로 변경
df['BMI'] = df['weight(kg)'] / (df['height(cm)']*df['height(cm)'])
#print(df['BMI'])

result = (df['BMI'] >= 25) + (df['BMI'] < 18.5)
print(result.sum( ))
```

8998

〈작업형 1유형 [문제 2]의 정답 코드 및 결과〉

- df 변수에 원본 데이터를 로드하고, head( ) 함수를 활용하여 원본 데이터의 형태를 확인한다.
- 주어진 BMI 연산식에 사용되는 키의 단위가 M이므로 주어진 데이터의 height(cm) 값을 Meter 단위로 변환시켜서 저장한다.
- 몸무게(kg) / (키(M)×키(M)) 공식으로 BMI 수치를 연산하여 'BMI' 칼럼에 저장한다.
- result 변수에 BMI 수치가 25 이상이고, 18.5 미만인 데이터를 저장한다.
- result 변수의 전체 개수를 sum( ) 함수를 활용하여 연산 후 출력한다.

문제 3 순유입 인원은 초중고 도내, 도외 전입 인원에서 초중고 도내, 도외 전출 인원을 뺀 값이다. 주어진 데이터에서 각 연도별로 가장 큰 순유입 인원을 가진 지역구의 순유입 인원을 구하고 전체 기간의 해당 순유입 인원들의 합을 구하시오.

데이터
https://raw.githubusercontent.com/JEunJin/BigData_python/master/ bigdata_csvfile/school_data.csv

- 다음은 작업형 1유형 [문제 3]의 정답 코드 및 결과를 나타낸 것이다.

```
import pandas as pd

df=pd.read_csv('https://raw.githubusercontent.com/JEunJin/BigData_
python/master/bigdata_csvfile/school_data.csv')
#print(df.head( ))

df['전입인원']=(df['초등학교_전입_도내']+df['초등학교_전입_도외']+df['중학교_전입_
도내']+df['중학교_전입_도외']+df['고등학교_전입_도내']+df['고등학교_전입_도외'])
#print(df['전입인원'])
```

```
df['전출인원']=(df['초등학교_전출_도내']+df['초등학교_전출_도외']+df['중학교_전
출_도내']+df['중학교_전출_도외']+df['고등학교_전출_도내']+df['고등학교_전출_도
외'])
#print(df['전출인원'])

df['순유입인원']=df['전입인원']-df['전출인원']
#print(df['순유입인원'])

result = df.groupby('년도')['순유입인원'].max( ).sum( )
print(result)
```

13853

〈작업형 1유형 [문제 3]의 정답 코드 및 결과〉

- df 변수에 원본 데이터를 로드하고, head( ) 함수를 활용하여 원본 데이터의 형태를 확인한다.
- 초, 중, 고등학교의 도내, 도외 전입 인원을 모두 더한 뒤 '전입 인원' 칼럼에 저장한다.
- 초, 중, 고등학교의 도내, 도외 전출 인원을 모두 더한 뒤 '전출 인원' 칼럼에 저장한다.
- '전입 인원' 칼럼값에서 '전출 인원' 칼럼값을 뺀 결과를 '순유입 인원' 칼럼에 저장한다.
- df.groupby('연도')['순유입 인원'].max( ) 코드는 '연도'별로 가장 큰 '순유입 인원'을 갖는 지역의 순유입 인원의 수치로서 해당 코드를 실행하면 다음과 같은 결과를 확인할 수 있다.

```
연도
2012   949
2013  1339
2014  2225
2015  1498
2016   774
```

```
2017    932
2018    1158
2019    1821
2020    1762
2021    1395
```

〈'연도'별로 가장 큰 '순유입 인원'을 갖는 지역의 순유입 인원의 수치〉

- '연도'별로 가장 큰 '순유입 인원'을 갖는 지역의 순유입 인원의 수치의 전체 합을 연산해야 하므로 연도별 순유입 인원을 그룹화하여 최댓값(max)을 구하고, sum( ) 함수를 활용하여 해당 결과의 전체 합을 구한다.

- 그 다음 전체 합의 결과를 result 변수에 저장하여 출력한다.

주어진 자동차 데이터를 활용하여 ID별로 price 값을 예측하여 제출한다. (단, 제출 데이터 칼럼은 ID와 price 두 개만 존재해야 하고, index는 포함하지 않는다. 평가지표는 RMSE로 하고, 회귀 모델을 활용하여 모델링한다. 제출 파일 이름은 5th_test_type2.csv로 한다.)

데이터
train: https://raw.githubusercontent.com/JEunJin/BigData_python/master/ bigdata_csvfile/test5_type2_train.csv   test: https://raw.githubusercontent.com/JEunJin/BigData_python/master/ bigdata_csvfile/test5_type2_test.csv

● 다음은 작업형 2유형 문제의 정답 코드 및 결과를 나타낸 것이다.

```python
import pandas as pd
import numpy as np

train=pd.read_csv('https://raw.githubusercontent.com/JEunJin/BigData_
python/master/bigdata_csvfile/test5_type2_train.csv')
test=pd.read_csv('https://raw.githubusercontent.com/JEunJin/BigData_
python/master/bigdata_csvfile/test5_type2_test.csv')

#print(train.head( )) #train 데이터에만 price 칼럼(목표변수) 존재, 결측값 없음.
#print(train.info( )) #9823행
#print(test.head( ))
#print(test.info( )) #3296행

#데이터 전처리 (라벨인코딩)
from sklearn.preprocessing import LabelEncoder

le=LabelEncoder( )
```

```
train['model']=le.fit_transform(train['model'])
train['transmission']=le.fit_transform(train['transmission'])
train['fuelType']=le.fit_transform(train['fuelType'])
#print(train.info())

test['model']=le.fit_transform(test['model'])
test['transmission']=le.fit_transform(test['transmission'])
test['fuelType']=le.fit_transform(test['fuelType'])
#print(test.info())

#데이터 분할
from sklearn.model_selection import train_test_split

X=train.drop(['price'], axis=1)
y=train['price']

X_train, X_test, y_train, y_test = train_test_split(X, y, test_size=0.2, random_
state=10)

#모델링 및 학습
from sklearn.ensemble import RandomForestRegressor

rf=RandomForestRegressor(n_estimators=100, max_depth=25, random_
state=10)
rf.fit(X_train, y_train)
pred=rf.predict(X_test)

#모델 성능 평가
from sklearn.metrics import mean_squared_error

mse=mean_squared_error(y_test, pred)
print('mse', mse)
rmse=np.sqrt(mse)
print('rmse', rmse)

#최종 결과 예측
result=rf.predict(test)
```

```
#print(result)

#결과 제출 및 확인
pd.DataFrame({'ID':test['ID'],'price':result }).to_csv('5th_test_type2.csv',
index=False)
print(pd.read_csv('5th_test_type2.csv'))
```

```
mse 5570974.655717117
rmse 2360.291222649679
      ID    price
0      0   4691.73
1      2  70196.68
2     14  17106.93
3     15  14178.45
4     18  15758.38
...   ...      ...
3291 13096  28273.82
3292 13098  24744.25
3293 13101  19155.38
3294 13109  16844.26
3295 13112  28394.94

[3296 rows x 2 columns]
```

〈작업형 2유형 문제의 정답 코드 및 결과〉

- train 변수와 test 변수에 각각 원본 데이터를 로드하고, info( ) 함수를 활용하여 원본 데이터의 구조를 확인한다.
- sklearn 패키지의 LabelEncoder 모듈을 활용하여 텍스트 데이터를 대상으로 수치화하는 라벨인코딩 작업을 한다.
- train 데이터의 독립변수(X)와 종속변수(y)를 지정하고, sklearn 패키지의 train_test_split 모듈을 활용하여 데이터를 분할한다.
- sklearn 패키지의 RandomForestRegressor 모듈을 활용하여 랜덤 포레스트 회귀 모델을 생성하여 모델링하고, 모델을 학습시킨다.

- 학습된 랜덤 포레스트 회귀 모델을 활용하여 train 데이터의 테스트 데이터 (X_test)의 회귀 결과를 예측하고, 그 결과를 pred 변수에 저장한다.
- sklearn 패키지의 mean_squared_error 모듈을 활용하여 평균제곱오차 (MSE)를 구하고, 생성된 랜덤 포레스트 회귀 모델의 성능을 확인한다.
- 평균제곱오차(MSE)는 오차가 제곱되어 연산된 값이므로 제곱근을 취한 평균제곱근오차(RMSE)값 또한 함께 확인한다.
- 평균제곱근오차는 평균제곱오차에 제곱근 연산을 통해 확인할 수 있고, numpy 패키지의 sqrt( ) 함수를 사용하여 연산할 수 있다.
- test 데이터를 생성한 랜덤 포레스트 회귀에 적용하여 결괏값을 예측하고, 그 결과를 result에 저장한다.
- 저장된 result 결과 인덱스를 포함하지 않는 5th_test_type2 이름의 csv 파일 형태로 저장 후 제출한다.

제6회 기출 복원문제(2023. 6. 24 시행)

작업형 1유형

문제 1

각 구급 보고서별 출동시각과 신고시각의 차이를 '소요시간' 칼럼으로 만들어 초
(sec) 단위로 구하고 소방서명별 소요시간의 평균을 오름차순으로 정렬했을 때
3번째로 작은 소요시간의 값과 소방서명을 출력하시오.

데이터
https://raw.githubusercontent.com/JEunJin/BigData_python/master/ bigdata_csvfile/report_data.csv

● 다음은 작업형 1유형 [문제 1]의 정답 코드 및 결과를 나타낸 것이다.

```
import pandas as pd

df=pd.read_csv("https://raw.githubusercontent.com/JEunJin/BigData_
python/master/bigdata_csvfile/report_data.csv")
#print(df.info( ))
#print(df.head( ))

df['소요시간'] = (
    pd.to_datetime(df['출동일자'].astype('str')+df['출동시각'].astype('str').str.
zfill(6))-
    pd.to_datetime(df['신고일자'].astype('str')+df['신고시각'].astype('str').str.
zfill(6))
).dt.total_seconds( )

#print(df['소요시간'])

result=df.groupby(['소방서명'])['소요시간'].mean( ).sort_values( ).reset_
index( ).iloc[2].values
#주의! index는 0부터 시작되므로 3번째 데이터는 3이 아닌 2가 된다.
print(result)
```

['종로소방서' 175.5]

〈작업형 1유형 [문제 1]의 정답 코드 및 결과〉

- df 변수에 원본 데이터를 로드하고, info( ) 함수와 head( ) 함수를 활용하여 원본 데이터의 구조 및 형태를 확인한다.
- '소요시간' 연산을 위해 '출동시각'을 6자리 수로 맞추고, '출동일자'와 '출동 시각'의 데이터 타입을 모두 문자열 형태로 변경한 뒤 두 칼럼값을 합친다. 합쳐진 데이터를 datetime 형태로 데이터 타입을 변경한다.
- 마찬가지로 '신고시각'을 6자리 수로 맞추고, '신고일자'와 '신고시각'의 데이터 타입을 모두 문자열 형태로 변경한 뒤 두 칼럼값을 합친다. 합쳐진 데이터를 datetime 형태로 데이터 타입을 변경한다.
- zfill(n) 함수는 n자리수 만큼 비어있는 데이터를 0으로 채워주는 역할을 한다.
- 따라서 zfill(6)의 경우 해당 데이터의 자리수가 6자리가 되고, 비어있는 공간은 0으로 채워지게 된다.
- 출동시간(출동일자+출동시각)과 신고시간(신고일자+신고시각)을 뺀 값을 초(second) 단위로 변경하여 '소요시간' 칼럼에 저장한다.
- '소방서명'을 기준으로 '소요시간'별 평균을 오름차순 정렬하여 3번째로 작은 소요시간을 갖는 소방서명과 소요시간 값을 출력한다.
- sort_values( ) 함수의 기본값이 오름차순이므로 별다른 설정값을 주지 않으면 데이터는 오름차순으로 정렬된다.
- 오름차순 정렬은 데이터가 뒤로 갈수록 커지는 형태를 갖는다. 따라서 첫 번째 데이터가 가장 작은 값을 갖는다.
- 우리가 확인해야 하는 값은 3번째로 작은 소요시간을 갖는 소방서명과 소요시간 값이므로 데이터 인덱싱으로 iloc[2]와 같이 값을 추출할 수 있다.
- 인덱스 번호는 0부터 시작되므로 3번째 값이 iloc[3]이 아닌 iloc[2]라는 점을 기억할 수 있도록 한다.

문제 2

학교 세부 유형이 일반중학교인 학교들 중 일반중학교 숫자가 2번째로 많은 시
도의 일반중학교 데이터만 필터하여 해당 시도의 교원 한 명당 맡은 학생 수가
가장 많은 학교를 찾아서 해당 학교의 교원 수를 출력하시오.

데이터
https://raw.githubusercontent.com/JEunJin/BigData_python/master/bigdata_csvfile/class_data.csv

● 다음은 작업형 1유형 [문제 2]의 정답 코드 및 결과를 나타낸 것이다.

```
import pandas as pd

df=pd.read_csv('https://raw.githubusercontent.com/JEunJin/BigData_
python/master/bigdata_csvfile/class_data.csv')
#print(df.info())
#print(df.head())

#시도별 학교세부유형이 일반중학교인 곳 중에서 일반중학교 유형이 두 번째로 많은 시
도 : 서울(387개)
first_option_total_data = df[df['학교세부유형']=='일반중학교']['시도'].value_
counts()
#print(first_option_total_data)
first_option=df[df['학교세부유형']=='일반중학교']['시도'].value_counts(
).index[1]
#print(first_option)

second_option=df[(df['학교세부유형']=='일반중학교') & (df['시도']==first_
option)]
#print(second_option)

second_option['교원당_학생수']=second_option['일반학급_학생수_계'] /
second_option['교원수_총계_계']
#print(second_option)
second_option = second_option.dropna() #결측값 1개 제거

result = second_option.sort_values('교원당_학생수', ascending=False) #교원
```

```
당_학생수 기준 내림차순 정렬
#print(result)
print(result['교원수_총계_계'].iloc[0])
```

```
33
```

〈작업형 1유형 [문제 2]의 정답 코드 및 결과〉

- df 변수에 원본 데이터를 로드하고, info( ) 함수와 head( ) 함수를 활용하여 원본 데이터의 구조 및 형태를 확인한다.
- 다음은 시도 칼럼별 학교 세부 유형이 일반중학교인 곳의 전체 데이터(first_option_total_data)를 나타낸 것이다.

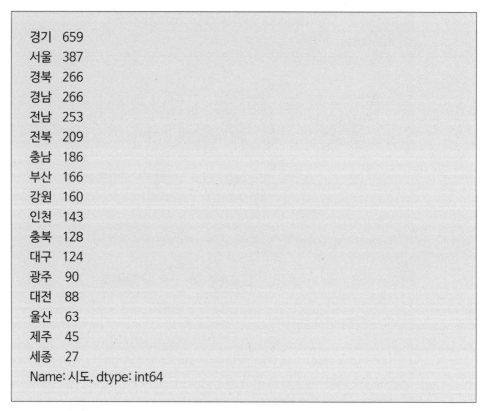

```
경기   659
서울   387
경북   266
경남   266
전남   253
전북   209
충남   186
부산   166
강원   160
인천   143
충북   128
대구   124
광주    90
대전    88
울산    63
제주    45
세종    27
Name: 시도, dtype: int64
```

〈시도 칼럼별 학교 세부 유형이 일반중학교인 곳의 전체 데이터(first_option_total_data)〉

- 데이터 슬라이싱을 통해 시도별 학교 세부 유형이 일반중학교인 곳 중에서 일반중학교 유형이 두 번째로 많은 지역은 387개의 값을 갖는 '서울'로 확인되었다.
- '학교세부유형' 칼럼값이 '일반중학교'이면서 '시도별 학교세부유형이 일반중학교인 곳 중에서 일반중학교 유형이 두 번째로 많은 지역', 즉 '시도' 칼럼의 값이 '서울'인 데이터를 슬라이싱하여 second_option 변수에 저장한다.
- second_option 데이터의 '교원당_학생수'를 'second_option['일반학급_학생수_계'] / second_option['교원수_총계_계']'와 같이 연산하여 저장한다.
- second_option의 결과를 확인해 본 결과 결측값이 1개 확인되어 이를 제거한다.
- second_option 데이터를 '교원당_학생수' 기준으로 내림차순 정렬하면 가장 큰 값을 갖는 데이터가 가장 처음에 위치하게 된다.
- '교원당_학생수' 값이 가장 큰 값을 갖는 데이터의 '교원수_총계_계'를 출력한다.

문제 **3**

5대 범죄(절도, 사기, 배임, 방화, 폭행)의 월별 총발생건수를 총범죄수라고 표현하자. 2018, 2019년의 각각 분기별 총범죄수의 월평균 값을 구했을 때 최댓값을 가지는 연도와 분기를 구하고 해당 분기의 최댓값의 사기 범죄가 발생한 월의 사기 범죄 발생건수를 출력하시오. (단, 분기 정보는 다음과 같이 한다. 1분기 :1, 2, 3월 / 2분기 : 4, 5, 6월 / 3분기 : 7, 8, 9월 / 4분기 : 10, 11, 12월, 1분기 월평균 : 1, 2, 3월의 총범죄수 평균, 2분기 월평균 : 4, 5, 6월의 총범죄수 평균, 3분기 월평균 : 7, 8, 9월의 총범죄수 평균, 4분기 월평균 : 10, 11, 12월의 총범죄수 평균)

데이터
https://raw.githubusercontent.com/JEunJin/BigData_python/master/ bigdata_csvfile/crime_data.csv

● 다음은 작업형 1유형 [문제 3]의 정답 코드 및 결과를 나타낸 것이다.

```python
import pandas as pd

df=pd.read_csv('https://raw.githubusercontent.com/JEunJin/BigData_
python/master/bigdata_csvfile/crime_data.csv')
#print(df.info())
#print(df.head())

df['총범죄수']=df['절도']+df['사기']+df['배임']+df['방화']+df['폭행']

a=df['총범죄수'].iloc[0:3].sum() / 3 #18년 1분기
b=df['총범죄수'].iloc[3:6].sum() / 3 #18년 2분기
c=df['총범죄수'].iloc[6:9].sum() / 3 #18년 3분기
d=df['총범죄수'].iloc[9:12].sum() / 3 #18년 4분기

e=df['총범죄수'].iloc[12:15].sum() / 3 #19년 2분기
f=df['총범죄수'].iloc[15:18].sum() / 3 #19년 2분기 *총범죄수 최댓값*
g=df['총범죄수'].iloc[18:21].sum() / 3 #19년 3분기
h=df['총범죄수'].iloc[21:24].sum() / 3 #19년 4분기

list=[a,b,c,d,e,f,g,h]
#print(list)

max_mean = df.iloc[15:18] #19년 2분기 행 전체
#print(max_mean)
result = max_mean['사기'].max()
print(result)
```

```
27766
```

〈작업형 1유형 [문제 3]의 정답 코드 및 결과〉

- df 변수에 원본 데이터를 로드하고, info( ) 함수와 head( ) 함수를 활용하여 원본 데이터의 구조 및 형태를 확인한다.
- 절도, 사기, 배임, 방화, 폭행 칼럼값의 합을 연산하여 '총범죄수' 칼럼에 저장한다.
- 18년도와 19년도의 분기별 '총범죄수'의 평균을 연산하여 리스트에 저장한다.
- 다음은 '총범죄수' 리스트의 출력 결과를 나타낸 것이다.

> [49857.666666666664, 53462.333333333336, 55461.666666666664, 50481.666666666664, 53137.333333333336, 58438.333333333336, 58334.666666666664, 53582.333333333336]

〈'총범죄수' 리스트 출력 결과〉

- 연산된 분기별 '총범죄수'의 평균을 확인해 본 결과 2019년도 2분기의 '총범죄수'의 수치가 최댓값을 갖는 것을 확인할 수 있었다.
- 2019년도 2분기 데이터를 슬라이싱하여 max_mean 변수에 저장한다.
- 2019년도 2분기의 최댓값의 '사기' 범죄가 발생한 월의 사기 범죄 발생 건수를 연산하여 result 변수에 저장하고, 그 결과를 출력한다.

주어지는 데이터를 활용하여 예측 변수 General_Health에 대해 ID별로 General_Health 값을 예측하여 제출한다. (단, 제출 데이터 칼럼은 ID와 General_Health 두 개만 존재해야 하고, 평가지표는 macro f1 score로 한다. 제출 파일 이름은 6th_test_type2.csv로 한다.)

데이터
train: https://raw.githubusercontent.com/JEunJin/BigData_python/master/bigdata_csvfile/test6_type2_train.csv test: https://raw.githubusercontent.com/JEunJin/BigData_python/master/bigdata_csvfile/test6_type2_test.csv

● 다음은 작업형 2유형 문제의 정답 코드 및 결과를 나타낸 것이다.

```python
import pandas as pd

train=pd.read_csv('https://raw.githubusercontent.com/JEunJin/BigData_
python/master/bigdata_csvfile/test6_type2_train.csv')
test=pd.read_csv('https://raw.githubusercontent.com/JEunJin/BigData_
python/master/bigdata_csvfile/test6_type2_test.csv')

#print(train.info())  #11,230 행
#print(train.head())
#print(test.info()) #4,813 행
#print(test.head())

#데이터 전처리(라벨인코딩)
from sklearn.preprocessing import LabelEncoder
le=LabelEncoder()

train['Checkup']=le.fit_transform(train['Checkup'])
```

```
train['Exercise']=le.fit_transform(train['Exercise'])
train['Heart_Disease']=le.fit_transform(train['Heart_Disease'])
train['Skin_Cancer']=le.fit_transform(train['Skin_Cancer'])
train['Other_Cancer']=le.fit_transform(train['Other_Cancer'])
train['Depression']=le.fit_transform(train['Depression'])
train['Diabetes']=le.fit_transform(train['Diabetes'])
train['Arthritis']=le.fit_transform(train['Arthritis'])
train['Sex']=le.fit_transform(train['Sex'])
train['Age_Category']=le.fit_transform(train['Age_Category'])
train['Smoking_History']=le.fit_transform(train['Smoking_History'])
#print(train.info())

test['Checkup']=le.fit_transform(test['Checkup'])
test['Exercise']=le.fit_transform(test['Exercise'])
test['Heart_Disease']=le.fit_transform(test['Heart_Disease'])
test['Skin_Cancer']=le.fit_transform(test['Skin_Cancer'])
test['Other_Cancer']=le.fit_transform(test['Other_Cancer'])
test['Depression']=le.fit_transform(test['Depression'])
test['Diabetes']=le.fit_transform(test['Diabetes'])
test['Arthritis']=le.fit_transform(test['Arthritis'])
test['Sex']=le.fit_transform(test['Sex'])
test['Age_Category']=le.fit_transform(test['Age_Category'])
test['Smoking_History']=le.fit_transform(test['Smoking_History'])
#print(test.info())

#데이터 분할, 모델링 및 학습
from sklearn.ensemble import RandomForestClassifier
from sklearn.model_selection import train_test_split

X = train.drop(columns=['General_Health', 'ID'])
y = train['General_Health']

X_train, X_test, y_train, y_test = train_test_split(X, y, test_size=0.2, random_state=123)

rf=RandomForestClassifier(n_estimators=300, max_depth=40, random_state=123)
```

```
rf.fit(X_train, y_train)
pred = rf.predict(X_test)

#모델 성능 평가
from sklearn.metrics import f1_score

score = f1_score(y_test, pred, average='macro')
print(score)

#최종 결과 예측
test_x = test.drop(columns = ['ID'])
pred2=rf.predict(test_x)
#print(pred2)

#결과 제출 및 확인
pd.DataFrame({'ID' : test['ID'], 'General_Health' : pred2}).to_csv('6th_test_
type2.csv', index=False)
print(pd.read_csv('6th_test_type2.csv'))
```

```
0.5683631392388986
      ID General_Health
0   ID_14547    Excellent
1     ID_26    Excellent
2   ID_14103    Excellent
3   ID_10946    Excellent
4    ID_1572    Excellent
...     ...        ...
4808 ID_12991    Excellent
4809 ID_13295    Excellent
4810  ID_2428        Fair
4811 ID_12719        Fair
4812 ID_12691    Excellent

[4813 rows x 2 columns]
```

〈작업형 2유형 문제의 정답 코드 및 결과〉

- train 변수와 test 변수에 각각 원본 데이터를 로드하고, info( ) 함수를 활용하여 원본 데이터의 구조를 확인한다.
- sklearn 패키지의 LabelEncoder 모듈을 활용하여 문자열 형태의 데이터를 숫자 형태로 바꿔주는 라벨인코딩 작업을 한다.
- train 데이터의 독립변수(X)와 종속변수(y)를 지정하고, sklearn 패키지의 train_test_split 모듈을 활용하여 데이터를 분할한다.
- sklearn 패키지의 RandomForestClassifier 모듈을 활용하여 랜덤 포레스트 분류 모델을 생성하여 모델링하고, 모델을 학습시킨다.
- 학습된 랜덤 포레스트 분류 모델을 활용하여 train 데이터의 테스트 데이터(X_test)의 분류 결과를 예측하고, 그 결과를 pred 변수에 저장한다.
- sklearn 패키지의 f1_score 모듈을 활용하여 생성된 랜덤 포레스트 분류 모델의 성능을 평가한다.
- 단, macro f1_score가 평가지표이므로 average='macro'와 같이 f1_score( ) 함수의 설정값을 지정한다.
- test 데이터의 독립변수(test_x)를 지정하고, 생성한 랜덤 포레스트 모델에 적용하여 분류 결괏값을 예측하고, 그 결과를 pred2에 저장한다.
- 단, 모델 예측에 불필요한 ID 칼럼값은 제외한 뒤 예측한다.
- 저장된 pred2 결과를 인덱스를 포함하지 않는 6th_test_type2 이름의 csv 파일 형태로 저장 후 제출한다.

작업형 3유형

문제 1

S 도시에는 남성 700명과 여성 500명이 있다. S 도시의 남성 중 기혼자의 비율은 30%이고, 여성 중 기혼자의 비율은 20%이다. 남성과 여성의 혼인 여부에 따른 인구 비율이 동일한지 확인해본다.

> 1. 남, 여 기혼자와 미혼자에 대한 카이제곱 검정을 진행하고, 카이제곱 통계량을 출력한다.
> 2. 유의수준 0.05를 기준으로 할 때, 카이제곱 검정 결과의 p_value를 출력한다.
> 3. 검증된 p_value 결과를 바탕으로 '귀무가설 기각' 혹은 '귀무가설 채택'을 출력한다.

● 다음은 작업형 3유형 [문제 1]의 정답 코드 및 결과를 나타낸 것이다.

```
from scipy.stats import chi2_contingency
import numpy as np

#S 도시의 남, 여 인구수
man = 700
woman = 500

#S 도시의 남, 여 기혼자 수
man_married = int(man*0.3)  #210
woman_married = int(woman*0.2) #100

#S 도시의 남, 여 미혼자 수
man_single = man - man_married #490
woman_single = woman - woman_married #400

# 남, 여 기혼자와 미혼자에 대한 데이터 배열 생성
data = np.array([[man_married, man_single],[woman_married, woman_single]])
#print(data)

#카이제곱 검정
chi2, p_val, dof, expected = chi2_contingency(data)
```

```
#문제 1
print(chi2)

#문제 2
print(p_val)

#문제 3
print('귀무가설 기각')

14.70545228602495
0.00012568242320118222
귀무가설 기각
```

〈작업형 3유형 [문제 1]의 정답 코드 및 결과〉

- 작업형 3유형 [문제 1]의 경우 카이제곱 동질성 검정을 통해 결과를 확인해 볼 수 있다.
- 귀무가설은 각 그룹의 확률분포가 동일하다는 것이고, 대립가설은 각 그룹의 확률분포가 동일하지 않다는 것이다.
- 주어진 S 도시의 남, 여 인구수와 기혼자 비율을 활용하여 S 도시의 남, 여 기혼자와 미혼자에 대한 데이터를 연산하고, 연산된 데이터를 바탕으로 배열을 생성한다.
- 생성된 배열(data)을 활용하여 카이제곱검정을 진행하고, chi2, p_val, dof, expected 변수에 각각 카이제곱 검정 통계량, p_value, 자유도, 기댓값을 저장한다.
- 1번 문제는 카이제곱 통계량을 확인하는 것으로 chi2 변수의 값을 출력하여 확인할 수 있다.
- 2번 문제는 카이제곱 검정의 p_value를 확인하는 것으로 p_val 변수의 값을 출력하여 확인할 수 있다.
- 3번 문제는 카이제곱 검정 결과를 확인하는 것으로 카이제곱 분석 결과 p_value가 유의수준인 0.05를 넘지 않았으므로 귀무가설을 기각하고, 대립가설을 채택한다.
- 카이제곱 분석 결과를 통해 S 도시의 성별에 따른 혼인 여부의 확률분포가 동일하지 않다고 해석할 수 있다.

문제 **2** 주어진 건강정보 데이터를 활용하여 다중 선형 회귀 분석을 하고자 한다. 각 문항의 답을 제출 형식에 맞춰 제출하시오.

데이터
https://raw.githubusercontent.com/JEunJin/BigData_python/master/bigdata_csvfile/cholesterol_data.csv

1. age와 Cholesterol 칼럼으로 weight를 예측하는 선형 회귀 모델을 만들려고 한다. age의 회귀계수를 구하시오. (단, 반올림하여 소수점 3자리까지 입력한다.)
2. age가 45이고, Cholesterol이 67.8일 때 문제 1의 모델을 기반으로 weight 값을 예측하시오.
3. 문제 1의 선형 회귀 모델에서 유의수준 0.05일 때 Cholesterol 회귀계수의 신뢰구간을 구하시오.

● 다음은 작업형 3유형 [문제 2]의 정답 코드 및 결과를 나타낸 것이다.

```
import pandas as pd

df=pd.read_csv('https://raw.githubusercontent.com/JEunJin/BigData_
python/master/bigdata_csvfile/cholesterol_data.csv')
#print(df.head())
#print(df.info())

#선형 회귀 분석 모델 생성
import statsmodels.api as sm
X = sm.add_constant(df[['age','Cholesterol']])
model = sm.OLS(df['weight'], X)
result = model.fit()

#선형 회귀 분석 모델 결과 전체확인
print(result.summary())

#문제1
answer1 = result.params['age']
print(round(answer1,3))
```

```
#문제2
answer2 = result.predict([1,45,67.8])
print(answer2[0]) #answer2 데이터 구조 : 배열

#문제3
print('0.039~0.125')
```

```
-0.036
78.82546923098792
0.039~0.125
```

```
                          OLS Regression Results
==============================================================================
Dep. Variable:                 weight   R-squared:                       0.044
Model:                            OLS   Adj. R-squared:                  0.038
Method:                 Least Squares   F-statistic:                     7.574
Date:                Fri, 26 Jan 2024   Prob (F-statistic):           0.000608
Time:                        12:13:09   Log-Likelihood:                -1374.9
No. Observations:                 333   AIC:                             2756.
Df Residuals:                     330   BIC:                             2767.
Df Model:                           2
Covariance Type:            nonrobust
==============================================================================
                 coef    std err          t      P>|t|      [0.025      0.975]
------------------------------------------------------------------------------
const         74.8953      4.455     16.813      0.000      66.132      83.658
age           -0.0361      0.059     -0.611      0.542      -0.152       0.080
Cholesterol    0.0819      0.022      3.716      0.000       0.039       0.125
==============================================================================
Omnibus:                       15.848   Durbin-Watson:                   2.033
Prob(Omnibus):                  0.000   Jarque-Bera (JB):               17.569
Skew:                           0.471   Prob(JB):                     0.000153
Kurtosis:                       3.617   Cond. No.                         701.
==============================================================================
```

〈작업형 3유형 [문제 2]의 정답 코드 및 결과〉

- df 변수에 원본 데이터를 로드하고, info( ) 함수와 head( ) 함수를 활용하여 원본 데이터의 구조 및 형태를 확인한다.
- statsmodels의 add_constant( ) 함수를 사용하여 'age' 변수와 'Cholesterol' 변수를 독립변수로 하는 상수항을 생성한다.
- statsmodels 패키지의 OLS( ) 함수를 사용하여 선형 회귀 분석 모델을 생성하고, 분석한다.

- 분석된 선형 회귀 분석 결과를 result 변수에 저장하고, 전체 결과를 summary( ) 함수를 사용하여 출력한다.
- 1번 문제는 age와 Cholesterol 칼럼으로 weight를 예측하는 선형 회귀 모델의 age 회귀계수를 구하는 것이다.
- 선형 회귀 분석 전체 결과를 통해 age 칼럼의 회귀계수를 구할 수 있다. 분석 결과 회귀계수는 −0.03610166914386496이고, 반올림하여 소수점 세 자리까지 연산할 경우 결과는 −0.036과 같다.
- 2번 문제는 생성된 선형 회귀 모델을 활용하여 age가 45이고, Cholesterol 이 67.8일 때 weight를 예측하는 것이다.
- 선형 회귀 분석 모델이 생성된 경우 새로운 데이터를 활용하여 특정 변수의 결괏값을 예측할 수 있다. 결과 예측의 경우 모델명.predict([1, 칼럼값 1, 칼럼값 2])와 같이 예측할 수 있다.
- 1은 상수항(const)으로 x절편을 의미하고, 이를 alpha값이라고 한다. 상수항이 1인 이유는 1이 상수항의 기본값이기 때문이다.
- 3번 문제는 문제 1의 선형 회귀 모델에서 유의수준 0.05일 때 Cholesterol 회귀계수의 신뢰구간을 구하는 것이다.
- 선형 회귀 모델에서 유의수준 0.05에서 Cholesterol 회귀계수의 신뢰구간을 구하고자 하는 경우 전체 분석 결과에서 Cholesterol의 [0.025   0.975] 부분을 확인하면 된다.
- 따라서 유의수준 0.05에서 Cholesterol 회귀계수의 신뢰구간은 '0.039~ 0.125'와 같다.

제7회 기출 복원문제(2023. 12. 2 시행)

작업형 1유형

문제 1

주어진 데이터는 학생들의 성적 데이터이다. test preparation course 칼럼의 값이 none인 데이터는 결측값으로 간주하여 제거한 뒤, 학생들이 가장 많은 인종(race/ethnicity) 그룹을 추출하여 새로운 데이터프레임을 만든다. 새로 생성된 데이터프레임의 math score 칼럼을 표준화하고, 표준화된 math score 칼럼의 최댓값을 출력하시오. (단, 연산 결과는 반올림 후 소수점 3자리까지 출력한다.)

데이터
https://raw.githubusercontent.com/JEunJin/BigData_python/master/ bigdata_csvfile/student_performance_data.csv

● 다음은 주어진 성적 데이터에 대한 설명을 나타낸 것이다.

〈성적 데이터 설명〉

순서	칼럼명	설명
1	gender	성별(female, male)
2	race/ethnicity	인종
3	parental level of education	부모의 교육 수준
4	lunch	점심(standard : 보통, free/reduced : 무상 혹은 할인)
5	test preparation course	시험 준비 과정
6	math score	수학 점수
7	reading score	읽기 점수
8	writing score	작문 점수

● 다음은 작업형 1유형 [문제 1]의 정답 코드 및 결과를 나타낸 것이다.

```python
import pandas as pd

df=pd.read_csv('https://raw.githubusercontent.com/JEunJin/BigData_
python/master/bigdata_csvfile/student_performance_data.csv')
#display(df.head())
#print(df.info()) #결측값 제거 전 데이터 : 1,000행

#test preparation course 칼럼 결측값(none) 제거
data = df[df['test preparation course'] !='none']
#print(data.head())
#print(data.info()) #결측값(none) 제거 후 데이터 : 358행

#race/ethnicity 칼럼의 가장 많은 그룹 확인 (group C)
max_group = data['race/ethnicity'].value_counts() # race/ethnicity 칼럼의 그
룹별 데이터 개수 확인 및 가장 많은 그룹 추출

#group C 데이터 슬라이싱 후 새로운 데이터프레임(max_group_data) 생성
max_group_data = data[data['race/ethnicity'] =='group C'].reset_index()
#print(max_group_data)

#math score 칼럼 데이터 표준화(StandardScaler)
from sklearn.preprocessing import StandardScaler

ss = StandardScaler()
max_group_data[['math score']] = ss.fit_transform(max_group_data[['math
score']])

#표준화된 max_group_data 데이터의 math score의 최댓값 출력
result = max_group_data['math score'].max()
print(round(result,3))
```

```
2.145
```

〈작업형 1유형 [문제 1]의 정답 코드 및 결과〉

- df 변수에 원본 데이터를 로드하고, info( ) 함수와 head( ) 함수를 활용하여 원본 데이터의 구조 및 형태를 확인한다.
- test preparation course 칼럼의 'none' 데이터를 제거한 뒤 data 변수에 데이터를 저장한다.
- race/ethnicity 칼럼의 그룹별 데이터 개수를 확인하였고, 그 결과는 다음과 같았다.

group C	117
group D	82
group B	68
group E	60
group A	31

〈race/ethnicity 칼럼의 그룹별 데이터 개수〉

- race/ethnicity 칼럼의 그룹별 데이터 개수 중 group C의 개수가 117로 가장 많은 것을 확인할 수 있었고, group C 데이터만을 대상으로 슬라이싱하여 max_group_data 이름의 새로운 데이터프레임을 생성한다.
- sklearn 패키지의 StandardScaler 모듈을 활용하여 max_group_data의 math score 칼럼의 데이터를 표준화한다.
- math score 칼럼의 표준화된 점수 중 최댓값을 result 변수에 저장한 뒤, 반올림하여 소수점 3자리수까지 출력한다.

문제 2

주어진 데이터는 2000년 1월부터 2023년 12월까지 주식, 외환, 주요 원자재에 대한 가격 데이터이다. 원 달러 환율(dollar exchange rate)과 가장 높은 상관계수를 갖는 칼럼의 평균값을 구하시오. (단, 문자열 데이터의 경우 라벨 인코딩 작업을 하고, 출력값은 반올림하여 소수점 3자리까지 출력한다.)

데이터
https://raw.githubusercontent.com/JEunJin/BigData_python/master/ bigdata_csvfile/asset_data.csv

● 다음은 주어진 주식, 외환, 주요 원자재 가격 데이터에 대한 설명을 나타낸
것이다.

〈주식, 외환, 주요 원자재 가격 데이터 설명〉

순서	칼럼명	설명
1	date	날짜
2	BAC	뱅크오브아메리카 주식 가격
3	dollar exchange rate	원 달러 환율
4	KOSPI	코스피 지수
5	gold price	금 거래가격
6	silver price	은 거래가격
7	natural gas price	천연가스 거래가격

● 다음은 작업형 1유형 [문제 2]의 정답 코드 및 결과를 나타낸 것이다.

```python
import pandas as pd

df=pd.read_csv('https://raw.githubusercontent.com/JEunJin/BigData_
python/master/bigdata_csvfile/asset_data.csv')
#print(df.info())
#print(df.head())

#데이터 전처리(라벨인코딩)
from sklearn.preprocessing import LabelEncoder

le = LabelEncoder()
df['dollar exchange rate'] = le.fit_transform(df['dollar exchange rate'])
df['KOSPI'] = le.fit_transform(df['KOSPI'])
df['gold price'] = le.fit_transform(df['gold price'])
df['silver price'] = le.fit_transform(df['silver price'])
#print(df.info())
#print(df.head())
```

```
#상관계수 확인
#corr = df.corr( )
print(corr) #dollar exchange rate와 가장 높은 상관계수를 갖는 칼럼 : gold price

#평균 확인
mean = df['gold price'].mean( )
print(round(mean,3))
```

142.236

〈작업형 1유형 [문제 2]의 정답 코드 및 결과〉

- df 변수에 원본 데이터를 로드하고, info( ) 함수와 head( ) 함수를 활용하여 원본 데이터의 구조 및 형태를 확인한다.
- 데이터 분석을 위해 문자열 데이터로 확인되는 dollar exchange rate, KOSPI, gold price, silver price 칼럼에 대해 라벨인코딩 작업을 진행하여 문자열 데이터를 정수형 데이터로 변환한다.
- 라벨 인코딩 데이터 전처리 작업 후 데이터의 상관계수(corr)를 확인해보면 원 달러 환율(dollar exchange rate)과 가장 높은 상관계수를 갖는 칼럼은 gold price인 것으로 확인할 수 있다.
- 다음은 데이터에 대한 상관계수 결과이다.

```
                          BAC  dollar exchange rate      KOSPI   gold price  \
BAC                  1.000000              0.349538   0.247696     0.594722
dollar exchange rate 0.349538              1.000000  -0.042256     0.416315
KOSPI                0.247696             -0.042256   1.000000     0.039861
gold price           0.594722              0.416315   0.039861     1.000000
silver price        -0.434778             -0.271745  -0.253265    -0.443799
natural gas price    0.514807              0.070609  -0.241745     0.575091

                     silver price  natural gas price
BAC                     -0.434778           0.514807
dollar exchange rate    -0.271745           0.070609
KOSPI                   -0.253265          -0.241745
gold price              -0.443799           0.575091
silver price             1.000000          -0.286508
natural gas price       -0.286508           1.000000
```

〈상관계수 결과〉

- 가장 높은 상관계수를 갖는 칼럼인 gold price에 대한 평균값을 연산하여 mean 변수에 저장하고, mean 변수의 값을 반올림하여 소수점 3자리까지 출력한다.

문제 **3**

주어진 공기질 데이터에서 결측값을 제거하고, Wind 칼럼의 이상치 개수를 구하시오. (단, 이상치 범위는 $Q_1 - 1.5 \times$ IQR 미만 또는 $Q_3 + 1.5 \times$ IQR 초과로 하고, IQR은 IQR $= Q_3 - Q_1$와 같이 연산한다. Q_1 : 1사분위수, Q_3 : 3사분위수)

데이터
https://raw.githubusercontent.com/JEunJin/BigData_python/master/bigdata_csvfile/airquality.csv

- 다음은 작업형 1유형 [문제 3]의 정답 코드 및 결과를 나타낸 것이다.

```
import pandas as pd

df=pd.read_csv('https://raw.githubusercontent.com/JEunJin/BigData_
python/master/bigdata_csvfile/airquality.csv')
#print(df.info())
#print(df.head())

#결측치 제거
df.dropna(axis=0, inplace=True)
#print(df.info())
#print(df.head())

#이상치 확인
Q1=df['Wind'].quantile(.25)
Q3=df['Wind'].quantile(.75)
IQR=Q3-Q1

upper = Q3 + 1.5*IQR #17.65
lower = Q1 - 1.5*IQR #1.2500000000000009
```

```
outlier = df[(df['Wind'] > upper) | (df['Wind'] < lower)]
print(len(outlier))
```

```
3
```

〈작업형 1유형 [문제 3]의 정답 코드 및 결과〉

- df 변수에 원본 데이터를 로드하고, info( ) 함수와 head( ) 함수를 활용하여 원본 데이터의 구조 및 형태를 확인한다.
- 데이터에 포함된 결측값을 행 기준으로 삭제한다. 결측값 제거 후 데이터는 111행으로 확인된다.
- 이상치를 확인하기 위해 Q1 변수와 Q3 변수에 각각 wind 칼럼의 1사분위수와 3사분위수를 연산하여 저장한다.
- IQR 변수에 Wind 칼럼의 사분위수 범위 값을 연산하여 저장하고, 상한값과 하한값을 연산하여 각각 upper 변수와 lower 변수에 저장한다.
- Wind 칼럼의 값을 대상으로 상한값 초과 혹은 하한값 미만의 값을 연산하여 outlier 변수에 저장한다.
- 데이터의 길이를 세주는 len( ) 함수를 활용하여 상한값 초과 혹은 하한값 미만 범위에 포함되는 이상치의 개수를 연산하여 출력한다.

작업형 2유형

다음은 국내 모기 수에 관련된 데이터셋이다. 다음과 같은 주의사항을 확인하고, 결과를 제출하도록 한다.

데이터
https://raw.githubusercontent.com/JEunJin/BigData_python/master/ bigdata_csvfile/mosquito_Indicator.csv

〈주의사항〉

1. 전체 데이터의 80%인 1,074행을 train 데이터로 사용하고, 나머지를 test 데이터로 사용할 수 있도록 데이터 슬라이싱 작업을 한 후에 데이터를 분석하도록 한다.
2. train 데이터를 활용하여 회귀 모델을 모델링하고, test 데이터에 적용하여 목표변수인 mosquito_indicator를 예측하고, 예측 결과를 제출한다. (단, 제출 결과는 test 데이터의 개수인 268행이 될 수 있도록 한다.)
3. 제출 데이터 칼럼은 date와 mosquito_indicator 두 개만 존재해야 하고, 평가지표는 RMSE로 한다.
4. 예측 결과 파일명은 7th_test_type2.csv로 한다.

● 다음은 주어진 모기 수 데이터에 대한 설명을 나타낸 것이다.

〈모기 수 데이터 설명〉

순서	칼럼명	설명
1	date	날짜
2	mosquito_Indicator	모기 수
3	rain(mm)	강수량
4	mean_T	일 평균 온도
5	min_T	일 최소 온도
6	max_T	일 최대 온도

● 다음은 작업형 2유형 문제의 정답 코드 및 결과를 나타낸 것이다.

```python
import pandas as pd
import numpy as np

df=pd.read_csv('https://raw.githubusercontent.com/JEunJin/BigData_
python/master/bigdata_csvfile/mosquito_Indicator.csv')
#print(df.info())
#print(df.head())

#데이터 슬라이싱
train = df.iloc[:1074,:] #train 데이터 상위 1074행
test = df.iloc[-268:,:] #test 데이터 하위 268행
#print(train.tail(3))
#print(test.head(3))

#데이터 분할
from sklearn.model_selection import train_test_split
X = train.drop(columns=['mosquito_Indicator','date'])
y = train['mosquito_Indicator']

X_train, X_test, y_train, y_test = train_test_split(X, y, test_size=0.2, random_
state=2024)

#모델링 및 학습
from sklearn.ensemble import RandomForestRegressor

rfr = RandomForestRegressor(n_estimators=120, max_depth=8, random_
state=2024)
rfr.fit(X_train, y_train)
pred = rfr.predict(X_test)

#모델 성능 평가
from sklearn.metrics import mean_squared_error

mse = mean_squared_error(y_test, pred)
print('mse:', mse)
```

```
rmse = np.sqrt(mse)
print('rmse:', rmse)

#최종 결과 예측
test_X_data = test.drop(columns=['mosquito_Indicator','date'])
pred2 = rfr.predict(test_X_data)
#print(pred2)

#결과 제출 및 확인
pd.DataFrame({'date':test.date, 'mosquito_Indicator':pred2}).to_csv('7th_
test_type2.csv', index=False)
print(pd.read_csv('7th_test_type2.csv'))
```

```
mse: 29959.987542158833
rmse: 173.08953620065782
       date  mosquito_Indicator
0  2019-04-04       9.642077
1  2019-04-05      37.079334
2  2019-04-06       8.688549
3  2019-04-07      52.789197
4  2019-04-08      28.040599
..        ...           ...
263 2019-12-27       4.956869
264 2019-12-28       5.013377
265 2019-12-29       6.150585
266 2019-12-30       5.223829
267 2019-12-31       4.460561

[268 rows x 2 columns]
```

〈작업형 2유형 문제의 정답 코드 및 결과〉

- df 변수에 원본 데이터를 로드하고, info( ) 함수와 head( ) 함수를 활용하여 원본 데이터의 구조 및 형태를 확인한다.

- 본 예제의 경우 train 데이터와 test 데이터가 분리되어 있지 않기 때문에 슬라이싱 작업을 통해 train 데이터와 test 데이터를 구분하여 저장한다.

- train 데이터에서 분석에 사용되지 않는 date 칼럼과 mosquito_Indicator 칼럼을 제거하여 독립변수(X)를 지정한다.

- train 데이터의 독립변수(X)와 종속변수(y)를 지정한 뒤, sklearn 패키지의 train_test_split 모듈을 활용하여 데이터를 분할한다.

- sklearn 패키지의 RandomForestRegressor 모듈을 활용하여 랜덤 포레스트 회귀 모델을 생성하여 모델링하고, 모델을 학습시킨다.

- 학습된 랜덤 포레스트 회귀 모델을 활용하여 train 데이터의 테스트 데이터 (X_test)의 회귀 결과를 예측하고, 그 결과를 pred 변수에 저장한다.

- sklearn 패키지의 mean_squared_error 모듈을 활용하여 생성된 랜덤 포레스트 회귀 모델의 성능을 확인한다.

- mean_squared_error 값은 MSE(평균제곱오차)로서 평가지표인 RMSE(평균제곱근오차) 연산을 위해 numpy 패키지의 sqrt( ) 함수를 사용하여 제곱근 값을 연산한다.

- 연산된 결과를 rmse 변수에 저장한 후에 RMSE(평균제곱근오차) 수치를 확인한다.

- test 데이터의 독립변수(test_X_data)를 지정하고, 생성한 랜덤 포레스트 모델에 적용하여 회귀 결괏값을 예측하고, 그 결과를 pred2에 저장한다.

- 저장된 pred2 결과를 test 데이터의 date 값과 함께 출력하도록 지정하고, 인덱스를 포함하지 않는 7th_test_type2 이름의 csv 파일 형태로 저장 후 제출한다.

작업형 3유형

문제 1 주어진 전복 데이터를 활용하여 로지스틱 회귀 분석을 하고자 한다. 각 문항의 답을 제출 형식에 맞춰 제출하시오.

데이터
https://raw.githubusercontent.com/JEunJin/BigData_python/master/ bigdata_csvfile/abalone_data.csv

1. train 데이터의 전체 무게(Whole_weight) 칼럼을 사용하여 전복의 성별(Sex)을 예측하는 로지스틱 회귀 분석을 했을 때, 전체 무게(Whole_weight)가 1g(단위) 증가할 때 수컷(1)의 오즈비를 구하시오.
2. train 데이터의 전복 성별(Sex)을 종속변수로 하고, Length, Diameter, Height, Rings를 독립변수로 하여 로지스틱 회귀 분석을 했을 때, 잔차 이탈도(deviance)를 구하시오.
3. train 데이터를 활용하여 전복의 성별(Sex)을 분류하는 로지스틱 회귀 모델을 만들었을 때, 이 모델을 활용하여 test 데이터에 적용한 결과에 대한 오분류율을 구하시오. (단, 원본 데이터의 성별(Sex)의 값이 2인 데이터를 제외하고, train 데이터(2,500행)와 test 데이터(235행)로 슬라이싱하여 사용한다. 로지스틱 회귀 모형에서 train_test_split 모듈을 활용하여 데이터 분할 시, random_state는 100으로 하고, test_size는 20%로 한다.)

● 다음은 주어진 전복 데이터에 대한 설명을 나타낸 것이다.

〈전복 데이터 설명〉

순서	칼럼명	설명
1	Sex	성별(female : 0, male : 1, infant :2)
2	Length	길이
3	Diameter	직경(원의 지름)
4	Height	높이
5	Whole_weight	전체 무게
6	Shucked_weight	껍질 벗긴 무게
7	Viscera_weight	내장 무게
8	Shell_weight	껍질 무게
9	Rings	수명

● 다음은 작업형 3유형 [문제 1]의 정답 코드 및 결과를 나타낸 것이다.

```
import pandas as pd
import numpy as np

df=pd.read_csv('https://raw.githubusercontent.com/JEunJin/BigData_
python/master/bigdata_csvfile/abalone_data.csv')
data = df[df['Sex']!=2] # 성별(Sex) : 2 데이터 제거

#print(data.info()) # 성별(Sex) : 2 데이터 제거 후 데이터 : 2835행
#print(data.head())

train = data.iloc[:2500,:]
test = data.iloc[-235:,:]
#print(train.tail())
#print(train.info())
#print(test.head())
#print(test.info())

#1번 문제
from statsmodels.formula.api import logit

result = logit('Sex~Whole_weight', data=train).fit().params
#print(result) #밑이 자연상수 e인 지수함수로 변환 전
print(np.exp(result)) #Whole_weight의 오즈비 : 1.284140

#2번 문제
import statsmodels.api as sm

result2=sm.formula.glm('Sex~Length + Diameter + Height + Rings',
data=train, family = sm.families.Binomial()).fit().summary()
print(result2) #잔차 이탈도(Deviance) : 3424.7

#3번 문제
#데이터 분할
from sklearn.model_selection import train_test_split
X = train.drop(columns='Sex')
y = train['Sex']
```

```
X_train, X_test, y_train, y_test = train_test_split(X, y, test_size=0.2, random_
state=100)

#로지스틱 회귀 모형 생성 및 학습
from sklearn.linear_model import LogisticRegression
lr=LogisticRegression( )

lr.fit(X_train, y_train)
pred = lr.predict(X_test)

#로지스틱 회귀 모형 평가
from sklearn.metrics import accuracy_score, confusion_matrix
acc = accuracy_score(y_test, pred)
print('acc:',acc) #train 모델 성능 - acc: 0.546

#test 데이터 결과 예측
test_data_X = test.drop(columns='Sex')
test_data_y = test['Sex']
pred2=lr.predict(test_data_X)

#test 데이터 분류 결과 오분류율 확인
conf = confusion_matrix(test_data_y, pred2)
print(conf) #혼동행렬
error_rate = (conf[0,1]+conf[1,0]) / np.sum(conf)
print(error_rate) #오분류율 : 0.43829787234042555
```

```
Optimization terminated successfully.
    Current function value: 0.688890
    Iterations 4
Intercept    0.671486
Whole_weight  1.284140
dtype: float64

acc: 0.546
[[105 23]
 [ 80 27]]
0.43829787234042555
```

```
                        Logit Regression Results
==============================================================================
Dep. Variable:                      Sex   No. Observations:                2500
Model:                            Logit   Df Residuals:                    2495
Method:                             MLE   Df Model:                           4
Date:                  Tue, 30 Jan 2024   Pseudo R-squ.:                0.008048
Time:                          11:41:56   Log-Likelihood:                -1712.3
converged:                         True   LL-Null:                       -1726.2
Covariance Type:              nonrobust   LLR p-value:                 1.380e-05
==============================================================================
                 coef    std err          z      P>|z|      [0.025      0.975]
------------------------------------------------------------------------------
Intercept     -1.3318      0.259     -5.139      0.000      -1.840      -0.824
Length        -0.4289      2.035     -0.211      0.833      -4.417       3.559
Diameter       1.9824      2.521      0.786      0.432      -2.959       6.924
Height         2.0931      1.737      1.205      0.228      -1.312       5.498
Rings          0.0204      0.014      1.464      0.143      -0.007       0.048
==============================================================================
```

〈작업형 3유형 [문제 1]의 정답 코드 및 결과〉

- df 변수에 원본 데이터를 로드하고, info( ) 함수와 head( ) 함수를 활용하여 원본 데이터의 구조 및 형태를 확인한다.
- 로지스틱 회귀 분석을 위해서는 종속변수(Sex)의 값이 0 또는 1로 구성되어야 하므로 종속변수(Sex)의 2 값을 제거하여 data 변수에 저장한다.
- data 데이터를 슬라이싱하여 2,500행의 train 데이터와 235행의 test 데이터를 생성한다.
- 1번 문제는 train 데이터의 전체 무게(Whole_weight) 칼럼을 사용하여 전복의 성별(Sex)을 예측하는 로지스틱 회귀 분석했을 때, 전체 무게가(Whole_weight) 1g(단위) 증가할 때, 수컷(1)의 오즈비를 구하는 것이다.
- 이를 위해 statsmodels 패키지의 logit 모듈을 활용하여 로지스틱 회귀 분석을 진행하고, 그 결과를 확인한다.
- 로지스틱 회귀 분석 전체 결과 중 params 함수를 사용하여 회귀계수 데이터(coef)만 추출하여 result 변수에 저장한다.
- 다만, result 변수의 값은 오즈비에 자연상수 e에 대한 로그 값을 씌운 것으로 numpy 패키지의 exp( ) 함수를 사용하여 밑이 자연상수 e인 지수함수로 변환해준다. 그 결과 Whole_weight의 오즈비는 1.284140으로 확인된다.
- 2번 문제는 train 데이터의 전복의 성별(Sex)을 종속변수로 하고, Length, Diameter, Height, Rings를 독립변수로 하여 로지스틱 회귀 분석했을 때, 잔차 이탈도(deviance)를 구하는 것이다.

- 잔차 이탈도(deviance)는 모델이 데이터에 얼마나 잘 적합(fitting)되었는지 나타내는 지표로서 이탈도 지수가 낮을수록 모델의 정확도가 높다고 해석할 수 있다.
- 잔차 이탈도는 다음과 같이 연산될 수 있다.

$$Deviance = -2 \times \log likelihood$$
(log likelihood : 로그 우도(모델이 주어진 데이터를 얼마나 잘 설명하는지 나타내는 지표))

〈잔차 이탈도 연산식〉

- 잔차 이탈도는 일반화 선형 모형인 glm( ) 함수를 사용하여 확인할 수 있다. glm( ) 함수의 family인자는 종속변수의 분포에 따라 다르게 설정한다.
- 본 예제의 경우 종속변수인 성별(Sex) 칼럼값이 0 또는 1인 값을 갖는 이항 분포이기 때문에 family 인수를 Binomial( )로 설정한다.
- 일반화 선형 모형 분석 결과를 result2 변수에 저장하여 출력하면 아래와 같은 결과를 확인할 수 있다.
- 다음은 일반화 선형 모형 회귀 분석 결과를 나타낸 것이다. 분석 결과에서 잔차 이탈도의 수치가 3424.7인 것을 확인할 수 있다.

```
               Generalized Linear Model Regression Results
==============================================================================
Dep. Variable:                  Sex   No. Observations:                 2500
Model:                          GLM   Df Residuals:                     2495
Model Family:              Binomial   Df Model:                            4
Link Function:                Logit   Scale:                          1.0000
Method:                        IRLS   Log-Likelihood:                 -1712.3
Date:              Tue, 30 Jan 2024   Deviance:                        3424.7
Time:                      12:58:02   Pearson chi2:                  2.50e+03
No. Iterations:                   4   Pseudo R-squ. (CS):            0.01105
Covariance Type:          nonrobust
==============================================================================
                 coef    std err          z      P>|z|      [0.025      0.975]
------------------------------------------------------------------------------
Intercept     -1.3318      0.259     -5.139      0.000      -1.840      -0.824
Length        -0.4289      2.035     -0.211      0.833      -4.417       3.559
Diameter       1.9824      2.521      0.786      0.432      -2.959       6.924
Height         2.0931      1.737      1.205      0.228      -1.312       5.498
Rings          0.0204      0.014      1.464      0.143      -0.007       0.048
==============================================================================
```

〈일반화 선형 모형 회귀 분석 결과〉

- 3번 문제는 train 데이터를 활용하여 전복의 성별(Sex)을 분류하는 로지스틱 회귀 모델을 만들었을 때, 이 모델을 활용하여 test 데이터에 적용한 결과에 대한 오분류율을 구하는 것이다.
- sklearn 패키지의 LogisticRegression 모듈을 활용하여 train 데이터를 대상으로 로지스틱 회귀 모형을 생성하고 데이터를 학습시킨다.
- 학습된 로지스틱 회귀 모델을 활용하여 train 데이터의 테스트 데이터(X_test)의 분류 결과를 예측하고, 그 결과를 pred 변수에 저장한다.
- 저장된 pred 분류 값과 실제 값(y_test)을 비교하여 정확도(accuracy_score)를 확인해 보았고, 그 결과가 0.546과 같았다.
- test 데이터를 생성한 로지스틱 회귀 모델에 적용하여 분류 결괏값을 예측하고, 그 결과를 pred2에 저장한다.
- 저장된 pred2 분류 값과 실제 값(test_data_y)을 비교하여 혼동행렬로 확인하면 그 결과가 다음과 같다.

```
[[105  23]
 [ 80  27]]
```

⟨pred2 분류 값과 실제 값(test_data_y)의 혼동행렬⟩

- sklearn 패키지의 혼동행렬(confusion_matrix) 함수의 경우 [0, 0] 데이터가 실제 Negative를 Negative로 예측한 수치이고, [1, 1] 데이터가 실제 Positive를 Positive로 예측한 수치이다.
- [0, 1] 데이터는 실제 Negative를 Positive로 예측한 수치이고, [1, 0] 데이터는 실제 Positive를 Negative로 예측한 수치이다.
- 오분류율은 혼동행렬의 전체 수치 중 잘못 예측한 수치의 비율을 의미하므로 전체 데이터 수치 중에서 [0, 1] 데이터와 [1, 0] 데이터의 비율로 연산할 수 있다.
- 연산 결과 오분류율은 0.43829787234042555로 확인되었다.
- 또한, 오분류율은 1-정확도(accuracy)와 같기 때문에 다음과 같이 코드를 입력해도 동일한 결과의 오분류율을 확인할 수 있다.
- 다음은 정확도를 활용한 오분류율 연산 코드 및 결과이다.

```
#정확도 활용 오분류율 연산 코드
accucacy = accuracy_score(test_data_y, pred2)
error_rate2 = 1-accucacy
print(error_rate2) #오분류율 : 0.4382978723404255
```

0.4382978723404255

〈정확도를 활용한 오분류율 연산 코드 및 결과〉

문제 2 주어진 노트북 데이터를 활용하여 선형 회귀 분석을 하고자 한다. 각 문항의 답을 제출 형식에 맞춰 제출하시오.

데이터
https://raw.githubusercontent.com/JEunJin/BigData_python/master/ bigdata_csvfile/laptop_data.csv

1. latest_price와 가장 큰 상관계수를 갖는 변수의 상관계수를 구하시오.
2. ram_gb, ssd, hdd, os, graphic_card_gb 칼럼을 독립변수로 하는 다중 선형 회귀 모형으로 latest_price 칼럼을 예측할 때, 결정계수(R-squared)를 구하시오.
3. 2번 문제의 다중 선형 회귀 모형에서 가장 큰 값을 갖는 칼럼의 T-검정 통계량을 구하시오. (단, 데이터 분석에는 ram_gb, ssd, hdd, os, graphic_card_gb, latest_price, old_price, discount, ratings, reviews 칼럼만을 사용한다.)

● 다음은 주어진 노트북 데이터에 대한 설명을 나타낸 것이다.

〈노트북 데이터 설명〉

순서	칼럼명	설명
1	brand	노트북 브랜드
2	model	노트북 모델
3	processor_brand	프로세서 브랜드
4	processor_name	프로세서 이름
5	processor_gnrtn	프로세서 세대

순서	칼럼명	설명
6	ram_gb	RAM
7	ram_type	RAM 유형
8	ssd	SSD 용량
9	hdd	하드디스크 용량
10	os	운영체제
11	os_bit	운영체제 bit
12	graphic_card_gb	그래픽 카드
13	weight	무게
14	display_size	화면 사이즈
15	warranty	보증(0 : No, 1 : Yes)
16	Touchscreen	터치 스크린 여부 (No, Yes)
17	msoffice	MS Office 설치 여부
18	latest_price	최근 가격
19	old_price	출고 가격
20	discount	할인율
21	star_rating	별점 평가(5점 만점)
22	ratings	총 평점
23	reviews	리뷰 수

● 다음은 작업형 3유형 [문제 2]의 정답 코드 및 결과를 나타낸 것이다.

```
import pandas as pd
import numpy as np

df=pd.read_csv('https://raw.githubusercontent.com/JEunJin/BigData_
python/master/bigdata_csvfile/laptop_data.csv')
#print(df.info())
#print(df.head())
```

```
data = df[['ram_gb','ssd', 'hdd', 'os', 'graphic_card_gb', 'latest_price', 'old_
price', 'discount', 'ratings', 'reviews']]
#print(data)
#print(data.info())

#데이터 전처리(라벨인코딩)
from sklearn.preprocessing import LabelEncoder
le = LabelEncoder()

data['ram_gb'] = le.fit_transform(data['ram_gb'])
data['ssd'] = le.fit_transform(data['ssd'])
data['hdd'] = le.fit_transform(data['hdd'])
data['os'] = le.fit_transform(data['os'])

#1번 문제
corr = data.corr()
print(corr) #latest_price와 가장 큰 상관계수를 갖는 변수의 상관계수 :
0.748372(old_price)

#2번 문제
import statsmodels.api as sm
X = sm.add_constant(data[['ram_gb','ssd','hdd', 'os', 'graphic_card_gb']])
model = sm.OLS(data['latest_price'], X)
result = model.fit().summary()
print(result) #결정계수(R-squared) : 0.454

#3번 문제
print('13.886') #graphic_card_gb 칼럼의 T-검정 통계량
```

```
13.886
```

```
                  ram_gb       ssd       hdd        os  graphic_card_gb  ₩
ram_gb          1.000000  0.093042  0.116747 -0.045788        -0.239176
ssd             0.093042  1.000000 -0.578661  0.268478        -0.153326
hdd             0.116747 -0.578661  1.000000 -0.523705         0.093123
os             -0.045788  0.268478 -0.523705  1.000000        -0.169269
graphic_card_gb -0.239176 -0.153326  0.093123 -0.169269         1.000000
latest_price   -0.403374 -0.117688 -0.044617 -0.321837         0.487809
old_price      -0.330548 -0.070682 -0.114215 -0.204899         0.462580
discount        0.059290  0.091149 -0.098410  0.199094         0.045117
ratings         0.106053 -0.097772  0.150836 -0.130536        -0.044821
reviews         0.097796 -0.105320  0.165337 -0.130578        -0.042207

                latest_price  old_price  discount   ratings   reviews
ram_gb             -0.403374  -0.330548  0.059290  0.106053  0.097796
ssd                -0.117688  -0.070682  0.091149 -0.097772 -0.105320
hdd                -0.044617  -0.114215 -0.098410  0.150836  0.165337
os                 -0.321837  -0.204899  0.199094 -0.130536 -0.130578
graphic_card_gb     0.487809   0.462580  0.045117 -0.044821 -0.042207
latest_price        1.000000   0.748372 -0.212207 -0.164366 -0.170354
old_price           0.748372   1.000000  0.219714 -0.147429 -0.157942
discount           -0.212207   0.219714  1.000000 -0.034152 -0.026205
ratings            -0.164366  -0.147429 -0.034152  1.000000  0.982179
reviews            -0.170354  -0.157942 -0.026205  0.982179  1.000000
```

```
                          OLS Regression Results
==============================================================================
Dep. Variable:          latest_price   R-squared:                     0.454
Model:                           OLS   Adj. R-squared:                0.451
Method:                Least Squares   F-statistic:                   148.0
Date:               Tue, 30 Jan 2024   Prob (F-statistic):         2.64e-114
Time:                       15:02:31   Log-Likelihood:               -10632.
No. Observations:                896   AIC:                         2.128e+04
Df Residuals:                    890   BIC:                         2.130e+04
Df Model:                          5
Covariance Type:           nonrobust
==============================================================================
                   coef    std err          t      P>|t|      [0.025      0.975]
------------------------------------------------------------------------------
const           1.928e+05   7629.542     25.277      0.000    1.78e+05    2.08e+05
ram_gb         -1.171e+04   1068.360    -10.958      0.000   -1.38e+04   -9610.247
ssd            -1881.6013    514.434     -3.658      0.000   -2891.246    -871.957
hdd            -1.856e+04   1985.559     -9.347      0.000   -2.25e+04   -1.47e+04
os             -4.562e+04   3237.657    -14.091      0.000    -5.2e+04   -3.93e+04
graphic_card_gb 8202.4447    590.696     13.886      0.000    7043.124    9361.765
==============================================================================
Omnibus:                     449.476   Durbin-Watson:                  1.302
Prob(Omnibus):                 0.000   Jarque-Bera (JB):            4560.573
Skew:                          2.049   Prob(JB):                       0.00
Kurtosis:                     13.265   Cond. No.                       42.3
==============================================================================
```

⟨작업형 3유형 [문제 2]의 정답 코드 및 결과⟩

- df 변수에 원본 데이터를 로드하고, info( ) 함수와 head( ) 함수를 활용하여 원본 데이터의 구조 및 형태를 확인한다.
- data 변수 분석에 사용되는 칼럼만을 포함하는 데이터를 생성한다.
- sklearn 패키지의 LabelEncoder 모듈을 활용하여 문자열 형태의 데이터를 숫자 형태로 바꿔주는 라벨인코딩 작업을 한다.
- 1번 문제는 latest_price 변수와 가장 큰 상관계수를 갖는 변수의 상관계수를 구하는 것이다.
- corr( ) 함수를 활용하여 전체 데이터(data)에 대한 상관계수를 분석하고, 그 결과를 corr 변수에 저장하여 출력한다.
- 확인된 1번 문제의 상관계수는 다음과 같다.

```
                  ram_gb       ssd       hdd         os  graphic_card_gb  ₩
ram_gb          1.000000  0.093042  0.116747  -0.045788        -0.239176
ssd             0.093042  1.000000 -0.578661   0.268478        -0.153326
hdd             0.116747 -0.578661  1.000000  -0.523705         0.093123
os             -0.045788  0.268478 -0.523705   1.000000        -0.169269
graphic_card_gb -0.239176 -0.153326  0.093123  -0.169269         1.000000
latest_price   -0.403374 -0.117688 -0.044617  -0.321837         0.487809
old_price      -0.330548 -0.070682 -0.114215  -0.204899         0.462580
discount        0.059290  0.091149 -0.098410   0.199094         0.045117
ratings         0.106053 -0.097772  0.150836  -0.130536        -0.044821
reviews         0.097796 -0.105320  0.165337  -0.130578        -0.042207

                 latest_price  old_price  discount    ratings    reviews
ram_gb              -0.403374  -0.330548  0.059290   0.106053   0.097796
ssd                 -0.117688  -0.070682  0.091149  -0.097772  -0.105320
hdd                 -0.044617  -0.114215 -0.098410   0.150836   0.165337
os                  -0.321837  -0.204899  0.199094  -0.130536  -0.130578
graphic_card_gb      0.487809   0.462580  0.045117  -0.044821  -0.042207
latest_price         1.000000   0.748372 -0.212207  -0.164366  -0.170354
old_price            0.748372   1.000000  0.219714  -0.147429  -0.157942
discount            -0.212207   0.219714  1.000000  -0.034152  -0.026205
ratings             -0.164366  -0.147429 -0.034152   1.000000   0.982179
reviews             -0.170354  -0.157942 -0.026205   0.982179   1.000000
```

〈1번 문제의 상관계수〉

- 상관계수 분석 결과 latest_price 변수와 가장 큰 상관관계를 갖는 변수는 old_price이고, 상관계수는 0.748372로 확인되었다.
- 2번 문제는 ram_gb, ssd, hdd, os, graphic_card_gb 칼럼을 독립변수로 하는 다중 선형 회귀 모형으로 latest_price 칼럼을 예측할 때의 결정계수를 구하는 것이다.

- 다중 선형 회귀 모형 분석은 statsmodels 패키지의 OLS( ) 함수를 사용하여 분석한다.
- 다중 선형 회귀 분석을 위해 분석에 사용되는 독립변수를 add_constant( ) 함수를 사용하여 상수항 칼럼을 추가한다.
- OLS( ) 함수를 사용하여 다중 선형 회귀 분석을 하고, 그 전체 결과를 result 변수에 저장하여 출력한다.
- 다음은 다중 선형 회귀 분석 결과를 나타낸 것이다.

```
                           OLS Regression Results
==============================================================================
Dep. Variable:          latest_price   R-squared:                      0.454
Model:                           OLS   Adj. R-squared:                 0.451
Method:                Least Squares   F-statistic:                    148.0
Date:               Tue, 30 Jan 2024   Prob (F-statistic):          2.64e-114
Time:                       15:02:31   Log-Likelihood:                -10632.
No. Observations:                896   AIC:                         2.128e+04
Df Residuals:                    890   BIC:                         2.130e+04
Df Model:                          5
Covariance Type:           nonrobust
==============================================================================
                   coef     std err          t      P>|t|      [0.025      0.975]
------------------------------------------------------------------------------
const           1.928e+05   7629.542     25.277      0.000    1.78e+05    2.08e+05
ram_gb         -1.171e+04   1068.360    -10.958      0.000   -1.38e+04   -9610.247
ssd            -1881.6013    514.434     -3.658      0.000   -2891.246    -871.957
hdd            -1.856e+04   1985.559     -9.347      0.000   -2.25e+04   -1.47e+04
os             -4.562e+04   3237.657    -14.091      0.000    -5.2e+04   -3.93e+04
graphic_card_gb 8202.4447    590.696     13.886      0.000    7043.124    9361.765
==============================================================================
Omnibus:                     449.476   Durbin-Watson:                  1.302
Prob(Omnibus):                 0.000   Jarque-Bera (JB):            4560.573
Skew:                          2.049   Prob(JB):                        0.00
Kurtosis:                     13.265   Cond. No.                        42.3
==============================================================================
```

〈다중 선형 회귀 분석 결과〉

- 다중 선형 회귀 분석 결과 결정계수(R-squared)는 0.454로 확인되었다.
- 3번 문제는 2번 문제의 다중 선형 회귀 모형에서 가장 큰 값을 갖는 칼럼의 T-검정 통계량을 구하는 것이다.
- 다중 선형 회귀 분석 결과에서 가장 큰 T-검정 통계량을 갖는 변수는 graphic_card_gb이고, T-검정 통계량은 13.886으로 확인되었다.

파이썬으로 준비하는
빅데이터분석기사 실기

2024년 4월 15일 인쇄
2024년 4월 20일 발행

저자 : 장은진
펴낸이 : 이정일

펴낸곳 : 도서출판 **일진사**
www.iljinsa.com

(우)04317 서울시 용산구 효창원로 64길 6
대표전화 : 704-1616, 팩스 : 715-3536
이메일 : webmaster@iljinsa.com
등록번호 : 제1979-000009호(1979.4.2)

값 26,000원

ISBN : 978-89-429-1939-0